河北省小麦产业
高质量发展研究

张新仕　王桂荣　王亚楠　王晓夕　李　敏　主著

中国农业科学技术出版社

图书在版编目(CIP)数据

河北省小麦产业高质量发展研究 / 张新仕等著. --北京：中国农业科学技术出版社，2023.12
　　ISBN 978-7-5116-6642-0

Ⅰ.①河… Ⅱ.①张… Ⅲ.①小麦-产业发展-研究-河北 Ⅳ.①F326.11

中国国家版本馆 CIP 数据核字（2024）第 016120 号

责任编辑	穆玉红
责任校对	马广洋
责任印制	姜义伟　王思文

出 版 者	中国农业科学技术出版社 北京市中关村南大街 12 号　邮编：100081
电　　话	（010）82106626（编辑室）　（010）82106624（发行部） （010）82109709（读者服务部）
网　　址	https://castp.caas.cn
经 销 者	各地新华书店
印 刷 者	北京建宏印刷有限公司
开　　本	170 mm×240 mm　1/16
印　　张	13
字　　数	255 千字
版　　次	2023 年 12 月第 1 版　2023 年 12 月第 1 次印刷
定　　价	65.00 元

◆◆◆ 版权所有・翻印必究 ◆◆◆

本书得到河北省农林科学院科技创新专项课题资助（2022KJCXZX-NXS-1）和河北省现代农业产业技术体系建设专项（HBCT2023010301）项目资助

《河北省小麦产业高质量发展研究》参著者名单

主　　著：张新仕　王桂荣　王亚楠　王晓夕
　　　　　李　敏

副　　著：谭　鑫　王　雪　侯大山　徐俊杰
　　　　　宋世佳

参著人员：高　策　郭东岳　李　浩　朱泽浩
　　　　　杨祎娜　李　艳　党红凯　宋丽华
　　　　　王　鑫　霍丽镜　李嫣资　姚　楠
　　　　　刘　伟　黄　晨　张立娇　许　春
　　　　　苏　锐　刘智聪　孙朝辉　赵怡帆
　　　　　徐灵丽　崔　栗　张　辉　李建波
　　　　　靳元平

序

党的十八大以来，习近平总书记多次强调"中国人的饭碗任何时候都要牢牢端在自己手中"的重大战略意义。我国是全球最大的小麦生产国和消费国，小麦常年播种面积保持在3.5亿亩左右，占全年粮食作物播种面积的19.87%，小麦产业发展直接关系到国家的粮食安全和社会稳定。

河北省是我国重要的粮食生产大省、流通大省和储备大省。地处全国两大重点麦区（北部冬麦区和黄淮冬麦区），气候适宜，品质优良，是我国小麦的优势种植区，多年来，为保障国家粮食安全作出了突出贡献；小麦也是河北省第二大粮食作物，所以，河北的小麦产业有责任和义务进一步担负起保障粮食安全的政治责任。目前，小麦生产面临着耕地资源紧张、水资源紧缺、气象灾害频发、成本收益偏低等诸多问题，如何在众多不利条件下持续发力推动河北省小麦产业高质量发展，相关部门任务艰巨。

在河北省农林科学院王慧军老院长悉心指导下，河北省农林科学院农业信息与经济研究所科研团队联合省内农业科研院所和高校等单位撰写的《河北省小麦产业高质量发展研究》一书，全面总结河北省小麦产业发展的成就与经验，分析当前面临的机遇与挑战，提出未来发展的方向和目标。强调通过科技创新、政策引导、市场驱动等多方面的努力，推动河北省小麦产业实现更高质量的发展。这些对策既具有前瞻性和创新性，又注重操作层面的可行性，为解决资源约束下河北省小麦产业如何实现增产增效的问题指明了方向，提出了解决方案，具有很强的指导意义。

随着农业科技的不断进步和市场需求的不断变化，河北省小麦产业将迎来更加广阔的发展空间。我们期待本书的出版，能推动河北省小麦产业在高质量发展的道路上不断前行，为保障国家粮食安全和农民的切身利益作出更大的贡献。

河北省委省政府农村工作领导小组原副组长
河北省委原农工部长

前 言

2022年，中央一号文件将"抓紧抓好粮食和重要农产品稳产保供"放在首位，这不仅是我国建设社会主义现代化强国的内在需要，更与二十大报告的"加快建设农业强国"相呼应，是对二十大报告精神的再部署再落实。粮食丰收，全局主动。粮食丰收为稳物价稳预期增信心和稳宏观经济增长提供了坚实支撑，特别是对推动社会经济发展意义重大。河北省认真贯彻落实国家对粮食安全的决策部署，高度重视小麦等粮食产业发展，不断加大产业支持力度。2022年，河北省小麦播种面积3 370.9万亩，居全国第5位；单产437.4公斤/亩，13个全国粮食主产省位居第3位；总产1 474.6万吨，居全国第4位。在"良田、良种、良法、良机、良制"的"五良"联合带动下，河北省小麦产业始终走在全国前列。

当前，在京津冀协同发展大背景下，农业供给侧结构性改革面临新的形势，粮食既要增产增收，同时也要兼顾面对地下水压采等生态环境紧迫任务。河北省小麦产业如何发展是地方政府、产业主管部门、科研单位、加工企业和生产农户普遍关注的重点问题。为此，本书作者通过采取查阅文献、专题研讨、现场访谈等多种形式，认真梳理并总结河北省小麦产业发展现状基础、存在问题以及面临的关键核心难点，对产业进行了较为全面的"SWOT"分析，提炼了产业发展建议，提出了实施的重大工程措施。

本书共分为10个章节，包括了以下5个方面的内容：一是对河北省小麦生产、加工、流通、消费及小麦种植成本收益和产业竞争力的现状进行综合分析和研判；二是基于投入产出视角采用DEA-Tobit方法测算了河北省小麦全要素生产率，并对影响生产效率的重点因素进行分析；三是利用Logistic模型探究农户小麦种植节肥意愿的主要影响因素；四是对河北省优质专用小麦种植户销售渠道进行了分析研究；五是基于河北省小麦产业面临挑战、威胁及生产潜力进行了全面分析，提出小麦产业高质量发展推进行动和保障措施。

感谢河北省农林科学院、河北省农业农村厅种植业处及河北省现代农业产业技术体系创新团队等有关领导及专家,他们的大力支持以及对本书的撰写所提出的意见至关重要,本书还得到河北省委省政府决策咨询委员会副主任、河北省农林科学院原院长王慧军教授的悉心指导,在此一并表示感谢。

由于作者水平有限,书中如有不足之处敬请各位专家学者提出宝贵意见。

著　者

2023 年 12 月

目　录

1 河北省小麦产业发展 …………………………………………………… 1
　1.1 河北省小麦历年生产发展 ………………………………………… 1
　1.2 河北省县域小麦生产发展 ………………………………………… 12
　1.3 小麦收获质量情况 ………………………………………………… 20
　1.4 河北省小麦加工现状 ……………………………………………… 22
　1.5 小麦市场流通和消费情况 ………………………………………… 28
2 河北省小麦成本收益和竞争力分析 …………………………………… 31
　2.1 2019—2022年河北省小麦价格走势 ……………………………… 31
　2.2 历年河北省小麦成本收益情况 …………………………………… 39
　2.3 与全国小麦强省成本收益比较 …………………………………… 46
　2.4 小麦产业竞争力分析——基于小麦主产省比较 ………………… 55
3 河北省小麦全要素生产率和生产效率影响因素分析 ………………… 59
　3.1 相关理论分析 ……………………………………………………… 59
　3.2 模型构建 …………………………………………………………… 62
　3.3 指标选取和数据来源 ……………………………………………… 64
　3.4 河北省小麦全要素生产率分析 …………………………………… 65
　3.5 河北省小麦全要素生产率ESDA分析 …………………………… 70
　3.6 河北省小麦生产效率影响因素分析 ……………………………… 73
4 小麦种植农户节肥意愿及影响因素研究 ……………………………… 78
　4.1 河北省小麦种植化肥施用现状分析 ……………………………… 79
　4.2 调查区域及数据来源 ……………………………………………… 81
　4.3 农户施肥行为及节肥意愿的实证分析 …………………………… 82
5 农户数字信息选择对绿色生产风险影响及机制研究——基于小麦
　种植户调研数据分析 …………………………………………………… 88
　5.1 研究假说与理论框架 ……………………………………………… 89
　5.2 数据来源与研究设计 ……………………………………………… 91

5.3　变量定义与描述 …………………………………………… 92
　　5.4　实证结果与分析 …………………………………………… 95
　　5.5　小结 ………………………………………………………… 100
6　河北省优质专用小麦种植户销售渠道选择研究 ………………… 101
　　6.1　相关理论分析 ……………………………………………… 101
　　6.2　河北省优质专用小麦主要销售渠道：类型、运行机制和
　　　　 特征 …………………………………………………………… 104
　　6.3　优质专用小麦销售渠道存在的问题 ……………………… 106
　　6.4　种植户销售渠道选择的博弈分析 ………………………… 107
　　6.5　基于博弈模拟的种植户销售渠道运用的收益比较分析 … 110
　　6.6　优质专用小麦种植户销售渠道选择影响因素 …………… 113
　　6.7　不同经营模式案例 ………………………………………… 122
7　河北省小麦产业发展面临的挑战和威胁 ………………………… 128
　　7.1　资源约束力是小麦再扩能最大瓶颈 ……………………… 128
　　7.2　科技创新提升产业竞争力动能不足 ……………………… 134
　　7.3　自然灾害对小麦生产影响程度加重 ……………………… 139
　　7.4　种粮成本高位运行和产值收益偏低 ……………………… 142
　　7.5　产后损失率及深加工产品短板突出 ……………………… 145
　　7.6　地下水超采综合治理制约性的影响 ……………………… 146
　　7.7　支撑产业高质量发展人才短板明显 ……………………… 148
8　河北省小麦生产潜力分析 ………………………………………… 153
　　8.1　耕地潜力分析 ……………………………………………… 154
　　8.2　科技潜力分析 ……………………………………………… 157
　　8.3　水资源高效利用潜力分析 ………………………………… 163
　　8.4　组织形式变革潜力分析 …………………………………… 166
9　小麦产业高质量发展推进行动 …………………………………… 170
　　9.1　加强高标农田建设 ………………………………………… 170
　　9.2　种业振兴强麦行动 ………………………………………… 171
　　9.3　先进技术集成推广 ………………………………………… 172
　　9.4　智能农机装备升级 ………………………………………… 173
　　9.5　防灾减灾科学减损 ………………………………………… 175
　　9.6　优质麦产业集群带动 ……………………………………… 176
　　9.7　加快经营主体培育 ………………………………………… 178

10 对策建议 ·· 180
10.1 加强对粮食生产的行政领导 ······································ 180
10.2 落实完善粮食生产扶持政策 ······································ 181
10.3 有序推进土地流转制度创新 ······································ 182
10.4 不断加强职业农民培训工程 ······································ 182
10.5 加强小麦产业技术信息服务 ······································ 183

参考文献 ·· 184

1 河北省小麦产业发展

河北是全国小麦生产大省，具有较好的生产基础。河北省小麦种植主要分布在太行山山前平原、黑龙港低平原和冀东平原三大冬麦区，有灌溉条件的麦田是河北省小麦产量的主体，占总产量的90%以上。《全国农业机械化统计资料简明手册》资料表明，"十二五"期末，全国小麦耕、种、收机械化水平为93.70%，河北省小麦耕、种、收综合机械化水平达99.20%，其中，机耕水平99.92%，机播水平99.30%，机收水平98.34%，超过全国平均水平，位列第3位。河北省小麦生产历来受到国家高度重视，通过国家大型商品粮生产基地、农业综合开发、优质粮食产业工程等一大批农业基础设施建设项目的实施，河北小麦主产区生产条件得到进一步改善和提升，为发展小麦优质原粮创造了良好生产条件。政策引导和扶持，技术推广和覆盖，以及得天独厚的地理区位优势，造就河北省小麦原粮商品性好，品质出众的特点，河北形成了一批规模化种植、标准化生产、品质优良、产量较高的优质麦生产基地，发挥了较强示范带动作用，促进了种植区域向优势地区集中。一批品质好、产量高的优质专用小麦品种和配套的栽培管理技术得到较快推广，为稳定保持优质小麦生产品质提供了技术保障。

1.1 河北省小麦历年生产发展

1.1.1 面积变化

1953—2021年，河北省小麦播种面积总体较为稳定，呈先增加后减少的变化趋势。2021年小麦播种面积比1953年总体有所增加，即由1953年的2 738.10万亩（1亩=667平方米，全书同）增至2021年的3 369.87万亩，增长23.07%。历史上小麦播种面积峰值在1978年，为4 561.80万亩，比1953年增加了1 823.70万亩，增长66.6%。

1953—1957年"一五"时期，小麦年平均播种面积3 426.36万亩，且

5年间小麦播种面积从2 738.10万亩增加至3 999.60万亩，呈波动上升趋势。与1949年相比（以1949年小麦播种面积指数为100，下同），1957年小麦播种面积指数为166.75。1949—1952年全国陆续完成土地改革，"一五"计划明确提出扩大耕地面积，通过组织农民、国营农场开展开荒工作，虽然"一五"期间河北省年末常用耕地面积没有明显增加，但是有效灌溉面积从1952年的1 444.26万亩增加到1957年的2 366.33万亩，有效灌溉面积的增加是"一五"期间小麦播种面积增加的主要原因。

1958—1962年"二五"时期，因河北省连年遭遇旱情，小麦播种面积较上一时期下降明显。1958年河北省中部、东部连续200多天无降水，严重影响小麦播种，小麦播种面积较上年减少22.07%，下降较为明显，1959—1961年小麦播种面积有所回升。1966—1970年"三五"时期和1971—1975年"四五"时期河北省小麦播种面积波动上升，1974年河北省小麦播种面积为4 107万亩，播种面积指数为171.23，增加态势持续到1976年。

1976—1980年"五五"时期，河北省小麦播种面积年平均值为4 293.09万亩，其中，1978年小麦播种面积4 561.80万亩，为历史最高值，小麦播种面积指数达到190.19。1981—1985年"六五"时期，面积有所下降，但"七五"时期和"八五"时期小麦播种面积呈平稳缓慢增长态势，1986年河北省小麦播种面积为3 738.60万亩，小麦播种面积指数为155.87；1995年河北省小麦播种面积为3 751.05万亩，小麦播种面积指数为156.39。"九五"时期1996—2000年河北省小麦播种面积骤然增加至4 045.38万亩，且1997—1999年连续三年河北省小麦播种面积指数均达到170以上。

随着城市化进程的加快，一方面，大批农民进城务工，导致农村青壮年劳动力流失严重，农业劳动生产率有所下降；另一方面，城乡接合地区和一些经济发达的农村地区，因为要大力发展工业，占用了大量的土地，导致农村很多耕地被征用。自"十五"时期开始，河北省小麦播种面积迅速减少，小麦播种面积由2001年的3 869.67万亩减少至2004年的3 242.24万亩，年均减少5.73%，同时，由于小麦市场价格低迷，农民种植小麦的积极性有所下降。

"十二五"时期，即2011年以来，河北省小麦播种面积持续下降。华北地下水漏斗区持续扩大，为节约用水和提高水资源利用率，2017年河北省水利厅等五部门出台了《河北省农业用水限额及水量核定工作办法（试行）》和《河北省农业用水以电折水计量实施细则（试行）》，受此影响，河北省小麦播种面积近10年来逐渐降低，至2021年，小麦播种面积为3 369.87万亩，比2011年减少了282.65万亩，年均减少0.8%（图1-1，表1-1）。

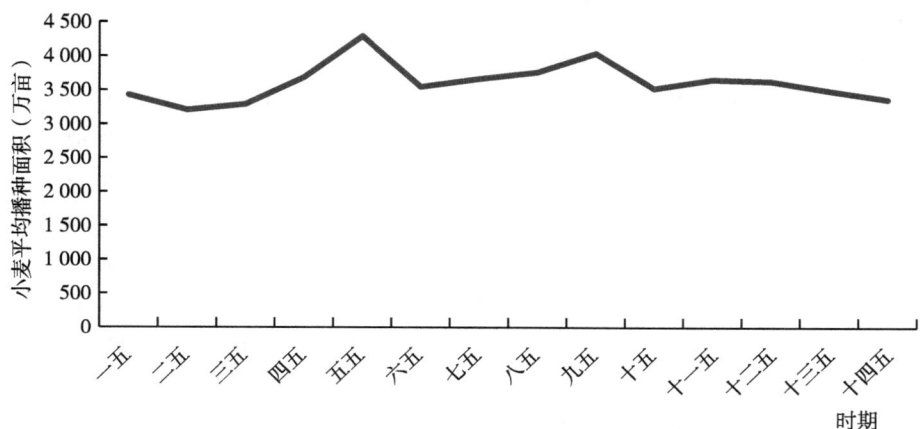

图 1-1　"一五"至"十四五"时期河北省小麦播种面积变化

数据来源：河北省统计局

表 1-1　1949—2021 年河北省小麦播种面积及小麦播种面积指数变化

年份	小麦播种面积（万亩）	小麦播种面积指数（1949年=100）	年份	小麦播种面积（万亩）	小麦播种面积指数（1949年=100）
1949	2 398.50	100.00	1950	3 589.05	149.64
1951	2 512.95	104.77	1952	2 715.75	113.23
1953	2 738.10	114.16	1954	3 576.00	149.09
1955	3 382.05	141.01	1956	3 436.05	143.26
1957	3 999.60	166.75	1958	3 117.00	129.96
1959	3 462.00	144.34	1960	3 265.95	136.17
1961	3 369.00	140.46	1962	2 815.65	117.39
1963	2 730.30	113.83	1964	3 621.00	150.97
1965	3 019.05	125.87	1966	3 043.95	126.91
1967	3 363.00	140.21	1968	3 226.95	134.54
1969	3 345.00	139.46	1970	3 470.55	144.70
1971	3 280.05	136.75	1972	3 354.00	139.84

(续表)

年份	小麦播种面积（万亩）	小麦播种面积指数（1949年=100）	年份	小麦播种面积（万亩）	小麦播种面积指数（1949年=100）
1973	3 477.75	145.00	1974	4 107.00	171.23
1975	4 219.95	175.94	1976	4 335.45	180.76
1977	4 161.90	173.52	1978	4 561.80	190.19
1979	4 266.00	177.86	1980	4 140.30	172.62
1981	3 776.55	157.45	1982	3 364.65	140.28
1983	3 518.85	146.71	1984	3 560.25	148.44
1985	3 527.85	147.09	1986	3 738.60	155.87
1987	3 525.30	146.98	1988	3 631.95	151.43
1989	3 679.65	153.41	1990	3 762.45	156.87
1991	3 792.00	158.10	1992	3 812.70	158.96
1993	3 788.25	157.94	1994	3 683.25	153.56
1995	3 751.05	156.39	1996	3 886.83	162.05
1997	4 081.10	170.15	1998	4 145.96	172.86
1999	4 094.82	170.72	2000	4 018.20	167.53
2001	3 869.67	161.34	2002	3 674.40	153.20
2003	3 289.38	137.14	2004	3 242.24	135.18
2005	3 565.71	148.66	2006	3 756.71	156.63
2007	3 630.27	151.36	2008	3 647.67	152.08
2009	3 596.63	149.95	2010	3 677.16	153.31
2011	3 652.52	152.28	2012	3 685.59	153.66
2013	3 648.06	152.10	2014	3 605.97	150.34
2015	3 591.27	149.73	2016	3 584.63	149.45
2017	3 560.04	148.43	2018	3 535.79	147.42
2019	3 483.75	145.25	2020	3 325.38	138.64
2021	3 369.87	140.50			

数据来源：河北省统计局

2011—2020年，河北省粮食播种面积占全国比重为5.47%~5.74%，整体略有下降，全国排名由第5位降到第6位，前5位为黑龙江省、河南省、山东省、安徽省、内蒙古自治区。小麦播种面积占全国比重为9.48%~

10.01%,整体略有下降,全国排名由 2011 年第 4 位降到 2020 年第 5 位,前 4 位为河南省、山东省、安徽省、江苏省(表 1-2)。

表 1-2　2011—2020 年河北省粮食和小麦播种面积占全国比重及排名　单位:%

年份		2011	2012	2013	2014	2015	2016	2017	2018	2019	2020
粮食	比重	5.74	5.73	5.70	5.69	5.69	5.70	5.64	5.59	5.57	5.47
	排名	5	5	5	5	5	5	6	6	6	6
小麦	比重	9.94	10.01	9.95	9.84	9.75	9.69	9.70	9.71	9.79	9.48
	排名	4	4	4	4	4	5	5	5	5	5

数据来源:河北省统计局

1.1.2　单产变化

1949—2021 年,河北省小麦单位面积产量基本呈快速增长的势态,仅个别年份存在减产情况。2021 年小麦单位面积产量达 435.96 公斤/亩,与 1949 年单产 34.85 公斤/亩相比,增长了 11.5 倍。"十四五"时期,2021 年小麦单位面积产量与"一五"时期小麦平均单产 48.86 公斤/亩相比,增长了近 8 倍。

"二五"时期因连年干旱,小麦单位面积产量比"一五"时期有所下降。尤其是"二五"时期,1961 年河北省遭受严重干旱,当年小麦单位面积产量仅为 26.48 公斤/亩。经过 1963—1965 年的调整,小麦单位面积产量逐渐恢复增长。

1975 年,河北省小麦单位面积产量首次突破 100 公斤/亩,达到 109.01 公斤/亩。"五五"时期、"六五"时期和"七五"时期,河北省小麦单位面积产量增长速度明显提升,1976 年,小麦单位面积产量为 107.25 公斤/亩,1984 年小麦单产突破 200 公斤/亩,达到了 201.11 公斤/亩,到 1990 年增长至 246.57 公斤/亩,历经三个时期小麦单产水平翻一番。

"八五"时期,河北省小麦单位面积产量增速减缓,增速为 11.18%,但"九五"时期又很快恢复到"五五"时期至"七五"时期的增长速度,1997 年,河北省小麦单产首次突破了 300 公斤/亩,达 326.07 公斤/亩。

"十二五"时期,河北省小麦平均单位面积产量增速有所提升,且在 2014 年小麦单产首次达到 400 公斤/亩以上,为 400.53 公斤/亩。"十二五"时期小麦增产,主要受益于 2010 年 12 月河北省人民政府发布了《河北省优质专用小麦发展规划(2011—2015 年)》,对各县域小麦发展做出了详细规划,并提供了完善的政策措施和组织保障。

"十三五"时期和"十四五"时期,河北省小麦单位面积产量增速减缓,呈波浪式上升发展态势。受恶劣天气等原因影响,个别年份有所减少,整体呈上升走势。单产由 2015 年的 412.89 公斤/亩增加到 2021 年的 435.96 公斤/亩,年均增长 0.91%(图 1-2,表 1-3)。

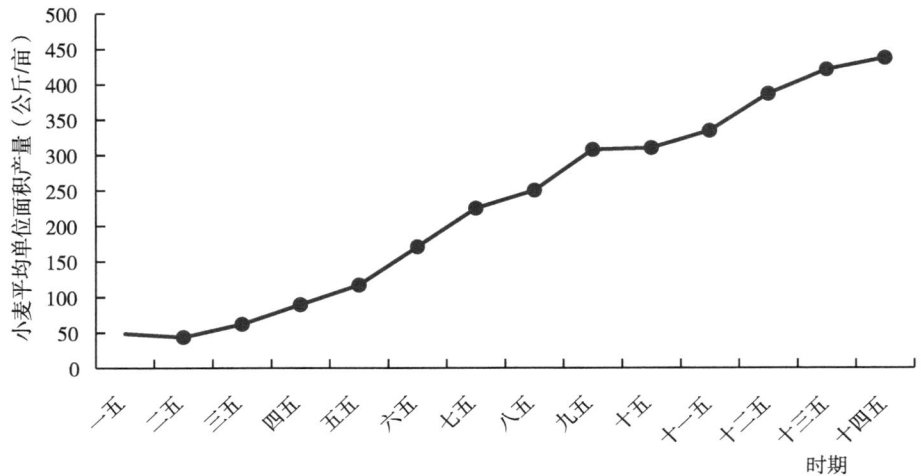

图 1-2　"一五"至"十四五"时期河北省小麦单位面积产量变化

数据来源:河北省统计局

表 1-3　1949—2021 年河北省小麦单位面积产量和单位面积产量指数

年份	小麦单产 (公斤/亩)	小麦单产指数 (1949 年=100)	年份	小麦单产 (公斤/亩)	小麦单产指数 (1949 年=100)
1949	34.85	100.00	1950	38.57	110.68
1951	34.82	99.91	1952	47.28	135.67
1953	39.77	114.13	1954	52.05	149.36
1955	50.43	144.70	1956	58.07	166.64
1957	43.97	126.16	1958	49.37	141.67
1959	51.83	148.73	1960	51.24	147.03
1961	26.48	75.98	1962	40.65	116.63
1963	47.80	137.16	1964	45.01	129.16
1965	54.99	157.78	1966	61.27	175.80
1967	60.07	172.36	1968	46.33	132.93

(续表)

年份	小麦单产 （公斤/亩）	小麦单产指数 （1949年=100）	年份	小麦单产 （公斤/亩）	小麦单产指数 （1949年=100）
1969	72.79	208.88	1970	70.88	203.39
1971	69.36	199.02	1972	89.89	257.94
1973	84.54	242.58	1974	96.42	276.67
1975	109.01	312.79	1976	107.25	307.76
1977	96.71	277.51	1978	140.63	403.52
1979	148.62	426.46	1980	92.75	266.13
1981	110.55	317.23	1982	133.00	381.64
1983	197.37	566.33	1984	201.11	577.08
1985	210.98	605.39	1986	221.15	634.59
1987	205.23	588.90	1988	218.12	625.88
1989	232.50	667.14	1990	246.57	707.51
1991	237.45	681.34	1992	240.75	690.81
1993	238.13	683.31	1994	250.23	718.03
1995	282.67	811.11	1996	293.07	840.95
1997	326.07	935.65	1998	302.37	867.64
1999	312.71	897.31	2000	300.62	862.61
2001	290.13	832.50	2002	299.24	858.66
2003	309.73	888.76	2004	324.84	932.10
2005	322.61	925.71	2006	316.69	908.72
2007	329.88	946.58	2008	337.16	967.46
2009	345.27	990.72	2010	339.01	972.77
2011	355.06	1 018.83	2012	370.06	1 061.86
2013	388.97	1 116.13	2014	400.53	1 149.28
2015	412.89	1 184.75	2016	412.94	1 184.90
2017	422.50	1 212.34	2018	410.30	1 177.33
2019	419.83	1 204.67	2020	432.82	1 241.96
2021	435.96	1 250.96			

数据来源：河北省统计局

河北省粮食单产水平位居全国中上游水平（图1-3）。随着河北省育种水平、栽培技术水平、机械化水平的提高，粮食作物单产总体呈上升趋势，由 2011 年全国第 18 位上升到 2020 年的全国第 13 位。河北省小麦单产水平位居全国前列，由 2011 年全国第 6 位上升到 2017 年全国第 2 位，2019 年和 2020 年均居第 3 位（前 2 位为河南省和山东省）（表 1-4）。

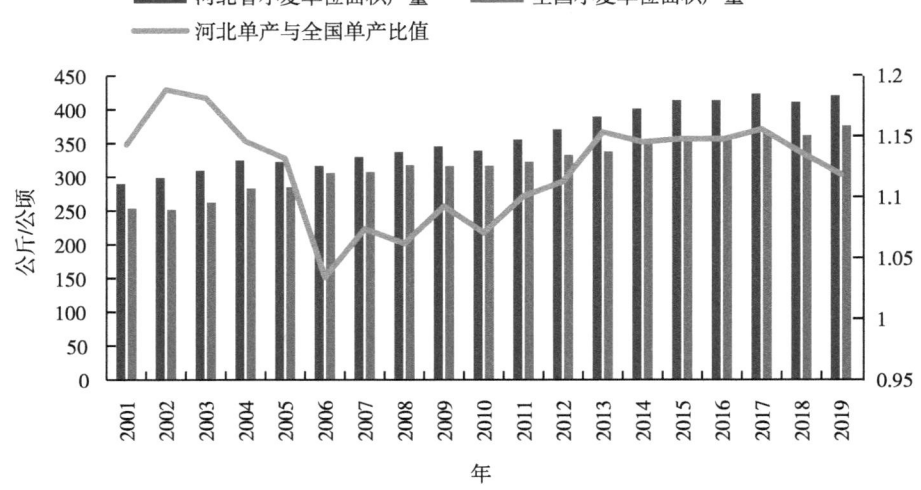

图 1-3　河北省小麦单位面积产量与全国比较

表 1-4　2011—2020 年河北省粮食作物和小麦单产全国排名

年份	2011	2012	2013	2014	2015	2016	2017	2018	2019	2020
粮食	18	16	15	15	19	14	15	10	15	13
小麦	6	4	5	3	3	3	2	2	3	3

1.1.3　总产变化

"一五"至"十四五"时期，河北省小麦总产量变化趋势与小麦单位面积产量趋同。1949 年，河北省小麦总产量仅有 83.60 万吨；2021 年，河北省小麦总产量高达 1 469.13 万吨，增加了 16.5 倍。"一五"时期河北省小麦年平均总产量为 168.24 万吨，"十四五"时期小麦年平均总产量为 1 469.13 万吨，与"一五"时期相比，增加 1 300.89 万吨，增长了 7.7 倍（图 1-4）。

"二五"时期，因河北省小麦播种面积和单位面积产量均有所下降，所

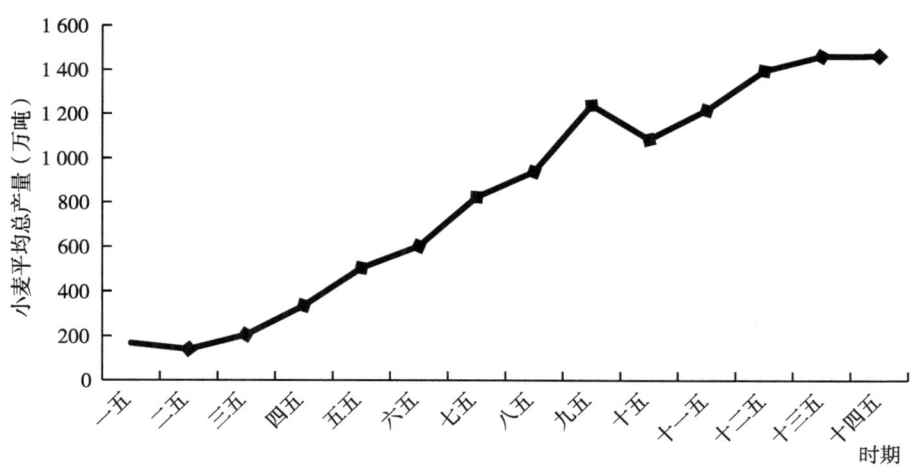

图 1-4 "一五"时期—"十四五"时期河北省小麦平均总产量变化

数据来源：河北省统计局

以总产量也出现了下降，但此后恢复较快；"三五"时期、"四五"时期和"五五"时期，小麦总产量稳步提升，由 1966 年的 186.50 万吨增加到 1980 年的 384.00 万吨，年均增长 5.29%；"六五"时期，河北省小麦单位面积产量虽有所提升，但小麦播种面积减少明显，导致小麦总产量增速减缓，增速仅为 19.50%；"七五"时期，河北省小麦总产量增速恢复较快，较上一时期增长 36.62%；"八五"时期，由于小麦单位面积产量增速减缓，导致小麦总产量较上一时期增速较缓，增速为 13.98%；"九五"时期，河北省小麦年平均总产量为 1 242.38 万吨，比上一时期增长 32.10%，主要因为"九五"时期河北省小麦播种面积和小麦单位面积产量较上一时期均有大幅度增长，分别增长 7.43% 和 22.86%。

"十五"时期，因河北省耕地面积的减少，导致河北省小麦播种面积较上一时期减少 12.78%，小麦单位面积产量较上一时期增长较少，仅增长 0.76%，"十五"时期，河北省小麦总产量自"二五"时期以来第二次出现明显下降，较上一时期减少 12.35%。"十一五"和"十二五"时期，河北省小麦总产量稳步提升，分别较上一时期增加 12.14% 和 14.76%。"十三五"时期，因河北省小麦播种面积连年减少，2016 年小麦播种面积为 3 584.63 万亩，到 2020 年减少至 3 325.38 万亩，减少了 259.25 万亩，导致河北省小麦总产量增速减慢。近 20 年来，河北省小麦总产量除个别年份有所回落外，总体呈稳步提升态势。虽然河北省小麦面积呈下降趋势，但受益于小麦单产提高，河北省小麦总产量由 2004 年的 1 053.20 万吨增长到 2017 年的 1 504.12 万吨，年均增长 3.01%。2018—2021 年，年总产量均保持在 1 450 万吨左右。2016 年初出现的强寒潮天气导致河北局部地区创气候历史极值，对小麦生长造成一定影响，当年小麦总产量略有下降，比上年度减产 2.56 万吨。2018 年 3 月，河北全省出现大范围旱情，4 月 3—5 日出现低温冻，对小麦产生不利影响，导致小麦产量比上年度减产 53.39 万吨（表 1-5）。

表 1-5　1949—2021 年河北省小麦总产量和小麦总产量指数

年份	小麦总产量（万吨）	小麦总产量指数（1949 年=100）	年份	小麦总产量（万吨）	小麦总产量指数（1949 年=100）
1949	83.60	100.00	1950	138.50	165.67
1951	87.50	104.67	1952	128.40	153.59
1953	108.90	130.26	1954	186.20	222.73
1955	170.60	204.07	1956	199.60	238.76
1957	175.90	210.41	1958	153.90	184.09
1959	179.50	214.71	1960	167.40	200.24
1961	89.20	106.70	1962	114.50	136.96
1963	130.50	156.10	1964	163.00	194.98
1965	166.00	198.56	1966	186.50	223.09
1967	202.00	241.63	1968	149.50	178.83
1969	243.50	291.27	1970	246.00	294.26
1971	227.50	272.13	1972	301.50	360.65
1973	294.00	351.67	1974	396.00	473.68
1975	460.00	550.24	1976	465.00	556.22
1977	402.50	481.46	1978	641.50	767.34
1979	634.00	758.37	1980	384.00	459.33
1981	417.50	499.40	1982	447.50	535.29
1983	694.50	830.74	1984	716.00	856.46
1985	744.30	890.31	1986	826.80	989.00
1987	723.50	865.43	1988	792.20	947.61

(续表)

年份	小麦总产量（万吨）	小麦总产量指数（1949年=100）	年份	小麦总产量（万吨）	小麦总产量指数（1949年=100）
1989	855.50	1 023.33	1990	927.70	1 109.69
1991	900.40	1 077.03	1992	917.90	1 097.97
1993	902.10	1 079.07	1994	921.70	1 102.51
1995	1 060.30	1 268.30	1996	1 139.11	1 362.57
1997	1 330.74	1 591.79	1998	1 253.62	1 499.55
1999	1 280.50	1 531.70	2000	1 207.95	1 444.92
2001	1 122.69	1 342.93	2002	1 099.54	1 315.24
2003	1 018.83	1 218.70	2004	1 053.20	1 259.81
2005	1 150.33	1 375.99	2006	1 189.70	1 423.09
2007	1 197.56	1 432.49	2008	1 229.85	1 471.11
2009	1 241.80	1 485.41	2010	1 246.60	1 491.15
2011	1 296.86	1 551.27	2012	1 363.88	1 631.44
2013	1 418.99	1 697.36	2014	1 444.28	1 727.61
2015	1 482.79	1 773.67	2016	1 480.23	1 770.61
2017	1 504.12	1 799.19	2018	1 450.73	1 735.32
2019	1 462.57	1 749.49	2020	1 439.30	1 721.65
2021	1 469.13	1 757.33			

数据来源：河北省统计局

河北省粮食总产量占全国比重较为稳定，常年维持在5.45%~5.69%，2020年，全国排名第6位，位居黑龙江省、河南省、山东省、安徽省、吉林省之后。小麦总产占全国的比重由2011年的10.94%上升到2020年的11.58%，但排名由第3位降至第4位，位于河南省、山东省、安徽省之后（表1-6）。

表1-6 2011—2020年河北省粮食作物总产占全国比重及排名 单位：%

年份		2011	2012	2013	2014	2015	2016	2017	2018	2019	2020
粮食	比重	5.68	5.62	5.69	5.58	5.45	5.73	5.79	5.63	5.63	5.67
	排名	5	6	5	6	6	6	6	5	6	6

（续表）

年份		2011	2012	2013	2014	2015	2016	2017	2018	2019	2020
小麦	比重	10.94	11.14	11.48	11.26	11.19	11.11	11.20	11.04	10.95	11.58
	排名	3	4	4	4	4	4	4	4	4	4

1.2 河北省县域小麦生产发展

1.2.1 面积情况

小麦在河北省中部和南部广泛种植，集中分布在保定以南地区，其中东南部种植面积较大。2021年，河北省共有133个县（市、区）种植小麦，各县域小麦播种面积差距较大，面积最大的为宁晋县（93.10万亩），最小的为石家庄井陉矿区（75亩）。小麦播种面积达到40万亩以上的县域有30个，占22.56%；面积达到20万~40万亩的县域有42个，占31.58%；20万亩以下的县域有61个，占45.86%，其中10万亩以下的县域有41个。通过对2021年河北省县域小麦面积进行统计分析，面积排名的前10位主要分布在河北省中南部，分别为宁晋县（93.1万亩）、定州市（86.6万亩）、景县（85.0万亩）、大名县（82.9万亩）、深州市（77.2万亩）、辛集市（70.6万亩）、隆尧县（61.3万亩）、魏县（59.6万亩）、赵县（57.9万亩）、枣强县（56.2万亩）（表1-7）。

表1-7 2021年河北省县域小麦播种面积情况

县（市、区）	小麦播种面积（万亩）	排名	县（市、区）	小麦播种面积（万亩）	排名
宁晋县	93.068	1	定州市	86.600	2
景县	85.025	3	大名县	82.881	4
深州市	77.226	5	辛集市	70.560	6
隆尧县	61.338	7	魏县	59.648	8
赵县	57.932	9	枣强县	56.202	10
临漳县	55.713	11	南皮县	53.969	12
衡水冀州区	52.599	13	黄骅市	50.708	14
故城县	48.882	15	沧县	48.789	16
邯郸永年区	48.539	17	雄安新区	48.461	18

(续表)

县（市、区）	小麦播种面积（万亩）	排名	县（市、区）	小麦播种面积（万亩）	排名
石家庄藁城区	48.458	19	玉田县	48.249	20
定兴县	48.038	21	保定清苑区	46.595	22
东光县	45.173	23	盐山县	44.561	24
献县	42.872	25	曲周县	42.188	26
阜城县	42.101	27	保定徐水区	41.430	28
泊头市	40.262	29	吴桥县	40.161	30
无极县	39.926	31	河间市	39.309	32
临西县	38.799	33	元氏县	38.445	34
武邑县	38.067	35	邢台任泽区	37.523	36
晋州市	36.999	37	新乐市	36.360	38
邯郸肥乡区	36.146	39	邢台南和区	34.788	40
成安县	33.038	41	行唐县	32.426	42
高碑店市	32.301	43	唐山丰润区	31.785	44
任丘市	31.380	45	滦南县	29.808	46
望都县	29.642	47	馆陶县	29.481	48
安国市	29.190	49	涿州市	29.124	50
肃宁县	28.341	51	蠡县	28.257	52
南宫市	27.900	53	巨鹿县	27.372	54
正定县	26.936	55	平乡县	26.436	56
武强县	26.336	57	清河县	26.321	58
鸡泽县	25.890	59	内丘县	25.247	60
文安县	24.789	61	新河县	24.000	62
威县	23.153	63	孟村回族自治县	23.016	64
固安县	22.940	65	饶阳县	22.706	66
广平县	22.415	67	石家庄栾城区	22.287	68
邱县	21.501	69	柏乡县	21.159	70
安平县	21.069	71	高阳县	20.630	72
深泽县	19.502	73	磁县	18.428	74
海兴县	18.089	75	衡水桃城区	18.062	76

（续表）

县（市、区）	小麦播种面积（万亩）	排名	县（市、区）	小麦播种面积（万亩）	排名
高邑县	17.190	77	青县	16.664	78
灵寿县	16.554	79	博野县	15.872	80
顺平县	14.895	81	保定满城区	14.531	82
石家庄鹿泉区	14.399	83	临城县	13.245	84
唐山丰南区	13.113	85	唐县	13.029	86
曲阳县	12.941	87	乐亭县	12.315	88
广宗县	11.817	89	易县	11.163	90
滦州市	10.857	91	三河市	10.739	92
遵化市	9.818	93	邯郸邯山区	9.741	94
武安市	9.584	95	沙河市	9.341	96
昌黎县	8.879	97	涞水县	8.862	98
大城县	8.313	99	霸州市	8.154	100
赞皇县	6.941	101	香河县	6.887	102
永清县	4.991	103	邯郸丛台区	4.424	104
邯郸峰峰矿区	4.002	105	平山县	3.918	106
邢台信都区	3.891	107	保定竞秀区	3.098	108
保定莲池区	3.072	109	尚义县	2.526	110
石家庄长安区	2.141	111	唐山开平区	1.538	112
邢台襄都区	1.404	113	迁安市	1.271	114
大厂回族自治县	1.227	115	唐山路南区	1.188	116
井陉县	1.130	117	廊坊广阳区	1.127	118
唐山古冶区	1.005	119	沧州运河区	0.896	120
卢龙县	0.752	121	涉县	0.702	122
唐山路北区	0.701	123	廊坊安次区	0.516	124
石家庄新华区	0.509	125	邯郸复兴区	0.387	126
沧州新华区	0.353	127	唐山曹妃甸区	0.174	128
秦皇岛抚宁区	0.138	129	石家庄裕华区	0.078	130
石家庄桥西区	0.041	131	秦皇岛北戴河区	0.030	132
石家庄井陉矿区	0.008	133			

数据来源：河北农村统计年鉴

1.2.2 单产情况

河北省小麦单位面积产量的高产区集中分布在中南部,主要是石家庄市、邢台市、邯郸市等地。2021 年,河北省县域小麦单位面积产量最高的为赵县(500.6 公斤/亩),最低的是尚义县(82.66 公斤/亩)。小麦单位面积产量在 400 公斤/亩以上的县域有 95 个,占 71.43%;300~400 公斤的县域有 32 个,占 24.06%;300 公斤/亩以下的县域有 6 个,占 4.51%。河北省绝大多数县域的小麦单位面积产量可达到 400 公斤/亩以上,单产低于 300 公斤/亩的县域较少(表 1-8)。

单产排名前 10 位的是赵县(500.6 公斤/亩)、石家庄藁城区(500.4 公斤/亩)、宁晋县(497.8 公斤/亩)、临漳县(494.5 公斤/亩)、邢台任泽区(492.3 公斤/亩)、吴桥县(491.9 公斤/亩)、隆尧县(491.7 公斤/亩)、柏乡县(491.38 公斤/亩)、石家庄栾城区(489.8 公斤/亩)、正定县(488.29 公斤/亩)。

表 1-8 2021 年河北省县域小麦单位面积产量情况

县(市、区)	小麦单位面积产量(公斤/亩)	排名	县(市、区)	小麦单位面积产量(公斤/亩)	排名
赵县	500.6	1	石家庄藁城区	500.4	2
宁晋县	497.8	3	临漳县	494.50	4
邢台任泽区	492.3	5	吴桥县	491.85	6
隆尧县	491.7	7	柏乡县	491.38	8
石家庄栾城区	489.8	9	正定县	488.29	10
高邑县	488.1	11	邯郸永年区	487.91	12
成安县	484.2	13	馆陶县	482.90	14
辛集市	482.7	15	深泽县	480.10	16
清河县	477.5	17	邯郸肥乡区	477.00	18
魏县	476.8	19	广平县	476.41	20
无极县	472.1	21	邢台南和区	472.02	22
莲池区	472.0	23	望都县	468.79	24
曲周县	468.4	25	晋州市	468.20	26
桃城区	467.3	27	大名县	465.10	28
新乐市	463.7	29	深州市	457.20	30

（续表）

县（市、区）	小麦单位面积产量（公斤/亩）	排名	县（市、区）	小麦单位面积产量（公斤/亩）	排名
定州市	455.8	31	鸡泽县	454.70	32
安国市	453.2	33	昌黎县	452.23	34
景县	452.0	35	保定清苑区	451.91	36
保定徐水区	448.9	37	平乡县	448.72	38
唐山曹妃甸区	447.7	39	高碑店市	447.61	40
元氏县	445.1	41	定兴县	441.27	42
保定满城区	440.4	43	东光县	439.92	44
卢龙县	439.5	45	任丘市	438.42	46
邯郸邯山区	437.4	47	故城县	437.10	48
平山县	435.7	49	行唐县	435.35	50
肃宁县	435.2	51	唐山路南区	434.18	52
广宗县	434.1	53	保定竞秀区	433.03	54
河间市	432.7	55	武强县	431.76	56
蠡县	431.6	57	雄安新区	430.75	58
临西县	429.7	59	香河县	429.58	60
邱县	427.9	61	安平县	426.81	62
曲阳县	425.5	63	石家庄鹿泉区	425.09	64
邢台襄都区	424.1	65	武邑县	423.50	66
易县	422.7	67	博野县	422.39	68
饶阳县	422.35	69	固安县	421.70	70
大厂回族自治县	421.03	71	邯郸复兴区	420.67	72
三河市	420.23	73	枣强县	419.72	74
临城县	419.02	75	南皮县	418.94	76
唐山丰润区	418.19	77	衡水冀州区	416.24	78
涿州市	415.76	79	石家庄裕华区	415.38	80
泊头市	414.87	81	唐县	412.50	82
石家庄新华区	410.03	83	乐亭县	409.76	84
涞水县	409.28	85	内丘县	405.60	86
廊坊安次区	405.23	87	巨鹿县	405.16	88

（续表）

县（市、区）	小麦单位面积产量（公斤/亩）	排名	县（市、区）	小麦单位面积产量（公斤/亩）	排名
石家庄长安区	403.50	89	南宫市	402.71	90
阜城县	401.72	91	威县	401.71	92
献县	400.70	93	石家庄井陉矿区	400.00	94
秦皇岛抚宁区	400.00	95	顺平县	399.68	96
磁县	398.50	97	永清县	395.97	98
武安市	395.74	99	唐山古冶区	395.02	100
高阳县	394.74	101	滦南县	394.55	102
廊坊广阳区	393.16	103	邯郸丛台区	389.13	104
滦州市	388.98	105	新河县	387.11	106
霸州市	387.01	107	文安县	384.85	108
石家庄桥西区	382.72	109	玉田县	379.85	110
沙河市	375.65	111	唐山开平区	374.83	112
唐山丰南区	368.71	113	大城县	365.72	114
井陉县	362.37	115	遵化市	361.98	116
唐山路北区	360.74	117	灵寿县	359.51	118
秦皇岛北戴河区	353.33	119	迁安市	352.62	120
邢台信都区	350.71	121	青县	348.90	122
沧县	347.33	123	赞皇县	327.33	124
涉县	323.50	125	邯郸峰峰矿区	314.17	126
盐山县	304.55	127	孟村回族自治县	295.46	128
沧州运河区	282.86	129	沧州新华区	268.65	130
黄骅市	223.35	131	海兴县	219.01	132
尚义县	82.66	133			

数据来源：河北农村统计年鉴

1.2.3 总产情况

河北省小麦总产量县域分布与小麦播种面积的县域分布较为相似，总产量高产区也集中分布在河北省东南部。河北省县域小麦播种面积的不同，导致小麦总产量存在较大差距，产量最高的是宁晋县达46.3万吨，产量最低的是石家庄井陉矿区，仅有 30 吨。河北省县域小麦总产量为 30 万吨以上的县有 7 个，占 5.26%；总产量为 20 万~30 万吨的县有 12 个，占 9.02%；总产量为 10 万~20 万吨的县有 44 个，占 33.08%；总产量为 10 万吨以下的县有 70 个，占 52.63%，其中，5 万吨以下的县有 46 个，占 34.59%。由此可见，2021 年河北省小麦高产的县域数量相对较少，大多数县域的小麦总产量集中在 5 万~20 万吨，总产量低于 5 万吨的县域数量相对较多（表 1-9）。

总产量排名前 10 位的是宁晋县（46.3 万吨）、定州市（39.5 万吨）、大名县（38.5 万吨）、景县（38.4 万吨）、深州市（35.3 万吨）、辛集市（34.1 万吨）、隆尧县（30.2 万吨）、赵县（29.0 万吨）、魏县（28.4 万吨）、临漳县（27.6 万吨）。

表 1-9　2021 年河北省县域小麦总产量情况

县（市、区）	小麦总产量（万吨）	排名	县（市、区）	小麦总产量（万吨）	排名
宁晋县	46.332	1	定州市	39.474	2
大名县	38.548	3	景县	38.432	4
深州市	35.307	5	辛集市	34.059	6
隆尧县	30.160	7	赵县	29.001	8
魏县	28.440	9	临漳县	27.550	10
石家庄藁城区	24.248	11	邯郸永年区	23.683	12
枣强县	23.589	13	南皮县	22.609	14
衡水冀州区	21.894	15	故城县	21.366	16
定兴县	21.197	17	保定清苑区	21.057	18
雄安新区	20.875	19	东光县	19.873	20
曲周县	19.760	21	吴桥县	19.753	22
无极县	18.849	23	保定徐水区	18.597	24
任泽区	18.472	25	玉田县	18.327	26
晋州市	17.323	27	邯郸肥乡区	17.241	28
献县	17.178	29	元氏县	17.112	30
河间市	17.008	31	沧县	16.946	32
阜城县	16.913	33	新乐市	16.860	34
泊头市	16.703	35	临西县	16.670	36
邢台南和区	16.421	37	武邑县	16.121	38

（续表）

县（市、区）	小麦总产量（万吨）	排名	县（市、区）	小麦总产量（万吨）	排名
成安县	15.997	39	高碑店市	14.458	40
馆陶县	14.236	41	行唐县	14.116	42
望都县	13.896	43	任丘市	13.758	44
盐山县	13.571	45	唐山丰润区	13.292	46
安国市	13.229	47	正定县	13.152	48
清河县	12.567	49	肃宁县	12.335	50
蠡县	12.195	51	涿州市	12.109	52
平乡县	11.862	53	鸡泽县	11.772	54
滦南县	11.761	55	武强县	11.371	56
黄骅市	11.326	57	南宫市	11.236	58
巨鹿县	11.090	59	石家庄栾城区	10.916	60
广平县	10.679	61	柏乡县	10.397	62
内丘县	10.240	63	固安县	9.674	64
饶阳县	9.590	65	文安县	9.540	66
深泽县	9.363	67	威县	9.301	68
新河县	9.291	69	邱县	9.200	70
安平县	8.993	71	衡水桃城区	8.440	72
高邑县	8.391	73	高阳县	8.143	74
磁县	7.343	75	孟村回族自治县	6.800	76
博野县	6.704	77	保定满城区	6.400	78
石家庄鹿泉区	6.121	79	顺平县	5.953	80
灵寿县	5.951	81	青县	5.814	82
临城县	5.550	83	曲阳县	5.506	84
唐县	5.375	85	广宗县	5.130	86
乐亭县	5.046	87	唐山丰南区	4.835	88
易县	4.718	89	三河市	4.513	90
邯郸邯山区	4.261	91	滦州市	4.223	92
昌黎县	4.015	93	海兴县	3.962	94
武安市	3.793	95	涞水县	3.627	96

（续表）

县（市、区）	小麦总产量（万吨）	排名	县（市、区）	小麦总产量（万吨）	排名
遵化市	3.554	97	沙河市	3.509	98
霸州市	3.156	99	大城县	3.040	100
香河县	2.958	101	赞皇县	2.272	102
永清县	1.976	103	邯郸丛台区	1.721	104
平山县	1.707	105	保定莲池区	1.450	106
邢台信都区	1.365	107	保定竞秀区	1.341	108
邯郸峰峰矿区	1.257	109	石家庄长安区	0.864	110
邢台襄都区	0.595	111	唐山开平区	0.576	112
大厂回族自治县	0.517	113	唐山路南区	0.516	114
迁安市	0.448	115	廊坊广阳区	0.443	116
井陉县	0.409	117	唐山古冶区	0.397	118
卢龙县	0.330	119	沧州运河区	0.253	120
唐山路北区	0.253	121	涉县	0.227	122
廊坊安次区	0.209	123	尚义县	0.209	124
石家庄新华区	0.209	125	邯郸复兴区	0.163	126
沧州新华区	0.095	127	唐山曹妃甸区	0.078	128
秦皇岛抚宁区	0.055	129	石家庄裕华区	0.032	130
石家庄桥西区	0.016	131	秦皇岛北戴河区	0.011	132
石家庄井陉矿区	0.003	133			

数据来源：河北农村统计年鉴

1.3 小麦收获质量情况

河北省强筋小麦主推'藁优2018'和'师栾02-1'等品种，该类品种连续多次在全国面包小麦鉴评会上获奖，品质名列前茅，获得企业和市场的认可。近5年育成多个优质强筋小麦品种，其中，具有优质、高产、节水的'冀麦U80'通过国家审定，'冀麦323''冀麦U87''冀麦765'通过河北省冀中南优质组审定。市场价格优势明显。2021年'藁优2018'品种在石家庄和衡水平均价格分别为2 740.95元/吨和2 743.38元/吨，分别比当地普麦价格高 138.96 元/吨和 144.46 元/吨,比山东和河南优势强筋小麦品种价格分别高 19.77 元/吨和 30.77 元/吨。

2014—2020 年,河北省夏收小麦一等比例呈波动上升的变化趋势,2018 年,因春季气温骤降,使得冬小麦部分地块、品种发生冻害,河北省夏收小麦质量一等比例最低,仅为 15.1%。除 2017 年和 2018 年外,河北省夏小麦收获质量一等比例与其他省份相比具有明显优势,且河北省夏小麦收获质量一等比例仅 2018 年低于全国,其余年份均明显高于全国的一等比例。2020 年河北省夏小麦收获质量一等比例最高,达 86.5%,比全国的一等比例高出 21.0%(表 1-10)。

表 1-10 全国夏收小麦收获质量一等比例　　　　　单位:%

年份	全国	河北	山西	江苏	安徽	山东	河南	湖北	四川	陕西
2014	47.3	60.0	42.9	47.5	40.4	35.7	57.4	56.5	3.9	45.5
2015	49.6	61.2	45.2	45.0	29.4	42.0	68.9	15.1	28.2	39.0
2016	46.3	70.6	61.9	40.9	14.0	66.6	40.3	40.9	8.2	51.9
2017	43.7	49.1	28.6	68.3	48.3	21.0	58.5	15.2	5.9	18.2
2018	32.6	15.1	23.8	69.4	10.3	37.6	32.3	15.5	24.7	45.5
2019	64.1	72.2	52.4	57.7	62.2	66.3	76.9	29.9	8.2	50.6
2020	65.5	86.5	59.5	75.6	62.5	65.9	72.3	24.2	24.7	51.1

数据来源:中国粮食年鉴

2014—2020 年,河北省夏小麦收获质量三等以上的比例呈波动上升的发展态势,2020 年达到 100.0%,高于全国及其他小麦主产省份。河北省夏小麦收获质量达三等以上的比例,除 2014 年和 2018 年因天气原因导致的质量下降外,其余年份均高于全国其他省份三等以上的比例。2014—2018 年,河北省夏收小麦收获质量达三等以上的比例低于江苏省,近两年增长明显,已达到领先水平(表 1-11,表 1-12)。

表 1-11 全国夏收小麦收获质量三等以上比例　　　　　单位:%

年份	全国	河北省	山西省	江苏省	安徽省	山东省	河南省	湖北省	四川省	陕西省
2014	94.8	94.3	88.1	98.8	97.4	96.3	97.7	94.2	48.1	96.1
2015	95.0	97.2	97.6	99.1	87.2	94.3	97.0	80.3	95.3	98.7
2016	90.3	95.9	100.0	90.4	71.5	97.1	93.6	93.9	57.6	94.8
2017	91.8	96.7	90.5	99.5	91.5	85.8	97.0	84.8	71.8	72.7

（续表）

年份	全国	河北省	山西省	江苏省	安徽省	山东省	河南省	湖北省	四川省	陕西省
2018	85.6	82.5	92.9	98.6	70.1	92.9	85.7	48.3	82.4	92.2
2019	96.0	98.8	88.1	96.7	96.9	98.3	98.7	84.4	65.8	97.4
2020	96.2	100.0	92.8	98.6	95.0	97.3	98.2	91.6	77.6	93.3

数据来源：中国粮食年鉴

表 1-12　全国夏收小麦收获质量四等比例　　　　单位：%

年份	全国	河北省	山西省	江苏省	安徽省	山东省	河南省	湖北省	四川省	陕西省
2016	5.7	1.7	0	4.3	13.6	2.9	4.4	1.5	20	5.2
2017	6	3.3	4.8	0	5.1	11	2.3	9.1	15.3	14.3
2018	9	12.7	7.1	0.5	17.1	6.1	8.4	24.1	10.6	6.5
2019	2.6	0.8	4.8	2.3	2.7	1.5	1.3	9.1	16.5	2.6
2020	2.6	0	4.8	0.5	2.9	2.2	1.6	4.2	12.9	6.1

数据来源：中国粮食年鉴

1.4　河北省小麦加工现状

1.4.1　加工能力持续增强

河北省是全国最早开展强筋小麦品种选育的省份，培育的'藁8901'是全国最早通过审定的强筋小麦品种和郑商所强筋麦交割第一个标准品种，'藁优'系列强筋麦品种品质突出，稳定时间、拉伸面积等加工品质指标均超过进口加麦和美麦，已成为国内大型面粉企业替代进口、生产高档面包粉和各类专用粉的主要原料。育成的'师栾02-1'通过冀豫鲁三省审定，该品种综合评价高，综合品质被行业公认，适宜种植范围广，是中粮集团、金龙鱼集团和大型面包专用粉厂家认可的一等优质专用小麦。

河北省年处理小麦加工能力，由2015年的1 544万吨增加到2021年的2 277.90万吨，增加了733.90万吨，年均增长6.7%，2021年小麦加工能力占当年小麦总产量的155.05%。占全国的比重由2015年的7.96%增加到2021年的10.42%，排名由2015年的全国第5位上升到2021年的全国第3位，仅次于河南和山东，实现了较快增长，但与山东和河南差距较为明显。以2021年为例，山东和河南年处理小麦加工能力分别为5 057.4万吨和

5 845.7万吨,分别比河北高出2 779.5万吨和3 567.8万吨(表1-13)。

表1-13 全国小麦主产区年处理小麦加工能力　　　　单位:万吨

时间	全国	河北省	山西省	江苏省	安徽省	山东省	河南省
2015	19 400.0	1 544.0	248.0	1 985.0	2 072.0	3 894.0	4 809.0
2016	18 914.0	1 609.2	308.2	1 737.1	2 057.5	3 946.3	4 873.0
2017	19 941.8	1 786.1	313.2	1 723.2	2 106.1	4 253.5	5 175.7
2018	19 662.5	1 898.8	307.0	1 668.2	2 032.3	4 270.6	4 973.6
2019	19 982.8	1 847.6	327.8	1 610.9	1 988.2	4 387.1	5 419.5
2020	20 423.2	1 994.2	347.7	1 580.5	1 903.7	4 575.9	5 454.6
2021	21 862.3	2 277.9	385.7	1 495.4	1 899.5	5 057.4	5 845.7

数据来源:中国粮食年鉴

2014—2021年,河北省国有粮食企业小麦收购量波动幅度较大,其中收购量最多的是2016年,达571.4万吨。2016年,河北省国有粮食企业小麦收购量占全国的比重最高,为9.62%;收购量最少的是2020年,为263.2万吨,占全国的比重为7.13%。2014年,河北省国有粮食企业小麦收购量占全国的比重最低,为4.74%;2021年,河北省国有粮食企业小麦收购量占全国的比重最高,为10.66%。河北省国有粮食企业小麦收购量仅高于山西省,与江苏、安徽、山东、河南等省区存在较大差距(表1-14)。

表1-14 国有粮食企业小麦收购量　　　　单位:万吨

年份	全国	河北省	山西省	江苏省	安徽省	山东省	河南省
2014	5 779.1	274.1	69.9	1 025.6	825.5	578.9	1 932.9
2015	5 095.3	359.5	80.4	971.5	574.0	606.5	1 420.6
2016	5 939.8	571.4	71.1	945.3	692.4	745.8	1 841.1
2017	5 250.2	356.9	71.6	1 039.0	608.8	537.3	1 629.1
2018	3 119.3	251.0	60.6	735.6	166.8	466.8	608.8
2019	5 234.9	464.5	67.4	998.4	663.2	685.3	1 435.2
2020	3 690.1	263.2	60.1	917.2	348.9	614.6	537.0
2021	4 474.6	477.0	61.0	846.1	286.0	742.7	754.7

数据来源:中国粮食年鉴

2015—2021年,河北省小麦粉产量以及其占全国小麦粉产量的比重均呈逐年增加态势,其中,小麦粉产量从2015年的830.2万吨增至2021年的

1 275.0万吨，增长53.58%，河北省小麦粉产量占全国的比重，由2015年的11.00%增至2021年的15.79%。河北省小麦粉产量高于同期的山西省、江苏省和安徽省，但是，与山东、河南等省还存在一定差距，近年来，差距呈现出缩小的趋势（表1-15）。

表1-15　全国主要城市小麦粉产量　　　　　　　　　单位：万吨

年份	全国	河北省	山西省	江苏省	安徽省	山东省	河南省
2015	7 545.6	830.2	49.4	806.0	821.0	1 511.2	203 8.7
2016	7 800.4	946.9	38.3	702.6	863.1	1 546.6	206 0.3
2017	7 504.7	953.4	43.6	678.3	904.7	1 640.8	171 9.6
2018	7 303.5	1 004.6	45.3	649.6	796.9	1 613.2	169 0.9
2019	7 249.0	1 071.1	51.5	606.9	804.6	1 591.4	164 5.9
2020	7 472.8	1 178.1	53.9	544.5	781.4	1 654.4	173 5.2
2021	8 074.0	1 275.0	65.3	603.0	792.4	1 780.4	188 6.2

数据来源：中国粮食年鉴

2015—2021年，全国小麦粉加工企业数量整体呈下降趋势，由2015年的3 930家下降到2021年的2 446家。河北省小麦粉加工企业数量走势与全国走势相同，数量由2015年的256家减少到2021年的187家，减少了29.3%，但加工企业数量占全国的比重有所增加，由2015年占比6.51%上升到2021年的7.65%。河北省小麦粉加工企业与江苏、安徽、山东、河南等省份仍存在较大差距，但与山西省的差距有所减少，结合表1-15中河北省和山西省小麦粉产量的差距可知，河北省小麦粉加工企业数量虽然不具优势，但单位企业的加工量却较大，河北省小麦加工企业的规模与其他省相比也较大（表1-16）。

表1-16　全国小麦主产区小麦粉加工企业情况　　　　　　　　　单位：家

时间	全国	河北省	山西省	江苏省	安徽省	山东省	河南省
2015	3 930	256	221	420	336	564	610
2016	2 479	191	125	177	222	499	536
2017	2 865	238	143	207	234	552	606
2018	2 590	185	151	194	243	511	537
2019	2 573	181	156	188	221	506	586
2020	2 566	187	152	164	222	502	600

(续表)

时间	全国	河北省	山西省	江苏省	安徽省	山东省	河南省
2021	2 446	187	149	156	189	493	567

数据来源：中国粮食年鉴

全省龙头小麦加工企业数量达到200多家，其中，国家级农业产业化重点龙头企业5家、省级龙头企业45家、市级龙头企业115家，小麦加工类省级农业产业化联合体27个，产值440亿元，直接带动农户62.27万户，关联农户211万户。拥有五得利、今麦郎、金沙河、益海嘉里、廊雪、益海（石家庄）等知名企业品牌，金龙鱼、香满园、晨风、五星、华达等面粉品牌，青竹、晖御、庄润等宫面品牌，以及米莎贝尔、桃李面包等烘焙食品品牌。从区域分布看，河北省小麦加工企业主要集中在冀中南小麦主产区，受益于小麦主产省和强筋小麦优势，龙头企业形成集聚效应。五得利、今麦郎、金沙河入选全国百强农业产业化重点龙头企业。五得利面粉等小麦加工跻身全国制造业500强，五得利、今麦郎、金沙河入选全国百强农业产业化重点龙头企业，今麦郎等小麦加工企业入选中国百佳粮食企业。多家本地头部企业加快在全国战略性布局，全省粗加工的小麦制粉产量占全国的10%左右，挂面产量占到全国的10%左右，方便面产量接近全国产量的20%。五得利日加工小麦8万吨，同福日产馒头500万个，金沙河年产挂面140万吨，邯郸五得利（面粉世界第1）、邢台金沙河（挂面世界第1）和今麦郎（方便面世界第2）三家企业年加工转化小麦能力达到3 000万吨以上（约为河北小麦总产量的2倍，全国总产量的20%以上），初步形成了产值超1 000亿元的小麦、主粮食品加工产业集群，在国内同行业首屈一指。以今麦郎公司为龙头的小麦加工企业2022年采购小麦73万吨，同比增长4.9%，支付小麦采购款23.14亿元，同比增长26.5%，其中，采购省内小麦58万吨，占比80%，增长4个百分点，采购隆尧小麦17万吨，占比23%，增长3个百分点。集群带动农民人数68万人。在加工企业快速成长的同时，带动了"企业+基地"优质专用小麦生产组织的快速发展，藁城区已建成全国最大的强筋麦贸易集散地。

1.4.2 产业集群效应凸显

《河北省农业供给侧结构性改革三年行动计划》《河北省优势特色农产品提质增效实施方案》《河北省做大做强农业优质特色产业行动方案

（2019—2022年）》《关于持续深化"四个农业"促进农业高质量发展行动方案（2021—2025年）》等系列文件，对发展强筋小麦和产业集群进行全面部署，出台支持政策，明确目标任务和工作举措，并将强筋小麦产业集群建设目标任务列入市县政府乡村振兴战略考核内容。

2022年，河北省平原小麦产业集群成功入选国家优势特色产业集群建设名单。按照全产业链开发、全价值链升级的发展思路，以石家庄藁城区等8个县（市、区）为重点，发挥河北省金沙河等企业的龙头引领和带动作用，围绕六大工程42个重点项目，打造优质原粮生产基地，发展精细化综合加工，提升加工转化增值空间，构建"一核一带三区三基地"产业布局和区域布局，推动河北省小麦产业规模化、标准化、优质化的发展。2022年集群优质小麦播种面积发展到434.7万亩，年产量达到212.07万吨，单一品种优质小麦播种面积41.5万亩；优质小麦全产业链产值由174.75亿元增长到201.54亿元，增幅15.3%，加工产值与一产产值比由2.5提高到2.67，主导产业加工转化率94.6%，增幅6.05%；新增国家重点龙头企业3个、国家级示范社16个、省级龙头企业22家、省级示范社53家、省级家庭农场87个；6个联合体被认定为省级示范农业产业化联合体，集群内县域人均纯收入达到1.9万元，年均增长14.2%。

隆尧县以集群内莲子镇为核心，辐射带动全县优质小麦产业发展，打造隆尧县优质小麦产业集群，2022年集群内优质小麦播种面积达到5万亩以上，年产量达到2.3万吨。单一品种优质小麦播种面积达到1万亩以上，良种覆盖率98%以上，全产业链总产值达到2亿元以上。解决集群内产品低端化、创新力不足、生产效率低等问题，强化产业集群精深加工能力，充分发挥龙头企业带动作用，"抓二产带一产促三产"打造北方独特的面制品加工聚集区。以高端面制品加工为纽带，扩大优质小麦内需，拉动区域优质小麦种植产业向规模化、集约化、绿色化、高效化发展，同时激活物流服务、信息技术、电子商务等第三产业，实现集群内一二三产融合发展。同时，发挥冀南优质麦产业联合体引领作用，以订单为连接，形成"企业+基地+合作社+农户"的发展模式，与农户建立起紧密利益联结机制。公司为农户发放优质麦种，提供测土施肥服务，组建专业技术团队指导农事生产，提高优质麦品质，确保亩均增产50公斤以上；订单农业执行保护价收购，收购价高于普通小麦市场价0.2元/公斤；与新型专业农业主体建立合作关系，为联合体成员提供优价飞防、仓储、运输等服务，通过一系列措施，鼓励引导优质麦产业发展。2022年，全县优质强筋小麦种植面积40万亩，同比增长近

3%。每年小麦粉使用量为10 000余吨，带动周边就业增加700余人。

石家庄藁城区藁城强筋麦产业形成了育繁推一体化、产销加一条龙、贸工农相融合的全产业链发展格局。建成3个粮食交易市场，建成大中型面粉加工企业20多个，宫面加工、面包加工等深加工产业不断发展，年加工能力150万吨，年贸易量210万吨，年产值115亿元，成为藁城区现代农业发展的支柱产业。组建了"藁城藁优麦产业化联合体"，吸收产业链相关育种单位、种业公司、合作社（家庭农场）、农业专家服务团队、粮食流通企业、面粉企业、宫面深加工企业，以产业联合体为核心，建立稳定的强筋麦生产基地，从种植方案安排，到种子肥料供应、农机作业服务、病虫害绿色防控、全程技术指导，再到统一收获转化、延伸开发，将研发、生产、加工、销售、仓储、物流和文化旅游等各功能串联起来，形成有机链接的整体，强化全产业链协调运作。同时积极创新联农带农措施，强化企业与农户间的利益联结机制，引导农民（合作社）通过订单、入股等多种方式，积极参与粮贸企业和面粉加工企业的强筋麦流通转化深加工。

邢台市南和区在阎里乡建设了6 000亩数字化生产基地，建设了小麦生产数字化平台，购置了智能化物联网墒情监测设备和凯斯PUMA2104拖拉机、马斯奇奥小麦联合播种机等智慧农机具，开展智慧作业，通过将采集数据实时传输至应用平台，实现对田间农情及环境的动态监测，提高生产效率和管理水平，推进当地小麦高质量发展。目前，当地优质小麦播种面积发展到26万亩，年产量达到13.5万吨，'中麦578'优质小麦播种面积达4万亩，良种覆盖率99%以上，全产业链总产值达到75亿元以上。一产接二连三，二产前延后伸，优质的小麦为加工企业提供了优质的原料，金沙河面业集团日处理小麦2.3万吨，年产销挂面150万吨，2022年产值逾110亿元。销售模式不断创新，与阿里巴巴、京东等电商平台开展合作，推进挂面、面粉等农产品上行，建成了金糖豆等电商平台，开通了微信、微淘店，销售网络覆盖全国各地。仓储流通形式多样。金沙河集团与中储粮合作，采用多仓小流量搭配技术，共建原粮储备仓12座，仓储能力达60万吨，为种粮大户免费提供粮食储藏。科技创新成果丰硕，多年来，坚持与中国农业科学院、中国农业大学等高等院校紧密合作，设立了博士后工作站、面制品研究院等平台，研发"农事云"App，通过溯源系统，实现了小麦从播种到收获、从地头到餐桌全程数字化。同时建立了国家小麦产业技术体系试验示范基地，引进示范新品种，其中，金沙河万亩方种植的'马兰1号'亩产达863.76公斤，创下河北省小麦亩单产历史新高。

1.5　小麦市场流通和消费情况

河北省对粮食收储流通制定了相关政策,省政府 2022 年 8 月出台了《河北省粮食流通管理规定》,致力于保护粮食生产者的积极性,促进粮食生产,维护经营者、消费者的合法权益,保障粮食安全,维护粮食流通秩序;河北省发改委、省粮食和物资储备局 2022 年印发《河北省粮食收储供应安全保障体系建设"十四五"规划》,提出聚焦粮食储备安全核心任务,强化粮食产购储加销协同保障,着力提升粮食收储调控能力,深入实施优质粮食工程,推进粮食安全治理体系和治理能力现代化,加快构建更高层次、更高质量、更有效率、更可持续的粮食安全保障体系;河北省粮食和物资储备局 2022 年印发《河北省粮食收购管理服务暂行办法》,规范粮食收购市场秩序,保护粮食生产者和收购者的合法权益。

河北省环绕京津两大高端消费市场,京津冀总人口近 1 亿,城镇人口超过 5 000 万人,构成了巨大的市场容量,为优质专用小麦生产提供了广阔的市场空间。同时,我国自产优质强筋小麦供给能力偏小,优质中筋小麦需求量大,也有利于河北省在强筋麦、优质中筋麦领域形成较强竞争优势。河北省的小麦深加工产品,特别是方便面产品,在全国同类产品中占有较大市场占有率和较强竞争优势。

河北省是全国小麦调出省之一,贸易通达全国,全省小麦仓储能力达 238.5 亿公斤,年销售量达 200 亿公斤。强筋小麦主要销往广东省、福建省、宁夏回族自治区、甘肃省、陕西省、辽宁省、四川省、江苏省等地,年销售量达 33 亿公斤。

2011—2021 年,全国小麦进口量先减后增,尤其是自 2020 年以来,小麦进口量猛增。但此期间河北省小麦进口量总体较为平稳,仅 2018 年受春季极端严寒天气影响,导致小麦减产,当年小麦进口量达 2.4 万吨;2020 年以来河北省小麦进口量维持在 1.3 万~1.4 万吨。河北省小麦进口量少于江苏省和山东省,2021 年以前河北省小麦进口量高于安徽省,略低于河南省(表 1-17)。

表 1-17　2011—2021 年全国及部分省份小麦进口情况　　单位:万吨

年份	全国	河北省	江苏省	安徽省	山东省	河南省
2011	125.2	0	0	0	0	0.1

(续表)

年份	全国	河北省	江苏省	安徽省	山东省	河南省
2012	368.8	0.9	0.4	0	4.3	0.8
2013	550.6	0.8	1.4	0	5.8	0.8
2014	297.3	0.8	5.7	0.4	6.5	0.9
2015	297.2	1.3	7.9	0.5	6.7	1.1
2016	337.5	1.1	9.3	0.3	3.0	0.9
2017	429.6	0.9	21.0	0.8	15.2	1.8
2018	287.7	2.4	11.0	0.3	11.1	2.3
2019	320.4	1.0	13.8	0.4	7.8	1.7
2020	815.2	1.4	14.1	0.4	7.3	1.9
2021	971.9	1.4	11.3	0.1	3.0	1.9

数据来源：中国粮食年鉴

2011—2020年，河北省小麦总消费量先降再升，2020年较上年增长较为明显，增加200.00万吨，增长18.23%。但是，研究期间，河北省小麦总消费量占全国的比重呈稳中下降的趋势，从2011年的9.82%下降至2020年的7.86%，尤其是2020年的比重下降最为显著，较上年下降1.4个百分点。河北省小麦总消费量仅高于山西省，与江苏、安徽的小麦总消费量差距较小，与山东、河南存在较大差距。2020年各省小麦总消费量较上年均有明显增加，但河北省2020年较上年增加的小麦消费量还是低于江苏、安徽、山东、河南等省份（表1-18）。

表1-18 全国小麦主产省份小麦消费量　　　　　　　　　　单位：万吨

年份	全国	河北省	山西省	江苏省	安徽省	山东省	河南省
2011	11 615.8	1 140.21	346.41	989.33	1 121.56	1 688.18	2 506.33
2012	12 040	1 152.74	350.22	1 120.20	1 189.89	1 707.23	2 533.87
2013	11 498	1 108.64	352.01	975.32	1 004.09	1 575.47	2 446.85
2014	12 190	1 080.93	364.86	1 042.02	1 181.29	1 778.09	2 613.81
2015	11 671.3	1 036.87	348.43	1 012.11	1 128.11	1 728.04	2 520.96
2016	12 067.9	1 055.89	369.40	1 054.99	1 196.00	1 756.22	2 500.78
2017	11 620	1 100.76	355.69	1 008.84	1 071.61	1 653.41	2 403.48
2018	12 560	1 145.47	384.46	1 098.01	1 184.77	1 783.63	2 531.66

（续表）

年份	全国	河北省	山西省	江苏省	安徽省	山东省	河南省
2019	11 880	1 096.95	363.65	1 004.57	1 127.38	1 662.19	2 401.06
2020	16 500	1 296.95	403.65	1 460.57	1 687.38	2 072.19	3 031.06

数据来源：中国粮食年鉴

2014—2020年，河北省国有粮食企业小麦销售量波动上升，尤其是2020年增幅较大，较上年增长47.64%。研究期间河北省国有粮食企业小麦销售量占全国的比重也呈波动上升趋势，由2014年的5.01%上升至2020年的6.37%。河北省国有粮食企业小麦年销售量与江苏、山东、河南等省份存在较大差距，由于近年来河北省国有粮食企业小麦销售量实现了较快增长，因此河北省国有粮食企业小麦销售量已由原来落后于安徽省转为连续5年超过安徽省（表1-19）。

表1-19 国有粮食企业小麦销售量　　　　　单位：万吨

年份	全国	河北省	山西省	江苏省	安徽省	山东省	河南省
2014	6 125.0	306.8	85.3	1 280.9	494.05	564.3	1 563.8
2015	5 616.0	330.7	107.2	1 140.6	500.0	554.0	704.3
2016	5 957.7	364.9	124.8	1 033.7	325.0	581.0	618.4
2017	6 769.3	360.0	125.0	1 178.3	346.1	671.1	969.8
2018	6 687.5	408.3	111.5	1 084.3	315.5	610.6	1 082.5
2019	6 695.4	383.3	133.1	1 161.2	281.2	696.6	766.5
2020	8 886.7	565.9	133.8	1 434.6	491.9	966.5	1 211.9

数据来源：中国粮食年鉴

2 河北省小麦成本收益和竞争力分析

小麦是农民的主要收入来源之一，其价格的涨跌直接关系到农民的经济利益。通过分析小麦价格走势，农民可以更好地把握市场价格变化，合理安排种植结构，提高种植效益。价格走势分析也有助于农民预测未来市场价格趋势，从而制定合理的销售策略。在价格上升期，农民可以选择储存粮食等待更高价格出售；在价格下跌期，则可以选择及时出售以避免损失。价格走势分析也有助于揭示市场规律，引导市场主体合理预期和交易行为，减少市场波动和投机行为。这有利于维护市场秩序和稳定市场预期，为经济发展提供有力的支撑。

2.1 2019—2022 年河北省小麦价格走势

2.1.1 2019 年河北省小麦价格走势

2019 年，河北省小麦价格走势起伏较大，小麦价格步入熊市，价格为近几年以来最低。全年价格变化可划分为四个阶段：第一阶段，1—5 月缓慢下跌，该阶段波动幅度小，走势较为平稳；第二阶段，6—7 月急速下跌，该时期小麦大量上市，对粮农种麦收益造成很大影响；第三阶段，8—10 月低位徘徊；第四阶段，11—12 月回升，国家出台 2019 年小麦最低收购价，对小麦价格起到一定支撑作用，又逢节假日消费的到来，小麦价格有所回升（图 2-1）。

第一阶段，1—5 月小幅缓慢下降。这一阶段小麦价格走势较为平稳，呈缓慢下跌趋势。1 月临近中国传统节日春节，小麦价格保持稳定，月底接近春节放假，企业开工率有所放缓，降低了对小麦收购，导致价格有所回落。这一时段，面粉企业参与政策性小麦的拍卖，对市场小麦的采购需求下降，导致市场小麦价格下降。同时国家下调 2018 年生产的小麦（三等）最低收购价为每 50 公斤 115 元（折合 2.30 元/公斤），比 2017 年下调 0.06

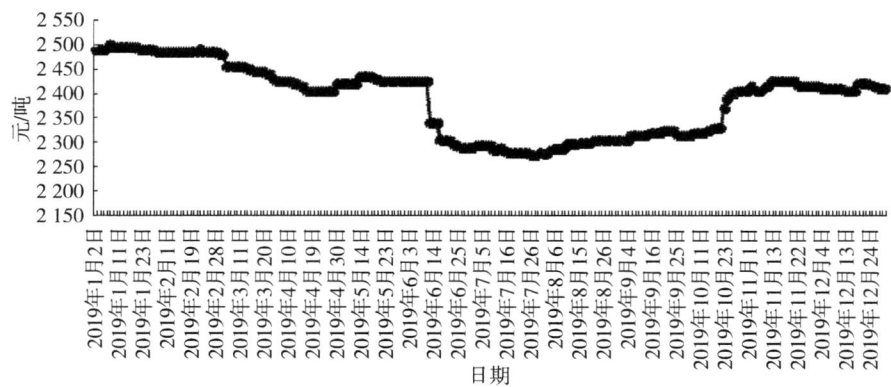

图 2-1　2019 年河北省小麦价格走势

元/公斤，是我国小麦托市政策实施以来首次价格下调。因 2018 年小麦产量减产，收购商看好后市小麦，对小麦价格起到一定支撑作用，未对小麦价格造成过大影响。价格由 1 月初的 2 490 元/吨小幅下降到 5 月底的 2 425 元/吨。截止到 5 月底，小麦价格比 1 月初结果下跌 2.61%。

第二阶段，6—7 月急剧下跌。由于全国小麦和河北省小麦丰收基本已成定局，造成收购商对后期小麦市场供应信心增强。再加上 2019 年国家继续下调最低收购价格，生产的小麦（三等）最低收购价为每 50 公斤 112 元（折合 2.24 元/公斤），比 2018 年下调 0.06 元/公斤，对市场的调节作用开始显现，导致小麦价格持续走低。到 2019 年 6 月底，小麦价格最低点为 2 273 元/吨，比 6 月初下跌了 6.27%，小麦价格遭遇滑铁卢，对麦农收入造成很大影响。

第三阶段，8—10 月低位徘徊。河北省 7 月正式启动最低小麦收购价，农户小麦加快出售，市场小麦基本被收购商收购储藏，以期后市出售，此阶段小麦市场基本处于有价无市的局面，小麦价格止跌企稳，价格维持在 2 290~2 390 元/吨。

第四阶段，11—12 月快速回升。2020 年国家继续在小麦主产区实行最低收购价政策，综合考虑粮食生产成本、市场供求、国内外市场价格和产业发展等因素，经国家批准，2020 年生产的小麦（三等）最低收购价为每 50 公斤 112 元，保持 2019 年水平不变，对小麦价格起到支撑作用。加上中国传统节日的到来，小麦价格呈稳步回升阶段，价格由 10 月的 2 315 元/吨上涨到 12 月的 2 420 元/吨，涨幅达到 4.54%。

2.1.2 2020年河北省小麦价格走势

随着新冠肺炎疫情的暴发和蔓延，全球粮食生产和贸易遇到重大挑战，但随着我国疫情的控制，国内生产生活有序得到恢复，小麦生产和市场发展稳定。从全省来看，2020年夏收小麦受疫情影响较小，在各方共同努力下，取得了夏收小麦丰产，为市场价格平稳发挥了压舱石作用。

2020年河北省小麦价格走势大致经历可以分为4个阶段：第一阶段，1月初到5月中下旬平稳增长；第二阶段，5月中下旬到6月中旬快速下跌；第三阶段，6月中旬到10月中下旬企稳增长；第四阶段，10月中下旬到12月底平稳回落（图2-2）。

第一阶段，1月初到5月中下旬平稳增长。此阶段价格主要受疫情影响较大。其中，1月小麦价格基本保持在2 395~2 410元/吨，元旦过后，随着传统春节临近，河北省大部分小麦加工企业为满足春节面粉供应，保持了充足的生产量和供应量，小麦价格相当较稳定；1月底至2月底的小麦价格出现短暂反弹，由1月底的2 395元/吨增长到2月底最高的2 450元/吨，上涨了2.3%，2月底到3月中下旬的回落阶段，由最高的2 450元/吨回落到3月底最低的2 420元/吨，随着全国疫情得到控制，国家刺激消费，大量投入政策粮以及疫情缓解后民众心态的恢复，小麦供应阶段偏紧的局面有效缓解，价格有所下降；4月初到5月中下旬小麦价格出现短暂"强劲"的回升，由2 420元/吨上涨到2 500元/吨，上涨了3.31%，主要因为随着疫情发展，全国生产生活有序回复，出售小麦寥寥无几，用粮企业均以政策性粮源为主。同时伴随着全球疫情持续发展，多国限制粮食出口，引发国内居民恐慌性囤粮，加上复工形势较好、大中院校陆续开学等利好消息提振面粉需求，制粉企业备货积极，而市场上流通粮源较为有限，主产区小麦价格上涨较快。

第二阶段，5月中下旬到6月中旬快速下跌。此阶段价格主要受国内新麦上市及增产利好的影响。此阶段河北省小麦价格出现大幅度下跌。由最高的2 500元/吨下降到最低的2 310元/吨，降幅高达7.6%。主要原因为随着新小麦即将上市，企业及粮库等收购商为腾空粮库大量抛售旧粮，同时加上2020年河北省夏收小麦生产形势整体好于往年，有望获得丰产的利好消息，品质等普遍较好，导致小麦价格出现明显的下跌。

第三阶段，6月中旬到10月中下旬企稳增长。此阶段小麦价格主要受饲料玉米价格上涨的带动影响较大。新小麦上市后，价格持续反弹。6月初到 7 月上旬，小麦处于快速下跌后的修复阶段，价格维持在 2 320~2 350 元/吨；经历短暂的修复后，7 月上旬到 10 月中下旬小麦价格呈快速增长阶段，由 2 350 元/吨上涨到 2 500 元/吨，上涨了 6.38%，恢复到 2020 年小麦最高水平，本阶段主要受饲料玉米价格大幅度上涨，带动了小麦价格的增长，甚至出现小麦作为饲料粮使用的现象，出现叠加影响。

第四阶段，10 月中下旬到 12 月底平稳回落。此阶段小麦价格受国家政策调控影响较大。10 月下旬后小麦价格保持在 2 450~2 500 元/吨，小麦市场价格较为稳定，略有下调。该段时间国家政策性小麦投放量稳定，政策性拍卖小麦陆续到厂，市场流通粮源增加，价格难以大幅波动。

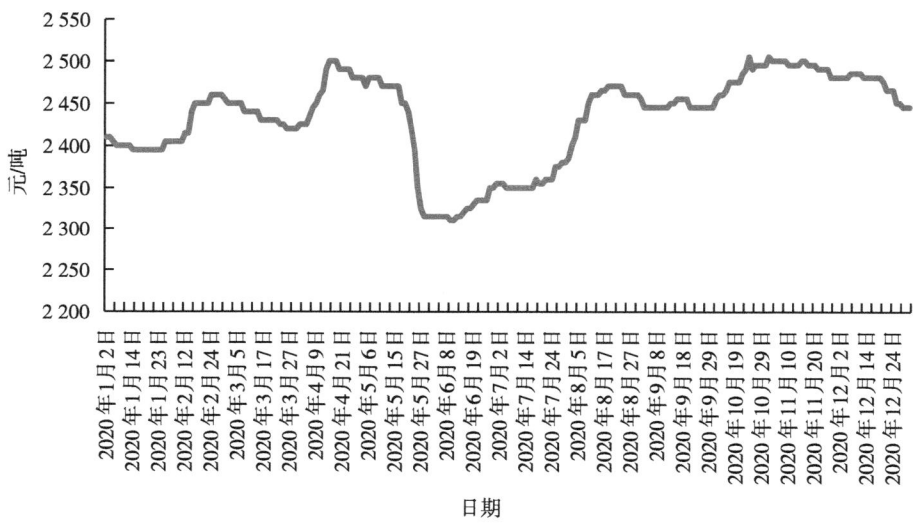

图 2-2　2020 年河北省小麦价格走势

2.1.3　2021 年河北省小麦价格走势

2021 年，小麦价格走势主要分为六个阶段：第一阶段，1 月 1—21 日，快速上升趋势；第二阶段，1 月 21 日至 5 月 17 日，相对平稳走势；第三阶段，5 月 17 日至 6 月 11 日，新小麦上市前，价格出现阶段性的大起大落；第四阶段，6 月 11 日至 9 月 29 日，小麦价格处于平稳期；第五阶段，9 月 29 日至 11 月 24 日，小麦价格急速上涨；第六阶段，11 月 24 日至年底，小麦价格处于高位平稳走势（图 2-3）。

第一阶段，元旦到 1 月 21 日，小麦价格呈快速上升趋势。由 1 月 4 日的2 445元/吨上涨到1月21日的2 630元/吨，每吨上涨了185元，涨幅达到7.57%。价格的上涨主要受石家庄突发新冠肺炎疫情影响，推高了小麦价格的上涨。自2021年1月23日起，对石家庄市和各县（市、区）实行分区分级管控，小麦价格达到阶段顶峰。

第二阶段，1月21日到5月17日，小麦价格保持相对平稳走势。价格围绕在2 520~2 630元/吨，中间略有小幅度波动，但总体上保持相对平稳走势。春节过后，面粉进入消费淡季，面粉企业整体开机率回升幅度有限，加工企业补库需求不旺，小麦价格上行动力不足。

第三阶段，5月17日到6月11日，新小麦上市前，价格出现阶段性的大起大落。贸易商为收购新小麦腾空库存，抛售库存小麦导致小麦价格有所上涨。为应对新小麦产情、质量及新小麦价格高开的多重风险，部分面粉加工企业选择增加陈麦库存，导致陈小麦收购价格提高，由5月17日的2 525元/吨上涨到5月28日的2 606.67元/吨，每吨上涨了81.67元，涨幅3.23%。今年小麦丰收预期增加，收获的新小麦整体品质好于市场预期，加之天气状况良好，利于小麦成熟晾晒，夏收小麦获得丰收，产量高于去年，新小麦收获后价格有所下降，由5月28日的2 606.67元/吨下降到6月11日2 500元/吨，每吨下降了106.67元，跌幅4.09%。

第四阶段，6月11日到9月29日，小麦价格处于平稳期。该阶段价格在2 500~2 570元/吨，市场流通粮源增加，各主体收购进度加快，国家积极出台相应政策措施，加大对口粮价格调控力度，小麦市场供应充裕，小麦价格保持相当平稳走势。

第五阶段，9月29日到11月24日，小麦价格急速上涨。该段时间连续阴雨天气，导致玉米无法收获，小麦播种期相应推迟，贸易商担忧来年小麦产量，不看好后期小麦，看涨市场情绪上升，推动小麦快速上涨。价格由9月29日的2 575元/吨上涨到11月24日的2 825元/吨，每吨上涨了9.71%。

第六阶段，11月24日至年底，小麦价格处于高位平稳走势。该阶段价格为2 810~2 830元/吨，随着河北省小麦播种结束，虽然2021年晚播小麦情况比较多，但小麦播种面积较去年有所增加，消除贸易商部分担忧，价格处于平稳走势。同时，我国传统春节临近，部分加工企业加大开工，满足市场需求，对后期小麦价格起到一定支撑作用。

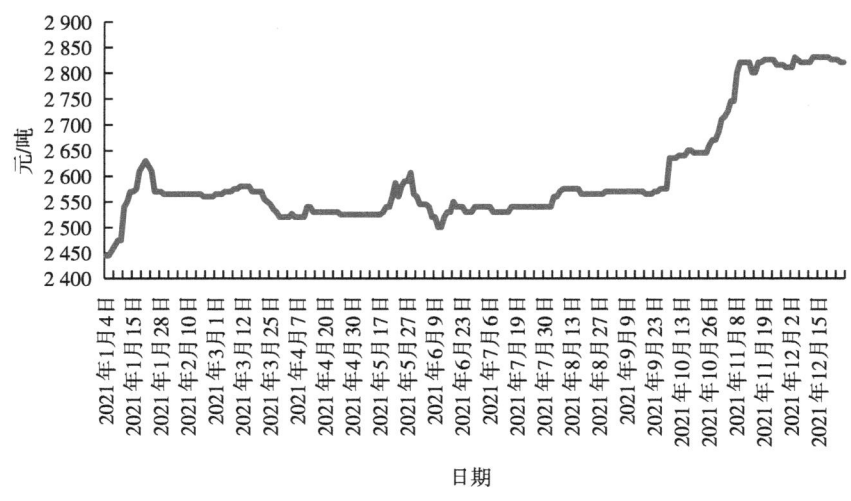

图 2-3 2021 年河北省小麦价格走势

2.1.4 2022 年河北省小麦价格走势

2022年农户小麦价格走势呈现为六个阶段：第一阶段，1月至2月初平稳；第二阶段，2月初至3月中旬急速拉升；第三阶段，3月中旬至6月中旬震荡；第四阶段，6月中旬至10月初平稳；第五阶段，10月初至11月中旬缓慢上涨快速上升；第六阶段，11月中旬至12月低缓慢回落。其中，2月初，小麦价格急速拉升主要受国际形势影响较大，两个粮食生产大国俄罗斯和乌克兰冲突加剧，导致粮食运输受阻和海运价格上涨；10月，新冠疫情蔓延趋势加重，推高了粮食价格持续走高；11月，党中央国务院对进一步优化防控工作作出重要部署，"二十条""新十条"等优化政策先后出台，交通运输加速恢复，物流成本大幅降低，运输效率提高。受此利好影响，小麦价格高位回落（图2-4）。

第一阶段，1—2月初平稳期。1月，随着我国春节临近，面粉消费需求趋旺，推动小麦价格小幅上涨。

第二阶段，2月初至3月中旬拉升期。2月，受全省小麦苗情长势影响，贸易商对后期小麦产量担忧，加上俄罗斯和乌克兰冲突对国际粮食价格影响，俄罗斯和乌克兰冲突双方同属全球重要的小麦生产大国和出口大国，战争的持续造成国际粮食市场动荡加剧多重不利因素推动小麦价格持续上涨。

第三阶段，3月中旬至6月中旬震荡期。4月初农户出售小麦价格有所走低，但受国际因素影响，4月后期小麦价格强势反弹。5月，河北新小麦生产形势好于预期，长势基本与常年水平相当，小麦质量较往年同期偏好，同时国际粮食安全风险依然存在，对全省小麦价格起到一定支撑作用。进入6月，河北省小麦由南向北陆续开镰，夏收丰产已成定局，大量新小麦上市，企业提价收购和增加库存意愿不强，加上国际粮价走低，贸易商对后市并不乐观。

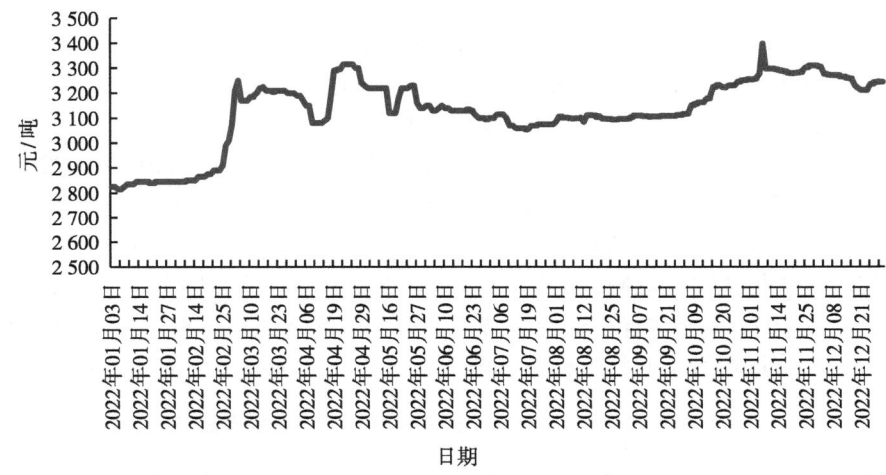

图 2-4　2022 年河北省小麦价格走势

第四阶段，6月中旬至10月初平稳期。7月，全省农户小麦出售价格持续回落。随着俄乌签署恢复乌克兰黑海运粮通道协议及我国夏收小麦丰产影响，加上夏季面粉消费不旺，小麦价格继续呈高位回落状态。8月，全省农户小麦出售价格保持平稳走势。河北省夏粮小麦丰收，夏季面粉消费不旺，贸易商和企业收购意愿不强，加上国际小麦供应形势有所改善，近3个月农户小麦出售价格呈现高位回落态势。9月全省小麦市场购销平稳，价格波动不大，价格较上月有所反弹，主要原因为中秋节和学校秋季开学，加大面粉需求，小麦价格出现短暂回升。受上月价格回调农户惜售、疫情运输物流受阻、秋冬企业开机率提高加大收购等因素叠加影响，10月全省小麦价格呈快速上涨走势。

第五阶段，10月初至11月中旬缓慢上涨快速上升期。进入11月，受新冠肺炎疫情加重影响，各地物流交通受阻，加上两大小麦生产大国俄罗斯和乌克兰两国关系持续恶化，推动了全省小麦价格持续走高。

第六阶段，11月中旬至12月底缓慢回落：随着国务院联防联控机制综合组发布了优化落实新冠肺炎疫情防控"新十条"，全国交通运输物流持续回暖，运输效率明显提高，成本明显降低，加上今年全国粮食丰产，造成12月小麦价格有所回落。

2.1.5 与全国小麦主产省份价格比较

2011—2022年，河北省小麦价格呈波动上升趋势。其中，2015年、2016年、2018年和2019年小麦价格比前一年有所下降外，其余年份均比前一年度有所上涨。2022年小麦价格为近几年高点，达到3 127.58元/吨，每吨比2021年上涨了523.61元，涨幅20.11%。

从小麦主产区价格看，河北省小麦价格优势较为明显，2011—2022年，除2020年和2021年小麦价格低于山东省外，其余年份河北省小麦价格均高于全国，且高于同年江苏省、安徽省、河南省和山东省。但同时也看到，河北省小麦价格优势在衰减，2011年河北省小麦价格高于全国平均价格54.48元，但到2022年河北省小麦价格高于全国平均价格仅有6.81元，说明其他省份小麦质量均有不同程度提高和改善，优势在逐渐减小（表2-1）。

表2-1 2011—2022年全国及小麦主产省份小麦价格　　　　单位：元/吨

年份	全国	河北省	江苏省	安徽省	山东省	河南省
2011	2 092.32	2 146.80	2 068.72	2 014.08	2 129.45	2 050.65
2012	2 179.37	2 210.21	2 167.85	2 149.77	2 209.94	2 166.42
2013	2 520.15	2 540.61	2 506.68	2 498.61	2 531.86	2 527.62
2014	2 562.59	2 601.50	2 555.98	2 536.03	2 579.68	2 561.84
2015	2 467.87	2 507.86	2 456.94	2 422.31	2 486.86	2 479.96
2016	2 383.76	2 412.30	2 368.38	2 365.61	2 392.52	2 385.70
2017	2 508.83	2 585.37	2 523.51	2 531.22	2 554.73	2 486.73
2018	2 469.82	2 515.84	2 452.95	2 435.66	2 504.75	2 465.49
2019	2 361.76	2 387.85	2 360.63	2 350.24	2 387.25	2 368.47
2020	2 408.27	2 433.01	2 392.38	2 395.94	2 469.88	2 401.46
2021	2 607.11	2 603.97	2 598.58	2 589.82	2 619.49	2 596.76
2022	3 120.77	3 127.58	3 118.89	3 114.41	3 117.99	3 117.27

数据来源：布瑞克网站

2.2 历年河北省小麦成本收益情况

2.2.1 生产投入情况

2010—2022年，河北省小麦每亩总成本变化情况整体表现为不断增加，每亩总成本投入由2010年的665.10元增加到2022年的1 244.29元，每亩成本增长579.19元，年均增速为5.86%。其中，2010—2012年为总成本快速增长期，每亩较2010年增长183.90元，年均增速为13%，2013年之后总成本增速放缓，但总体仍表现为增长趋势，每亩总成本年均增长39.53元（表2-2）。

表2-2 河北省小麦总成本情况　　　　　　　　　单位：元/亩

年份	总成本
2010	665.10
2011	765.84
2012	849.00
2013	883.66
2014	924.71
2015	1 001.32
2016	1 030.75
2017	1 050.12
2018	1 053.15
2019	1 102.23
2020	1 114.29
2021	1 145.56
2022	1 244.29

资料来源：河北省农产品成本资料汇编

小麦总成本主要由物质与服务费用、人工成本和土地成本三大部分构成，其中，物质与服务费用又分为直接费用和间接费用，直接费用主要包括购买或使用的种子、化肥、农家肥、农膜、租赁机械、燃料动力、技术服务、工具材料、维护修理及其他直接费用，间接费用主要包括用于小麦生产的固定资产折旧、保险、管理、财务、销售费用；人工成本主要包括每亩家庭用工折价和雇工费用；土地成本包括流转地租金和自营地折旧。

就河北省小麦生产而言，小麦总成本包含物质与服务费用、人工成本和土地成本。从成本投入中占比最大的物质与服务费用方面来看，2010—2022年河北省小麦生产物质与服务费用总体表现为增加态势，每亩费用由2010年的379.04元，增加到2022年的603.65元，每亩费用增加224.61元，年均增速为4.9%，同时2022年较2021年每亩物质与服务费用增加69.43元，增速为13%。其中2010—2012年为物质与服务费用快速增长期，较2010年每亩费用增加102.16元，年均增速为12.68%，2013年之后表现为波动中缓慢增加的趋势，费用年均增加量为12.25元（表2-3）。

从人工成本方面来看，2010—2022年河北省小麦生产人工成本投入增长明显，每亩成本由2010年的170.73元，增加到2022年的435.14元，成本增加264.41元，年均增速为8.28%。其中2010—2015年人工成本增加迅速，较2010年每亩成本增加164.92元，年均增速为14.55%，2016年之后增速有所放缓，但仍然表现为增加趋势，每亩人工成本年均增加14.21元。

从土地成本投入方面来看，2010—2022年河北省小麦生产土地成本费用变化整体表现为增加趋势，但增速相对较缓，亩土地成本投入由2010年的115.33元，增加到2022年的205.50元，每亩成本增加90.17元，年均增速为5.06%。其中2010—2017年亩土地成本缓慢增长，每亩年均增加10.81元，2018—2019年则表现为土地成本下降，两年每亩分别下降1.83元和4.20元，下降率分别为0.96%和2.22%，2020年后土地成本表现为增加趋势，2022年达到最高，每亩土地成本为205.50元。

表2-3 河北省小麦三大投入成本变化趋势　　　　单位：元/亩

年份	物质与服务费用	人工成本费用	土地成本费用
2010	379.04	170.73	115.33
2011	431.97	198.55	135.32
2012	481.20	215.96	151.84
2013	484.10	238.42	161.14
2014	472.90	280.56	171.25
2015	484.97	335.65	180.70
2016	482.76	359.10	188.89
2017	486.74	372.37	191.01
2018	488.71	375.26	189.18

(续表)

年份	物质与服务费用	人工成本费用	土地成本费用
2019	518.93	398.32	184.98
2020	518.56	401.03	194.70
2021	534.22	411.48	199.86
2022	603.65	435.14	205.50

资料来源：河北省农产品成本资料汇编

从三大投入成本占总成本的比重来看：物质与服务费用占比最高，其次为人工成本费用，最后为土地成本费用，2022年物质与服务费用、人工成本、土地成本分别占到总成本的48.51%、34.97%和16.52%（表2-4）。

从物质与服务费用占比方面来看，2010—2022年河北省小麦生产物质与服务费用占总成本的比重整体表现为波动中下降的趋势，占比由2010年的56.99%，下降到2022年的48.51%，总体下降8.48%，其中2014年每亩物质与服务费用占总成本比重下降最多，下降3.63%。

从人工成本占比方面来看：2010—2022年，河北省小麦生产人工成本投入占总成本的比重整体表现为不断攀升趋势，由2010年的25.67%，增加到2022年的34.97%，占比增加9.30%，其中2014年人工成本占比增加最多，增加3.63%，人工费用占总成本的比重增高，表明河北省人工费用越来越高。

从土地成本占比方面来看：2010—2022年，河北省小麦生产土地成本占总成本比重变化表现为波动中缓慢下降的趋势，由2010年的17.34%，下降到2022年的16.52%，占比下降0.82%。其中除2010—2014年、2016年及2020年土地成本占比呈现少量增加，其余年份均表现为占比下降趋势，但下降程度并不明显。

表2-4 河北省小麦三大投入成本占总成本比重   单位：%

年份	物质与服务费用	人工成本	土地成本
2010	56.99	25.67	17.34
2011	56.40	25.93	17.67
2012	56.68	25.44	17.88
2013	54.78	26.98	18.24
2014	51.14	30.34	18.52

（续表）

年份	物质与服务费用	人工成本	土地成本
2015	48.43	33.52	18.05
2016	46.84	34.84	18.33
2017	46.35	35.46	18.19
2018	46.40	35.63	17.96
2019	47.08	36.14	16.78
2020	46.54	35.99	17.47
2021	46.14	36.42	17.44
2022	48.51	34.97	16.52

资料来源：河北省农产品成本资料汇编

从物质与服务费用方面来看：2022年物质与服务费用从高到低依次是化肥费＞机械作业费＞种子费＞排灌费＞农家肥费＞农药费，2010—2022年小麦生产所需的各项物质与服务费用均表现为波动中增加的趋势（表2-5）。

表2-5　河北省小麦物质与服务费用　　　　　单位：元/亩

年份	种子费	化肥费	农家肥费	农药费	机械作业费	排灌费
2010	45.65	133.83	15.62	11.72	97.40	63.43
2011	60.90	147.49	17.71	11.14	110.49	70.58
2012	64.05	175.80	23.21	12.28	120.94	71.04
2013	66.79	170.95	23.49	13.92	133.57	62.95
2014	72.21	149.92	23.55	15.68	133.16	66.27
2015	70.60	151.22	31.09	15.25	134.75	69.11
2016	72.49	145.53	28.85	15.86	133.41	71.58
2017	73.37	149.24	34.62	15.82	132.37	65.50
2018	71.35	157.40	30.13	17.21	140.11	58.39
2019	78.28	162.29	30.97	18.36	141.73	72.98
2020	75.51	162.36	31.40	19.69	140.29	75.70
2021	75.92	170.60	30.77	22.87	142.30	78.29
2022	88.62	214.45	30.82	23.10	150.26	78.57

资料来源：河北省农产品成本资料汇编

从种子费用方面来看：2010—2022年小麦生产投入种子费整体表现为

不断增加的趋势，每亩种子费用由 2010 年的 45.65 元，增加到 2022 年的 88.62 元，每亩费用增加 42.97 元，年均增速为 6.11%。其中 2011 年为种子费用快速增长期，较 2010 年每亩种子费用增加 15.25 元，增速达到 33.41%，2012 年及以后种子费用表现为波动中缓慢增加的趋势，年均增速为 3.63%。

从化肥费用方面来看：2010—2022 年，小麦生产化肥费用投入整体表现为波动中增加的趋势，每亩化肥费用由 2010 年的 133.83 元，增加到 2022 年的 214.45 元，费用增加 80.62 元，年均增速为 4.45%。其中，2010—2012 年阶段为化肥费用快速增长期，每亩化肥费用投入较上一年度分别增加 13.66 元和 28.31 元，增速分别为 10.21% 和 19.20%，2013 年及以后化肥费用表现为波动中缓慢增加的趋势，年均增速为 2.40%。

从农家肥费用方面来看：2010—2022 年，小麦生产农家肥费用趋势变化为"缓慢增加—短期下降—短期回升—缓慢下降"，整体表现为增加趋势，每亩农家肥费用由 2010 年的 15.62 元，增加到 2022 年的 30.82 元，费用增加 15.20 元，年均增速为 6.67%，其中，2015 年较之前农家肥费用增加最多，每亩增加 7.54 元，增速为 32.02%。

从农药费用方面来看：2010—2022 年，小麦生产农药费变化整体表现为增加趋势，每亩农药费用投入由 2010 年的 11.72 元，增加到 2022 年的 23.10 元，费用增加 11.38 元，年均增速为 6.01%，其中，2021 年农药费用投入增加最多，较上一年度每亩费用增加 3.18 元，增速为 16.15%。

从机械作业费用方面来看：2010—2022 年，小麦生产机械作业费整体表现为稳定增加趋势，每亩机械费用投入由 2010 年的 97.4 元，增加到 2022 年的 150.26 元，费用增加 52.86 元，年均增速为 3.79%，其中，2010—2013 年机械作业费增加较快，年均增速为 11.11%，而后趋于平稳。

从排灌费用方面来看：2010—2022 年，小麦生产排灌费用整体表现为波动中少量增加的趋势，每亩排灌费用由 2010 年的 63.43 元，增加到 2022 年的 78.57 元，每亩费用增加 15.14 元，年均增速为 2.23%，其中，2013 年和 2018 年排灌费下降相对明显，较上一年度每亩排灌费用分别下降 8.09 元和 7.11 元，下降幅度分别为 11.39% 和 10.85%。

增加最为明显的是化肥费和种子费，化肥费上涨主要受俄乌冲突影响，冲突方俄罗斯作为全球重要的化肥生产大国，欧美的制裁和航运受阻，造成全球化工原料上涨，小麦常用尿素和复合肥价格随着上涨；种子费上涨主要与受 2021 年秋收阴雨天气影响导致秋播小麦晚播加大种子播种量有关。

2022年，小麦生产成本投入中化肥费、机械作业费、种子费、排灌费、农家肥费、农药费分别占到物质与服务费用的35.53%、24.89%、14.68%、13.02%、5.11%、3.83%。

人工成本方面的分析主要分为两方面，家庭用工天数和劳动日工价。2010—2022年河北省小麦生产家庭用工量整体表现为下降趋势，但同时劳动力工价不断攀升。

从家庭用工天数方面来看，2010—2022年，河北省小麦生产亩家庭用工量整体表现为缓慢下降趋势，亩家庭用工量由2010年的5.69天，下降到2022年的4.57天，用工量减少1.12天，年均降速为1.80%，其中，2012年亩家庭用工天数下降最明显，较上一年度下降0.26天，下降幅度为4.59%。

从劳动日工价方面来看，2010—2022年，河北省小麦生产劳动日工价呈不断攀升的趋势，亩劳动日工价由2010年的30元，增加到2022年的95.30元，亩工价增加65.30元，年均增速为10.35%。2010—2016年，劳动日工价增加明显，年均增速为16.60%，其中2014和2015年亩劳动工价增加最多，分别增加10元和13元，增速分别较上一年度增加22.22%和23.64%，2015年及以后增幅有所放缓（表2-6）。

表2-6 小麦亩用工量和劳动日工价　　　单位：元/亩，天/亩

年份	劳动日工价	用工量
2010	30	5.69
2011	35	5.66
2012	40	5.40
2013	45	5.27
2014	55	5.10
2015	68	4.94
2016	75	4.79
2017	78	4.77
2018	78	4.81
2019	83	4.80
2020	85	4.72
2021	90	4.57
2022	95.3	4.57

资料来源：河北省农产品成本资料汇编

2.2.2 产出收益情况

从小麦亩产值变化情况来看：2010—2022 年，小麦亩产值整体呈现出波动中增加的趋势，大致分为三个阶段。第一阶段为 2010—2014 年，亩产值稳定增加，亩产值由 2010 年的 785.7 元增加到 2014 年的 1 158.72 元，亩产值增加 373.02 元，年均增长 10.27%；第二阶段为 2015—2017 年，短暂回落后回升，2015 年亩产值较 2014 年下降 72.49 元，下降幅度为 6.26%，2016 与 2017 年呈现短暂回升，年均增速为 4.30%；第三阶段为 2018—2022 年，快速下跌后迅速回升，2018 年亩产值下跌到近十年来最低水平，为 939.33 元，亩产值较上年度减少了 242.53 元，下降幅度为 20.51%，2019 年后亩产值迅速回升，2022 年亩产值达到最高，为 1 607.31 元，较上年度增加 331.41 元，增速为 25.97%。产值的增加受益于小麦价格的上涨，根据全国农产品成本资料汇编统计，2022 年每 50 公斤小麦价格为 153.05 元，比 2021 年的 125.01 元上涨了 28.04 元，涨幅 22.43%（表 2-7）。

从小麦生产每亩总成本变化情况来看：2010—2022 年，小麦亩成本整体表现为稳定增加的趋势，亩成本由 2010 年的 665.10 元增加到 2022 年的 1 244.29 元，年均增速为 5.44%。

从小麦亩净利润变化情况来看：2010—2022 年，小麦生产亩净利润变化情况整体表现为波动中增加的趋势，大致分为三个阶段。第一阶段为 2010—2014 年净利润波动中增加，亩净利润由 2010 年的 120.60 元增加到 2014 年的 234.01 元，亩净利润增加 113.41 元，年均增速为 19.85%；第二阶段为 2015—2018 年，亩净利润快速下降，2015 年较上一年度亩净利润下降 149.10 元，下降幅度为 63.72%，2018 年亩净利润甚至出现负效益，为近十年来最低-113.82 元，说明该年小麦总成本大于总产值，极大打击农户种粮积极性；第三阶段为 2019—2022 年，亩净利润实现强有力反弹，特别是在 2022 年，小麦生产亩净利润回升明显，亩净利润达到 363.02 元，较上一年度增加 232.68 元，涨幅 178.52%，提升明显。

表 2-7 河北省小麦成本收益　　　　　　　　单位：元/亩

年份	总产值	总成本	净利润
2010	785.70	665.10	120.60
2011	920.01	765.84	154.17

（续表）

年份	总产值	总成本	净利润
2012	985.25	849.00	136.25
2013	1 079.41	883.66	195.75
2014	1 158.72	924.71	234.01
2015	1 086.23	1 001.32	84.91
2016	1 129.05	1 030.75	98.30
2017	1 181.86	1 050.12	131.56
2018	939.33	1 053.15	-113.82
2019	1 107.00	1 102.23	4.77
2020	1 114.37	1 114.29	0.08
2021	1 275.90	1 145.56	130.34
2022	1 607.31	1 244.29	363.02

资料来源：河北省农产品成本资料汇编

2.3　与全国小麦强省成本收益比较

2.3.1　生产成本比较

与全国小麦平均生产总成本比较来看，2010—2022年，河北省小麦亩生产总成本均高于全国总成本投入水平，总成本投入差异表现出波动中扩大的趋势。其中，2021年河北省小麦生产每亩总成本高于全国平均水平最大，亩成本高出114.74元，2016年与全国平均成本水平差距最小，亩成本高出48.88元，2022年较上年度成本增加103.50元（表2-8）。

与山东省小麦生产亩总成本比较来看，2010—2022年，河北省小麦亩生产总成本均高于山东省，变化趋势大致分为三个阶段。第一阶段为2010—2012年，两省小麦亩生产总成本投入差异扩大阶段，年均亩成本增加21.05元；第二阶段为2013—2014年，两省亩总成本差异缩小阶段，分别较上一年度减少30.33元和1.79元；第三阶段总体表现为两省总成本差异扩大阶段，其中2021年总成本差异最大，每亩总成本投入高于山东省109.73元，2022年较上一年度成本增加87.72元。

与河南省小麦生产亩总成本比较来看，两省小麦生产总成本投入差异变化情况大致分为三个阶段：第一阶段为2010—2015年，总成本高于河南省，差异表现为先上升后快速下降的变化趋势，其中，2012年两省总成本投入差异最大，每亩总成本高出河南省120.85元；第二阶段为2016—2017年，亩总成本低于河南省，分别较上一年度低29.92元和11.03元；第三阶段为2018—2022年，总成本重新高于河南省，并且两省之间的差异扩大，其中2022年亩总成本高于河南省77.10元。

表2-8　小麦总成本　　　　　　　　　　　　　　　单位：元/亩

年份	全国	河北省	山东省	河南省
2010	618.63	670.99	647.38	627.77
2011	712.28	794.12	758.67	685.68
2012	830.44	935.38	869.67	814.53
2013	914.71	1 004.8	969.42	916.24
2014	965.13	1 023.66	990.07	1 012.65
2015	984.3	1 050.68	990.18	1 043.23
2016	1 012.51	1 061.39	1 004.85	1 091.31
2017	1 007.64	1 074.47	1 001.52	1 085.5
2018	1 012.94	1 086.3	1 003.8	1 077.06
2019	1 028.91	1 118.45	1 021.88	1 089.31
2020	1 026.5	1 136.79	1 032.7	1 064.77
2021	1 040.88	1 155.62	1 045.89	1 069.28
2022	1 140.79	1 244.29	1 156.57	1 167.19

数据来源：全国农产品成本收益资料汇编

与全国小麦平均生产总成本（每50公斤）比较来看，2010—2022年，全国总成本变化呈现出"上升—回落—短暂回升—下降"趋势。2010—2012年、2014年及2018—2022年河北省总成本高于全国平均水平，其余年份均低于全国平均水平。其中，2019年河北省每50公斤生产总成本高于全国最多，每50公斤高出4.94元，2016年低于全国水平最多，每50公斤低于8.44元，2022年高于全国平均水平9元（表2-9）。

与山东省小麦生产总成本（每50公斤）比较来看，2010—2022年，河北总成本均高于山东省，每50公斤平均高出8.76元。其中，2018年两省总成本差距最大，每50公斤高于山东省20.31元，2022年每50公斤小麦生产总成本高于山东省 12.31 元。

与河南省小麦生产亩总成本（每 50 公斤）比较来看，差异变化趋势大致分为三个阶段：第一阶段为 2010—2015 年，河北省总成本高于河南省，差异变化表现为先缩小后扩大的趋势；第二阶段为 2016—2018 年，总成本略低于河南省，其中，2016 年较河南省每 50 公斤总成本投入最少，低于河南省 6.52 元；第三阶段为 2019—2022 年，总成本又反超河南省，其中，2022 年较河南省每 50 公斤总成本多投入 20.17 元。

表 2-9　每 50 公斤小麦生产成本　　　　　　　　　单位：元/亩

年份	全国	河北省	山东省	河南省
2010	81.58	88.18	77.76	74.03
2011	89.19	90.74	85.88	75.08
2012	105.6	108.03	98.25	100.43
2013	119.48	116.09	111.58	115.73
2014	110.53	109.86	105.6	101.68
2015	114.41	114.58	105.8	104.62
2016	121.49	113.05	111.14	119.57
2017	115.89	110.9	108.11	111.2
2018	133.13	137.6	117.29	139.61
2019	110.63	115.57	102.36	104.66
2020	116.06	117.95	110.44	114.67
2021	109.48	113.23	99.94	104.34
2022	109.48	118.48	106.17	98.31

数据来源：全国农产品成本收益资料汇编

从小麦生产物质与服务费比较方面来看，2010—2022 年，河北省物质与服务费用均高于全国平均水平，平均高出 56.31 元。其中，2012 年与全国平均水平差距最大，每亩高出全国 84.51 元，2022 年每亩物质与服务费用高于全国平均水平 43.85 元（表 2-10）。

2010—2022 年，除 2014 年河北省每亩物质与服务费略低于山东省外，其余年份均高于山东省，每亩平均高出 23.77 元。2014 年亩物质与服务费用低于山东省 0.78 元，2021 年两省物质与服务费差异达到最大，每亩高于山东省 41.13 元，2022 年河北省物质与服务费高于山东省 20.60 元。

2010—2022 年，河北省亩物质与服务费投入远高于河南省，平均高出 63.37 元。其中，2011 年两省差距最大，亩物质与服务费高于河南省

2 河北省小麦成本收益和竞争力分析

102.47 元,2022 年高于河南省 65.29 元。

2010—2022 年,河北省小麦生产物质与服务费占总成本的比重,平均为 48.09%,分别高于全国和河南省 2.02 和 4.26 个百分点,低于山东省 0.71 个百分点。

表 2-10 小麦物质与服务费用　　　　　　　　　单位:元/亩

年份	河北省		河南省		山东省		全国	
	物质与服务费用总量	占总成本 %	物质与服务费用总量	占总成本 %	物质与服务费用总量	占总成本 %	物质与服务费用总量	占总成本 %
2010	377.50	56.26	302.66	48.21	358.88	55.44	318.35	51.46
2011	431.97	54.40	329.50	48.05	411.50	54.24	357.33	50.17
2012	481.20	51.44	383.08	47.03	448.39	51.56	396.69	47.77
2013	484.10	48.18	422.43	46.10	462.17	47.67	417.08	45.60
2014	472.90	46.20	417.05	41.18	473.68	47.84	419.03	43.42
2015	484.97	46.16	409.62	39.26	464.60	46.92	420.23	42.69
2016	482.76	45.48	452.47	41.46	466.96	46.47	434.60	42.92
2017	486.74	45.30	452.95	41.73	463.38	46.27	438.65	43.53
2018	488.71	44.99	452.90	42.05	470.75	46.90	450.25	44.45
2019	518.93	46.40	456.37	41.90	480.46	47.02	470.08	45.69
2020	518.56	45.62	457.49	42.97	480.23	46.50	469.54	45.74
2021	534.22	46.23	467.51	43.72	493.09	47.15	482.56	46.36
2022	603.65	48.51	538.36	46.12	583.05	50.41	559.80	49.07
平均	489.71	48.09	426.34	43.83	465.93	48.80	433.40	46.07

数据来源:全国农产品成本收益资料汇编

从全国小麦亩用工成本比较方面看,除 2010 年河北省人工成本投入略小于全国平均水平外,其余年份人工成本均高于全国,并且成本差距总体表现为扩大态势,每亩人工成本平均高出全国 40.27 元。2010 年河北省每亩人工成本投入较全国平均水平少 0.73 元,2022 年与全国亩人工成本投入差距最大,每亩高于全国平均水平 95.51 元(表 2-11)。

从山东省小麦亩用工成本比较方面看,除 2010 年河北省人工成本投入低于山东省外,其余年份均高于山东省,差异的变化趋势总体表现为波动中扩大,平均高出山东省 28.08 元。2010 年亩人工成本投入低于山东省 4.9

元，2020 年两省亩人工成本投入差异最大，投入差距为 61.51 元，2022 年两省差距为 60.48 元。

2010—2022 年，河北省亩人工成本投入均高于河南省，投入差异的变化趋势整体表现为扩大，平均高出河南省 57.15 元，其中 2022 年河北省亩人工成本投入高于河南省最多，每亩高出 104.84 元。

2010—2022 年，河北省小麦生产人工成本费用占总成本的比重，平均为 34.92%，分别高于全国平均水平、河南省和山东省 0.89、3.78 和 0.33 个百分点。

表 2-11 小麦人工成本 单位：元/亩

年份	河北省		河南省		山东省		全国	
	人工费总量	占总成本 %	人工费总量	占总成本 %	人工费总量	占总成本 %	人工费总量	占总成本 %
2010	178.10	26.54	157.92	25.16	183.00	28.27	178.83	28.91
2011	226.83	28.56	213.23	31.10	221.84	29.24	225.68	31.68
2012	302.34	32.32	274.15	33.66	281.39	32.36	291.40	35.09
2013	359.56	35.78	324.10	35.37	359.07	37.04	343.78	37.58
2014	379.51	37.07	342.38	33.81	362.03	36.57	364.77	37.79
2015	385.01	36.64	335.25	32.14	366.68	37.03	364.39	37.02
2016	389.74	36.72	338.41	31.01	377.68	37.59	370.99	36.64
2017	396.72	36.92	339.56	31.28	375.45	37.49	361.87	35.91
2018	408.41	37.60	333.15	30.93	363.15	36.18	350.76	34.63
2019	414.54	37.06	341.50	31.35	366.35	35.85	340.86	33.13
2020	423.53	37.26	330.95	31.08	362.02	35.06	334.07	32.54
2021	421.54	36.48	317.08	29.65	362.64	34.67	330.38	31.74
2022	435.14	34.97	330.30	28.30	374.66	32.39	339.63	29.77
平均	363.15	34.92	306.00	31.14	335.07	34.59	322.88	34.03

数据来源：全国农产品成本收益资料汇编

从全国小麦生产土地成本比较方面看，与全国土地成本平均水平差异变化情况大致分为三个阶段：第一阶段为 2010 年，河北省小麦生产土地成本略低于全国平均水平，每亩低于全国 6.06 元；第二阶段为 2011—2013 年，亩土地成本高于全国平均水平，平均高出 7.61 元；第三阶段为 2014 年及以后，亩土地成本持续低于全国平均水平，平均低 23.45 元。2022 年河北省亩土地成本费用低于全国平均水平 35.86 元（表 2-12）。

从山东省小麦生产土地成本比较方面看，2010—2022 年河北省亩土地成本均高于山东省，两省差异变化趋势为先持续扩大后逐步缩小，每亩平均高出 14.64 元。其中 2016 年亩土地成本高于山东省最多，高出 28.68 元，2022 年每亩土地成本高于山东省 6.64 元。

通过与河南省小麦生产土地成本比较，2010—2022 年，河北省亩土地成本均低于河南省，两省差异变化趋势为迅速扩大—迅速缩小—保持稳定，每亩平均低 73.41 元。其中，2015 年亩土地成本低于河南省最多，低 117.66 元，2022 年每亩土地成本低于河南省 93.03 元。

2010—2022 年，河北省小麦生产土地成本费用占总成本的比重，平均为 16.99%，高于山东省 0.38 个百分点，分别低于全国和河南 2.91 和 8.04 个百分点。

表 2-12　小麦土地成本　　　　　　　单位：元/亩

年份	河北省		河南省		山东省		全国	
	土地成本总量	占总成本%	土地成本总量	占总成本%	土地成本总量	占总成本%	土地成本总量	占总成本%
2010	115.39	17.20	167.19	26.63	105.5	16.30	121.45	19.63
2011	135.32	17.04	142.95	20.85	125.33	16.52	129.27	18.15
2012	151.84	16.23	157.3	19.31	139.89	16.09	142.35	17.14
2013	161.14	16.04	169.71	18.52	148.18	15.29	153.85	16.82
2014	171.25	16.73	253.22	25.01	154.36	15.59	181.33	18.79
2015	180.7	17.20	298.36	28.60	158.9	16.05	199.68	20.29
2016	188.89	17.80	300.43	27.53	160.21	15.94	206.92	20.44
2017	191.01	17.78	292.99	26.99	162.69	16.24	207.12	20.55
2018	189.18	17.42	291.01	27.02	169.9	16.93	211.93	20.92
2019	184.98	16.54	291.44	26.75	175.07	17.13	217.97	21.18
2020	194.7	17.13	276.33	25.95	190.45	18.44	222.89	21.71
2021	199.86	17.29	284.69	26.62	190.16	18.18	227.94	21.90
2022	205.5	16.52	298.53	25.58	198.86	17.19	241.36	21.16
平均	174.60	16.99	248.01	25.03	159.96	16.61	189.54	19.90

数据来源：全国农产品成本收益资料汇编

2.3.2　产出收益比较（表 2-13）

从小麦生产亩产品产量比较方面来看，2010—2022 年，河北省亩产品产量均高于全国平均水平，平均高出 32.42 公斤，其中，2013 年高出全国平均水平最多，高出 51.57 公斤，2022 年较全国平均水平亩产品产量高出 5.58 公斤。与山东比较，除 2016—2017 年及 2020 年亩产品产量高于山东外，其余年份均低于山东，其中，2022 年较山东亩产品产量低 22.72 公斤。与河南比较，除 2012—2013 年、2016 年、2018 年和 2020 年亩产品产量高于河南省外，其余年份均低于河南水平，2022 年两省差距最大，较河南低 68.13 公斤。

从小麦生产亩主产品产值比较方面来看，2010—2022 年均高于全国平均水平，平均每亩高出 110 元，2022 年河北省亩主产品产值高于全国平均水平 44.64 元。与山东比较，除 2013、2016—2017 年及 2020 年亩主产品产值高于山东外，其余年份均低于山东，其中 2022 年低于山东 66.71 元。与河南比较，除 2012—2013 年、2016—2018 年及 2020—2021 年，亩主产品产值高于河南省外，其余年份小麦生产主产品产值均低于河南，其中 2022 年每亩低于河南 189.93 元。

从小麦生产亩副产品产值比较方面来看，除 2017—2019 年略高于全国平均水平外，其余年份均低于全国。其中 2022 年较全国平均低 4.04 元，与山东比较，2010—2022 年河北亩副产品产值均高于山东，平均高出 6.47 元，其中 2022 年高于山东 9.66 元。与河南相比，除 2012—2018 年及 2020 年高于河南外，其余年份亩副产品产值均低于河南，2022 年较河南省低 0.83 元。

从小麦生产总产值比较方面来看，2010—2022 年，河北小麦亩产值均高于全国平均水平，平均高出全国 107.12 元，其中，2016 年河北小麦亩产值高于全国最多，高出 198.69 元，2022 年较全国高 40.60 元。与山东比较，2013 年、2016—2017 年及 2020 年河北省小麦亩产值高于山东省，平均高出 27.87 元，其余年份亩产值均低于山东省，平均低 40.24 元。2022 年河北省小麦亩产值低于山东省 57.05 元。与河南比较，2012—2014 年、2016—2018 年及 2020—2021 年河北省小麦亩产值高于河南省，平均高出 119.54 元，其余年份亩产值均低于河南省，平均低 63.37 元，其中 2022 年河北省小麦亩产值低于河南 190.76 元。

从小麦生产亩净利润比较方面来看，2010—2022 年，河北省与全国平均水平差异变化情况大致分为三个阶段：第一阶段为 2010 年，河北省小麦亩净利润低于全国平均水平，较全国低 17.29 元；第二阶段为 2011—2018 年，高于全国平均水平，差异整体变化趋势为先迅速扩大后迅速缩小，平均高出全国平均水平 56.58 元，产生差异的主要原因为受成本连年上涨和价格低迷影响，全国小麦亩利润整体表现为下降趋势，甚至几年出现负利润，到

2018年达到阶段性低点;第三阶段为2019—2022年,亩净利润又低于全国平均水平,平均低26.01元,这一阶段河北省小麦价格不断上涨,亩净利润明显回升,但由于成本投入较高,仍然低于全国平均水平。

从山东省小麦亩净利润比较方面来看,2010—2022年,河北省小麦亩产值均低于山东省,两省差异的变化趋势整体表现为波动中扩大,平均低于山东省85.77元。2022年两省之间小麦亩净利润差异为144.77元。

从河南省小麦亩净利润比较方面看,2012—2013年、2016—2018年及2020年,河北省小麦亩净利润高于河南省,平均高出107.23元,其余年份小麦生产亩净利润均低于河南省,平均低88.03元,其中2016年河北省小麦亩净利润高于河南省最多,高出194.07元,2022年低于河南省最多,低267.86元。

从小麦产投比方面看,2010—2022年,全国、河北、河南及山东平均产投比分别为1.06、1.08、1.09及1.17,其中山东省产投比最高,高于河北省0.09。

表2-13 河北省、河南省、山东省与全国小麦产出效益比较

单位:公斤/亩,元/亩

项目	年份	主产品产量	主产品产值	副产品产值	总产值	净收益	产投比
河北省	2010	374.19	772.90	12.97	785.87	114.88	1.17
	2011	429.37	902.73	17.28	920.01	125.89	1.16
	2012	426.24	970.04	15.21	985.25	49.87	1.05
	2013	425.89	1 062.25	17.16	1 079.41	74.61	1.07
	2014	459.05	1 141.70	17.02	1 158.72	135.06	1.13
	2015	450.07	1 066.29	19.94	1 086.23	35.55	1.03
	2016	461.25	1 109.37	19.68	1 129.05	67.66	1.06
	2017	473.51	1 155.08	26.60	1 181.68	107.21	1.10
	2018	383.95	913.64	25.69	939.33	-146.97	0.86
	2019	472.50	1 081.01	25.99	1 107.00	-11.45	0.99
	2020	470.92	1 088.91	25.46	1 114.37	-22.42	0.98
	2021	500.14	1 250.44	25.46	1 275.90	120.28	1.10
	2022	516.58	1 581.20	26.11	1 607.31	363.02	1.29
	平均	449.51	1 084.27	21.12	1 105.39	77.94	1.08

（续表）

项目	年份	主产品产量	主产品产值	副产品产值	总产值	净收益	产投比
河南省	2010	414.64	802.23	18.08	820.31	192.54	1.31
	2011	446.64	902.88	20.15	923.03	237.35	1.35
	2012	397.90	789.69	15.10	804.79	-9.74	0.99
	2013	392.08	866.06	8.30	874.36	-41.88	0.95
	2014	494.28	1 144.99	8.46	1 153.45	140.80	1.14
	2015	493.91	1 134.18	10.73	1 144.91	101.68	1.10
	2016	448.65	948.65	16.25	964.90	-126.41	0.88
	2017	476.15	1 047.63	26.25	1 073.88	-11.62	0.99
	2018	374.20	778.01	24.00	802.01	-275.05	0.74
	2019	508.29	1 110.29	26.49	1 136.78	47.47	1.04
	2020	452.66	990.71	25.36	1 016.07	-48.70	0.95
	2021	500.97	1 190.76	27.21	1 217.97	148.69	1.14
	2022	584.71	1 771.13	26.94	1 798.07	630.88	1.54
	平均	460.39	1036.71	19.49	1 056.19	75.85	1.09
山东省	2010	410.55	840.12	11.77	851.89	204.51	1.32
	2011	435.19	923.43	13.86	937.29	178.62	1.24
	2012	436.45	1 021.72	14.36	1 036.08	166.41	1.19
	2013	429.08	1 060.48	13.18	1 073.66	104.24	1.11
	2014	462.74	1 145.22	14.92	1 160.14	170.07	1.17
	2015	461.68	1 080.86	14.71	1 095.57	105.39	1.11
	2016	446.11	1 082.82	14.45	1 097.27	92.42	1.09
	2017	457.06	1 114.98	14.93	1 129.91	128.40	1.13
	2018	421.51	1 005.66	15.25	1 020.91	17.11	1.02
	2019	492.47	1 125.75	15.29	1 141.04	119.16	1.12
	2020	460.96	1 076.83	15.37	1 092.20	59.50	1.06
	2021	516.92	1 304.50	15.97	1 320.47	274.58	1.26
	2022	539.30	1 647.91	16.45	1 664.36	507.79	1.44
	平均	459.23	1 110.02	14.65	1 124.68	163.71	1.17

（续表）

项目	年份	主产品产量	主产品产值	副产品产值	总产值	净收益	产投比
全国	2010	370.02	732.72	18.08	750.80	132.17	1.21
	2011	389.17	809.06	21.14	830.20	117.92	1.17
	2012	382.76	829.17	22.56	851.73	21.29	1.03
	2013	374.32	882.01	19.92	901.93	-12.78	0.99
	2014	428.01	1 032.26	20.70	1 052.96	87.83	1.09
	2015	420.79	979.83	21.88	1 001.71	17.41	1.02
	2016	406.34	907.21	23.15	930.36	-82.15	0.92
	2017	423.54	987.62	26.12	1 013.74	6.10	1.01
	2018	368.99	827.85	25.68	853.53	-159.41	0.84
	2019	453.48	1 018.02	25.97	1 043.99	15.08	1.01
	2020	430.33	982.68	27.19	1 009.87	-16.63	0.98
	2021	463.39	1 140.48	29.50	1 169.98	129.10	1.12
	2022	511.00	1 536.56	30.15	1 566.71	425.92	1.37
	平均	417.09	974.27	24.00	998.27	52.45	1.06

数据来源：全国农产品成本收益资料汇编

2.4 小麦产业竞争力分析——基于小麦主产省比较

依据比较优势理论，运用综合比较优势指数法，借鉴现有研究关于农作物生产比较优势指标的测算方法，测算河北省、山东省、河南省小麦作物规模比较优势指数、效率比较优势指数和综合比较优势指数。通过计算规模优势指数、效率优势指数和综合优势指数来反映一个地区单产水平与种植规模相互作用所形成的作物生产的能力。评析河北省小麦生产比较优势和市场竞争力。

规模优势指数 SAI（Scale Advantage Indices）反映一个地区某一作物生产的规模和专业化程度。通过分析某地区、某种农作物的播种面积占该地区所有农作物总播种面积的比例与全国该比例平均水平的对比关系，考察该种农作物在该地区农业生产上的相对重要性及规模优势。

计算公式如下：

$$SAI_{ij} = (GS_{ij}/GS_i) / (GS_j/GS)$$

式中，SAI_{ij} 为 i 区 j 作物的规模优势指数；GS_{ij} 和 GS_j 分别为 i 区和全国 j 作物的播种面积；GS_i 和 GS 为 i 区和全国粮食作物总播种面积。$SAI_{ij}>1$，表明与全国平均水平相比，i 区在 j 作物生产上有规模优势；$SAI_{ij}<1$，表明 i 区 j 作物生产规模处于劣势，GS_{ij} 值越小，劣势越显著。

效率优势指数 EAI（Efficiency Advantage Indices）反映作物比较优势，主要通过分析特定地区、特定农作物的土地产出率与该地区所有农作物平均土地产出率的相对水平以及与全国该比率平均水平的对比关系，考察该地区在该农作物生产上的生产效率相对优势。

计算公式如下：

$$EAI_{ij} = (AP_{ij}/AP_i) / (AP_j/AP)$$

式中，EAI_{ij} 为 i 区 j 作物的效率优势指数；AP_{ij} 为 i 区 j 作物的单产；AP_i 为 i 区粮食作物平均单产；AP_j 为全国 j 种作物平均单产；AP 为全国粮食作物平均单产。$EAI_{ij}>1$，表明与全国平均水平相比，i 区 j 作物生产具有效率优势，EAI_{ij} 值越大，生产效率优势越明显；反之，则缺乏效率优势。

综合优势指数 AAI（Aggregated Advantage Indices）是效率优势指数与规模优势指数的综合结果，能够更为全面地反映一个地区每种作物生产的优势度。

计算公式如下：

$$AAI_{ij} = (EAI_{ij} \times SAI_{ij})^{(1/2)}$$

式中，$AAI_{ij}>1$，表明与全国平均水平相比，i 区 j 作物生产具有优势，其值越大则优势越强；$AAI_{ij}<1$，表明 i 区 j 作物生产不具优势；$AAI_{ij}=1$，则处于临界状态。

在规模优势指数方面，河南省和山东省小麦规模优势指数更为显著。小麦是河南省和山东省第一大主粮作物。2021 年，河南省小麦面积 8 536 万亩，山东省小麦面积 5 991 万亩，分别是河北省的 2.53 倍和 1.78 倍；2021 年，河南省和山东省规模优势指数分别为 2.64 和 2.39，同期河北省为 1.74；河北省小麦面积在全省仅次于玉米，面积不及河南省和山东省，河北省长城以北地区受低温和严寒天气，以一年一季作物为主。河南省和山东省规模优势指数具有绝对优势（图 2-5）。

在小麦效率优势指数方面，河北省效率优势指数具有一定优势，但优势度指数有走低趋势，并且与河南省和山东省优势度指数差距再缩小。2000—2002 年，河北省小麦效率优势指数具有绝对优势指数，2003 年开始呈缓慢

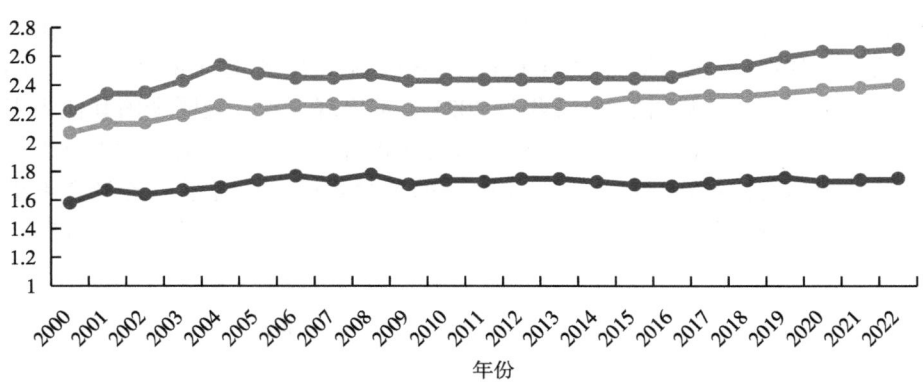

图 2-5　小麦规模优势指数
数据来源：根据公式计算结果

下降趋势。小麦效率优势指数由 2000 年的 1.39 降低到 2021 年的 1.10，说明全省其他粮食作物单产水平呈明显增加趋势。2021 年，河南省小麦效率优势指数为 1.10，与河北省指数相同，河北省小麦效率优势指数优势已基本消失（图 2-6）。

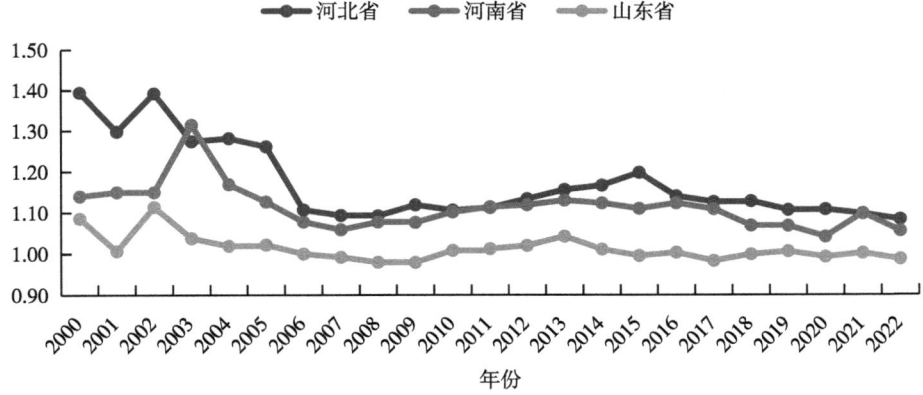

图 2-6　小麦效率优势指数
数据来源：根据公式计算结果

在综合优势指数方面，2000—2021 年河南省小麦综合优势指数一直高于山东省和河北省。主要受益于种植规模、单产水平以及加工水平明显走在全国之首，引领全省小麦产业高质量发展。2000—2021 年，河北省小麦综合优势指数呈增长趋势，由 2000 年的 1.58 增长到 2021 年的 1.74。但与河南省和山东省相比，差距比较明显，并且差距有拉大趋势。与河南省和山东省的差距分别由 2000 年的 0.64 和 0.49 发展到 2021 年的 0.89 和 0.64。同时也看到三省的优势指数 2022 年比 2021 年都出现下跌。说明全国其他小麦生产省整体水平和粮食综合生产能力都有所提升。随着国家对粮食安全重视程度越来越高，各省都加大对粮食生产的重视程度，通过采取各种政策措施，鼓励经营主体扩面积、提单产，保证了我国粮食的绝对安全（图 2-7）。

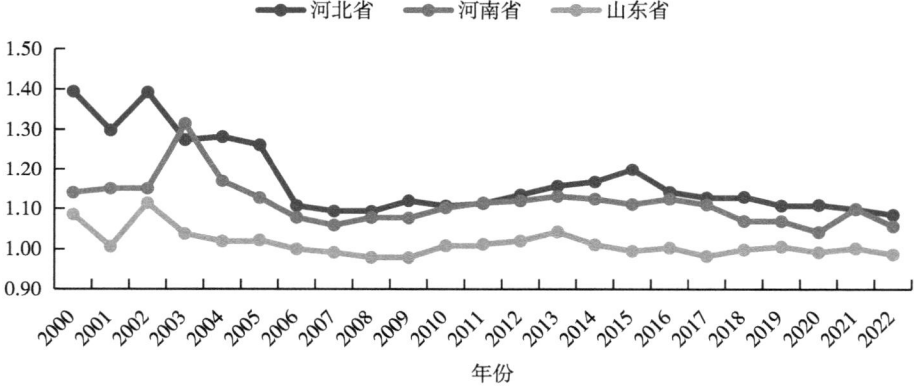

图 2-7　小麦综合优势指数

数据来源：根据公式计算结果

3 河北省小麦全要素生产率和生产效率影响因素分析

3.1 相关理论分析

3.1.1 关于小麦全要素生产率的研究

端瑞东（2011）、李群峰（2013）、任冠怡（2019）通过运用 Malmquist 指数分析法分别对我国小麦、玉米主产区生产效率进行测算，发现东北地区小麦平均 TFP 增速相对下降，而华北和长江中下游地区均有较大幅度增长，其中华北地区增长幅度最大，粮食主产区全要素生产率主要受技术进步因素影响较大。赫国胜（2016）、尹朝静（2016）、岳立（2017）等在测量农业 TFP 时除了对机械设施、劳动力投入进行分析之外还添加了农业污染治理投入费用以期望获得绿色 TFP。薛龙（2013）、郝明玉（2013）、卫荣（2013）分别对河南省粮食主产区生产成本数据进行 DEA-Malmquist 指数分析发现河南省全要素生产率的增长十分缓慢，全要素生产率与技术进步变化趋于一致，技术进步与效率呈反方向变化。王千（2010）、罗仲朋（2016）运用 DEA-Malmquist 方法分析河北省 138 个县的粮食生产效率，发现全要素生产率优势区主要分布在石家庄、衡水等中部地区，非优势产区主要分布在北部地区。郎新亭（2016）以 2004—2013 年新疆小麦成本收益数据为基础，运用 DEA-Malmquist 指数方法，得出新疆小麦生产全要素整体较高，其主要受技术进步影响较大，技术效率不高阻碍了小麦生产效率提高。Wang 等对美国农业生产率进行分析，发现虽然农业 TFP 增涨速度速从 2000—2007 年的 0.92% 降至 2007—2015 年的 0.53%，但是农业 TFP 仍然是农业增长的主要因素，同时 Wang 等运用 CCD 方法对中国农业 TFP 进行分析得出，1980 年以来中国对世界农业的 TFP 增长贡献率为 60%，主要原因是政府对农业资金的投入快速增长。Fuglie 和 Rada 对 1961—2011 年全球农业 TFP 进行分析，得出发达国家农业产出增长主要得益于农业 TFP 的增长，发展中国家农业生产率的提高是 1990 年后全球农业 TFP 增长加速的主要原因。Zhong（1997）通过对中国农业 TFP 进行测算，发现在计算投入产出时应先对指标进行调整选择适宜的指标。

上述学者研究成果主要集中在对农业生产要素投入、产出以及技术效率变化等方面进行研究，将以上学术成果汇总整理，对研究小麦全要素生产率有重要的参考价值和借鉴意义。但是，国内外对全要素生产率的研究依然存在需进一步深化和细化之处，首先，国内外对农户全要素生产率的研究主要从技术效率变化、技术进步指数进行分析，较少对纯技术效率、规模效率角度进行研究。其次，上述研究选取投入指标时主要选取机械设施、劳动力投入，本研究在上述研究的基础之上增加了小麦播种面积、机械作业费、小麦地膜使用量、农药费、化肥费、小麦有效灌溉面积、农业从业人员数量等作为投入要素进行测算。

3.1.2　关于小麦种植 ESDA 研究

卢布（2005）、杨春（2010）通过运用 GIS、空间统计等方法对我国小麦、玉米的生产布局和空间集聚状况进行分析，发现华北、华中地区小麦受种植面积、技术进步影响较大，东北、西南、华东地区受自然灾害及非农产业发展影响较大。华北、东北地区玉米主要受种植面积、政策的影响较大，西南地区主要受自然灾害的影响较大；张建辉（2016）通过运用空间 ESDA、地理加权回归等方法对我国县域人均粮食生产及人均占有量进行研究，发现 2004—2014 年人均粮食占有量总体呈现上升趋势，其中，东北地区为粮食生产热点区，冷点地区为沿海地区和云贵高原；林锦彬（2017）、鲁洪威（2020）运用 DEA-ESDA 模型分别对我国农业生态效率、马铃薯生产效率方面进行研究。发现我国农业生态效率由南向北依次递减，分布具有差序化特征。我国西南地区马铃薯综合技术效率最高，华北地区和西北地区纯技术效率较高，东北地区和西南地区规模效率较高；张红军（2019）、运用 DEA-ESDA 模型对我国安徽省粮食生产格局演变和产业从业人口演变角度进行探究发现皖西北淮北平原的高值集聚区域与皖南山区的低值集聚区域，生产重心逐渐向西北转移；陆全志（2018）、于元赫（2020）运用全要素生产率和空间相关性分析方法分别对广西和山东粮食进行探究发现技术进步效率是粮食全要素生产率低的主要原因；王玉倩（2013）、郑艳东（2013）、王千（2012）、白立佳（2012）从空间角度对河北省粮食作物投入产出进行分析，发现保定市的年均粮食产量最高，秦皇岛市的产值最低，基本呈中南部高、北部低的局面，保定市和石家庄市的投入量相对较高，而北部承德市、秦皇岛市的投入量则较低；Battesse 和 Coelli（1992）应用 GIS 技术对印度某地区 38 个农场的技术效率进行研究；Helmut and Anders（2002）、James Odeck（2007）分别对世界 57 个国家 10 年的平衡面板数据进行了技术效率分析，均认为技术效率对经济增长有至关重要的作用。

上述学者研究成果主要集中在以下几点：首先，ESDA 研究主要集中在粮食产量、种植面积等方面进行研究，针对全要素生产率的空间相关性分析较少；其次，学者大多都从地级市角度进行分析，针对具体县域研究较少。基于此，本书从县域角度针对全要素生产率进行全局、局部空间相关性分析。

3.1.3　关于小麦生产效率 DEA-Tobit 分析研究

邓笑笑（2017）、胡晓丽（2009）、段其郑（2020）、谷宝同（2020）、李天笑（2019）运用 DEA-Tobit 分析方法选取粮食播种面积、有效灌溉面积、农业机械总动力、化肥施用量、受灾面积 5 个解释变量分别对甘肃、吉林、黑龙江粮食产量进行影响因素分析，发现有效灌溉面积和受灾面积影响最大；肖正（2017）、田春福（2019）、阳芳（2019）运用 DEA-Tobit 模型对安徽省、云南省、重庆市农业经济影响因素进行预测发现农业从业人数、农林牧渔总产值、农业机械总动力、化肥种子农药费用对农业经济发展具有重要作用；潘森（2018）、杨伟静（2015）通过选取农业产值作为产出指标，劳动、农业机械、土地、化肥、农药、柴油、电力作为投入指标对江苏省、河北省农业生产效率进行 Tobit 模型分析，发现乡村从业人员、农业机械总动力、农作物总播种面积对农业产值影响较大；曹培格（2018）、高露露（2018）、郭晓婷（2017）、李秋芳（2010）通过将灰色模型预测方法与 DEA-Tobit 模型分析方法相结合，分别对我国河南、重庆、安徽粮食产量进行预测，发现粮食生产潜力的影响因素作用大小为：有效灌溉面积＞劳动力＞粮食作物播种面积＞化肥施用量＞农用机械总动力＞农村用电量＞农药施用量；Downing（2017）认为农业自然灾害、粮食作物播种面积是影响粮食生产的主要因素；Kanwar（2016）通过运用 DEA-Tobit 模型分析方法对印度粮食作物产量的影响因素进行分析，表明有效灌溉面积、农业从业人员相对较大程度的影响粮食产；MuratIsik（2014）运用 DEA-Tobit 模型模型说明农业播种面积、化肥使用量对粮食产量具有重大影响但农业气候对粮食产量几乎没有影响；Nico（2018）等通过 DEA-Tobit 模型与 village - level 一般均衡模型相结合的方法研究表明农业补贴政策不能有效的促进粮食产量的提升。

首先，上述学者在小麦生产 DEA-Tobit 模型分析方法中主要从省级角度进行分析，数据来源多为统计年鉴。本书数据来源于河北省 20 个县（市、区），40 个村，420 个农户的实地调研数据；其次，国内外学者投入指标大都选择人力资本、机械要素投入等方面，本研究在上述研究基础之上选择种植者是否参加过技术培训、种植者健康状况、种植者对新技术新品种的认知程度、农户小麦种植面积、种植者受教育程度、种植者投入化肥费用、种植者投入种子费用、种植者是否加入了合作社、种植者年龄、成灾面积等方面进行影响因素分析。

3.2 模型构建

3.2.1 DEA-Malmquist 模型

1978 年 Charn 将 Malmquist 与 DEA 结合，形成 DEA-Malmquist 指数法，该方法首先通过从产出角度计算出在相同时期的不同技术参照下的 Malmquist 指数；其次用两者的几何平均值来衡量技术效率变化和技术进步变化。本研究在技术效率变化的基础上将其分解为纯技术效率和规模效率。

以 n 时期的技术 T 为参照，Malmquist 指数计算公式如下：

$$M_0^n = \frac{D_0^n(X_{n+1},Y_{n+1})}{D_0^n(X_n,Y_{n+1})}$$

以 $n+1$ 时期的技术 T 为参照，Malmquist 指数计算公式如下：

$$M_0^{n+1} = \frac{D_0^{n+1}(X_{n+1},Y_{n+1})}{D_0^{n+1}(X_n,Y_n)}$$

运用两者的几何平均值来计算从 n 时期到 $n+1$ 时期的生产率变化的 Malmquist 指数公式如下：

$$M_n^{n+1} = \sqrt{\frac{D_0^n(X_{n+1},Y_{n+1})}{D_0^n(X_n,Y_n)}} \times \sqrt{\frac{D_0^{n+1}(X_{n+1},Y_{n+1})}{D_0^{n+1}(X_n,Y_n)}}$$

Malmquist 生产率指数又可以被分解为以下形式，即将技术进步效率变

化指数进一步分解为纯技术效率和规模效率指数,公式如下:

$$M_n^{n+1} = \frac{D_0^{n+1}(X_{n+1},Y_{n+1})}{D_0^n(X_n,Y_n)} \sqrt{\frac{D_0^n(X_{n+1},Y_{n+1})}{D_0^{n+1}(X_{n+1},Y_{n+1})}} \times \sqrt{\frac{D_0^n(X_n,Y_n)}{D_0^{n+1}(X_n,Y_n)}}$$

其中,(X_n,Y_n) 和 (X_{n+1},Y_{n+1}) 分别表示 n 时期和 $n+1$ 时期的投入向量和产出向量;D_0^n 和 D_0^{n+1} 分别表示 n 时期和 $n+1$ 时期的距离函数。当 $M>1$,表明 n 到 $n+1$ 时期生产率提高;当 $M=1$,表明 n 到 $n+1$ 时期生产率没有变化;当 $M<1$,表示 n 到 $n+1$ 时期生产率处于下降。

3.2.2 ESDA 方法

ESDA 是一种空间数据分析方法的统称,通过统计学的原理对抽象的信息进行分析和计算,最终利用图表、图像等可视化的方展示空间信息的集聚特征或该空间信息与其他观测值之间的相关性。最常用的方法有全局空间自相关和局部空间自相关。本研究运用 Global Moran's 统计方法分析河北省县域小麦 Malmquist 指数值空间相关性。全局空间自相关主要用来计算整体目标区域信息的关联度及分布特征,计算公式如下:

$$I = \frac{\sum_{a=1}^{n}\sum_{b=1}^{n}W_{ab}(X_a-\bar{X})(X_b-\bar{X})}{S^2\sum_{a=1}^{n}\sum_{b=1}^{n}W_{ab}}$$

式中:I 为全局 Moran 指数;n 为小麦种植县域数量;X_a 和 X_b 分别为县域 a 和县域 b 的 Malmquist 指数值,$\bar{X}$ 为平均值;W_{ab} 为空间权重矩阵,空间相邻 =1,其他 =0;S^2 为样本方差。I 的范围为 $[-1,1]$,当 $I>0$ 时,表示具有空间正相关性;当 $I<0$ 时,表示具有空间负相关性;当 $I=0$ 时,表示随机分布,不存在空间相关性。

局部空间自相关主要用来观测不同目标区域信息的关联程度及分布特征,主要有 LISA 聚集图、Moran's 散点图。本研究主要运用了 LISA 聚集图。公式如下:

$$I_a = Z_a \sum_{b=1, b\neq a}^{n} T_{ab} Z_b$$

式中:I_a 为局部 Moran's 指数,Z_a 和 Z_b 是 a 县域与 b 县域小麦观测值的标准化,T_{ab} 为行标准化后的空间权重矩阵元素。同时本书还利用 Z 值对 I 进行显著性检验。

公式如下:

$$Z(I) = \frac{I - E(I)}{\sqrt{V_{ar}(I)}}$$

式中：Z 为检验统计量；$E(I)$ 为期望值；$V_{ar}(I)$ 为方差。

3.3 指标选取和数据来源

3.3.1 投入与产出指标的选择

投入要素主要包括土地、劳动力、资本。因此研究在选取投入产出指标时，结合前人有关研究和农业生产要素理论选取小麦播种面积、机械作业费、农药费、化肥费、小麦有效灌溉面积、农业从业人员数量等作为投入要素，选取小麦总产量和小麦产值作为产出指标。之所以选取相关投入产出变量换算为费用来衡量，是因为考虑价格因素能更好地计算投入要素的组合效率（表3-1）。

为了更好地对各投入产出指标进行解释，研究对河北省小麦四大生态类型区进行变量描述性统计。由表3-2可知，太行山山前平原区小麦种植面积最大、产量最高，因此各投入变量值皆高于其他三大生态类型区。黑龙港中南部种植面积、产量较高，仅次于太行山山前平原。黑龙港东北部种植面积、产量第三高，但该区投入的农业从业人员数量和化肥费用皆高于黑龙港中南部地区。冀东平原区种植面积、产量最少。

表3-1 变量名称与变量统计特征

	变量名称	变量统计特征	单位
产出变量	总产量	小麦产量	万吨
	产值	小麦单位面积产量	万元
投入变量	小麦播种面积	小麦种植面积	万亩
	机械作业费	小麦机械作业投入费用	万元
	农药费	小麦农药投入费用	万元
	化肥费	小麦化肥投入费用	万元
	小麦有效灌溉面积	小麦有效灌溉面积	万亩
	农业从业人员	从事小麦种植人员数量	万人

注：机械作业费包括机械翻地，机械播种，机械收获的费用

3 河北省小麦全要素生产率和生产效率影响因素分析

表 3-2 变量名称与变量描述性统计

		太行山山前平原区		黑龙港东北部地区		黑龙港中南部地区		冀东平原地区
		均值	标准差	均值	标准差	均值	标准差	均值
产出变量	总产量（万吨）	650.74	7.44	232.11	5.04	397.11	6.19	54.67
	产值（万元）	1 431 628.32	798 542.01	510 642.46	266 180.21	873 642.05	364 012.88	120 274.45
投入变量	小麦播种面积（万亩）	1 468.67	19.26	884.91	31.55	895.33	13.40	162.59
	机械作业费（万元）	64 037.32	2 310.44	42 108.77	823.11	52 223.47	12 088.74	10 738.36
	农药费（万元）	66 750.03	2 577.59	36 295.64	1 286.66	33 486.58	1 745.98	4 525.17
	化肥费（万元）	106 023.54	7 227.78	45 690.12	1 041.90	59 224.56	15 039.54	12 744.21
	有效灌溉面积（万亩）	810.61	116.08	432.91	27.51	500.30	11.20	95.00
	农业从业人员（万人）	281.64	8.82	186.14	132.24	150.01	23.17	71.83

3.3.2 数据来源

本研究内容均来自《中国农村统计年鉴（2007—2020）》《中国县域统计年鉴》《河北省农村统计年鉴》《河北省农产品成本收益资料汇编》《河北省 2007—2019 年农业普查综合资料》和农业农村部官方网站等公布的近年来河北省小麦成本收益相关数据。

3.4 河北省小麦全要素生产率分析

3.4.1 河北省小麦全要素生产率指数及分解

由表 3-3 可知，2012—2019 年河北省小麦 TFP 的平均值为 1.016，年际间平均增长 1.6%。对 TFP 平均值进一步分解可知，Effch 的值为 0.996，接近于 1，可知 TFP 平均值主要受 Techch 的影响。将 Effch 进行分解可知，其中 Pech、Sech 的值分别为 0.997、1.011，Sech 的影响较大。

表 3-3 2012—2019 年河北省小麦全要素生产率指数及分解

时间	技术效率	技术进步效率	纯技术效率	规模效率	全要素生产率
2012—2013	1.002	1.017	1.001	1.001	1.019
2013—2014	1.006	0.962	1.008	0.999	0.968
2014—2015	1.000	0.950	0.998	1.001	0.950
2015—2016	0.984	1.035	0.982	1.002	1.019
2016—2017	0.995	1.035	0.991	1.004	1.029
2017—2018	0.970	1.066	1.002	0.968	1.034
2018—2019	1.013	1.081	1.000	1.103	1.096
平均	0.996	1.021	0.997	1.011	1.016

注：全要素生产率＝技术效率×技术进步效率、技术效率＝纯技术效率×规模效率

从图 3-1 可以看出，2012—2019 年际间河北省小麦 TFP 值在 0.950～1.096 变动，其中，2015 年最低为 0.950，比 2014 年降低 5%。2019 年最高为 1.096，比 2018 年增加 9.6%。小麦 TFP 值的变化与 Techch 值变化趋势相同，说明河北省小麦全要素生产率受技术进步的影响较大。

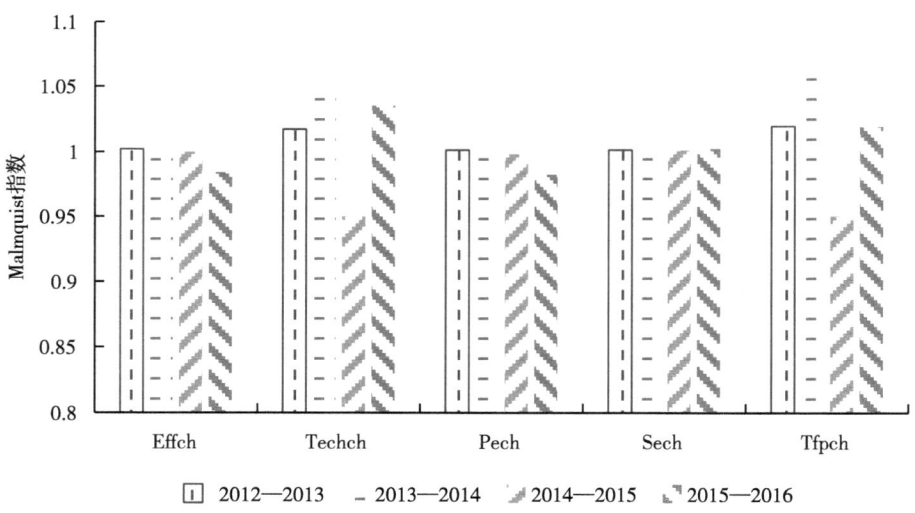

图 3-1 2012—2019 河北省县域小麦 Malmquist 指数分解

2012—2019 年，河北省小麦技术进步变化呈现先下降后上升的趋势，数值在 0.95~1.081 之间变化。其中，2015 年最低为 0.95，2019 年最高为 1.081。2014 年和 2015 年连续两年技术进步变化下降，分别下降 3.8% 和 5%。2016—2019 年，经过小麦优良品种的研发，农业无人机植保等新技术的使用，小麦生产达到了较高的水平。连续四年技术进步上升，上升幅度在 3.5%~8.1%。

2012—2019 年，河北省小麦规模效率呈先下降后上升趋势，数值在 0.968~1.103 之间变化。2014 年、2018 年规模效率分别下降 0.1%、3.2%。主要是因为 2014 年、2018 年河北省小麦受价格影响减产过于严重。2019 年河北省小麦规模效率较 2018 年提升 10.3%，这主要是由于 2019 河北省小麦单产增加，小麦实现恢复性增长。

3.4.2 河北省各生态类型区小麦全要素生产率指数及分解

由图 3-2 可知，河北省小麦四大生态类型区中黑龙港中南部、冀东平原区 TFP 平均值均大于 1，呈现增长态势，年际间平均增长 2.1%；太行山山前平原、黑龙港东北部 TFP 平均值为 0.940 和 0.981，呈现降低趋势，TFP 又可进一步分解为 Techch、Effch。

从 Techch 方面来看，太行山前平原 Techch 平均值为 0.966，年际间 Techch 降低 3.4%，Effch 降低 0.5%，可以看出太行山前平原 TFP 主要受 Techch 影响；黑龙港东北部 Techch 平均值为 1.009，年际间 Techch 上升 0.9%，Effch 上升 1.1%，可以看出黑龙港东北部 TFP 主要受 Effch 影响；黑龙港中南部 Techch 平均值为 1.020、Effch 值为 1.001，相比之下 Techch 对 TFP 贡献更大；冀东平原区 Techch 平均值为 1.009、Effch 值为 1.011，Effch 对 TFPch 影响更大。

从 Effch 方面来看，黑龙港中南部、冀东平原区 Effch 平均值均大于 1，呈现增长态势，Effch 可进一步分解为 Pech、Sech，由图 3-2 可知黑龙港中南部 Pech 值为 1，所以该地区 Effch 主要受 Sech 影响，其中冀东平原区 Pech 值为 1.014，年际间平均增长 1.4%，Sech 值为 0.998，年际间平均降低 0.2%，相比之下该地区 Pech 对 Effch 的贡献更大；黑龙港东北部 Effch 平均值为 1.011，呈现上升趋势，其中 Sech 值为 0.998 呈下降趋势，Pech 值为 0.983 呈下降趋势，因此黑龙港东北部 Effch 平均值降低主要受 Pech 影响；太行山山前平原 Effch 平均值为 0.995，呈现下降趋势，其中 Sech 值为 0.960 呈下降趋势，Pech 值为 0.980 呈下降趋势，Effch 平均值降低主要受

Sech 影响。

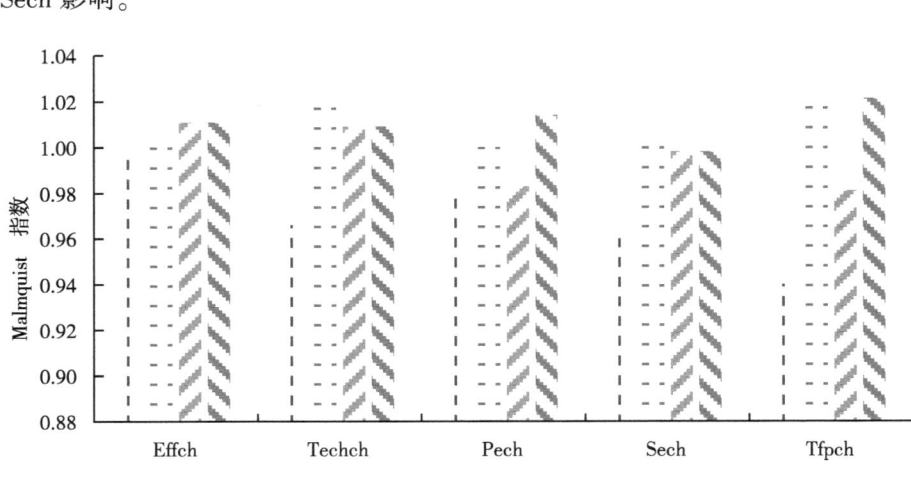

图 3-2　四大生态类型区 Malmquist 指数值分解示意

3.4.3　河北省各县域小麦全要素生产率指数及分解

由表 3-4 可知，河北省各县小麦平均 TFP 指数值都在 1 左右波动，说明河北省各县小麦各投入要素与产出要素之间配比较好。同时，易县 TFP 指数值最高为 1.224，阜平县 TFP 指数值最低为 0.505。TFP 指数值呈现正增长的县域有 101 个，占总数量的 84.87%，增长幅度较大的 5 个县分别是易县、沧县、黄骅市、孟村回族自治县、曲周县，年际间平均增幅在 9.2%~22.4%，其中，易县、黄骅市的 Effch、Pech、Sech 值均为 1，达到了 DEA 有效，由于 TFP=Effch×Techch，进一步分解可知该地区的 TFP 主要受 Techch 影响。曲周、沧州地区的 TFP 值较高，主要原因是 Effch 值较高，由于 Effch=Pech×Sech，可见 TFP 值具体是受 Pech 影响。TFP 出现负增长的县有 16 个，占总体数量的 13.55%，降低幅度较大的 5 个县有阜平县、涞水县、内丘县、固安县、香河县，年际间平均降幅为 14.6%~49.5%，其中内丘县的 Effch、Pech、Sech 值均为 1，表明该县的 TFP 主要受 Techch 影响。涞水县、固安县、香河县 Techch 值分别上涨 2.2%、1.8%、1.4%，Pech 值分别降低 28.1%、17.6%、15.8%，表明 TFP 受 Pech 影响较大。

从技术效率变动方面看，河北省县域 Effch 值呈波动趋势，数值在 0.719~1.092 变化。其中，Effch 值为 1 的县域有 30 个，占总数量的

25.42%，主要分布在太行山山前平原和黑龙港中南部地区。河北省 Effch 值呈现负增长的县域有 27 个，占总数量的 22.88%，其中定兴县、元氏县、新河县、邢台县、大名县、广平县、巨鹿县、枣强县、东光县，表现为 Sech 值等于 1、说明 Effch 值降低主要受 Pech 值影响。隆尧县、景县、献县、唐山开平区表现为 Effch 值小于 1、Pech 值等于 1，主要是受 Sech 影响。

从技术进步变动方面看，河北省县域 Techch 值呈波动趋势，数值在 0.528~1.224 变化。其中，曲阳县、唐山曹妃甸区 Techch 值为 1，TFP 指数分别为 1.012、1.015，呈增长趋势，说明 TFP 主要是受 Effch 影响。全省 Techch 呈现负增长的县域有 10 个，占总数量的 8.5%，其中赵县、沙河县、大厂回族自治县、阜平县、内丘县，表现为 TFP 值小于 1、Techch 值小于 1、Effch 值大于 1，TFP 值降低主要受 Techch 影响。灵寿县、泊头市、枣强县、卢龙县、肃宁县，表现为 TFP 值大于 1、Techch 值小于 1，说明 TFP 值主要受 Effch 影响。

表 3-4 河北省县域小麦全要素生产率指数分解（节选）

地区	技术效率	技术进步效率	纯技术效率	规模效率	全要素生产率
石家庄藁城区	1.000	1.001	1.000	1.000	1.001
辛集市	1.007	1.002	0.995	1.012	1.009
赵县	1.000	0.995	1.000	1.000	0.995
新乐市	1.000	1.005	1.000	1.000	1.005
……	……	……	……	……	……
盐山县	1.038	1.015	1.029	1.009	1.054
玉田市	1.009	1.036	1.005	1.004	1.046
唐山丰南区	1.020	1.007	1.020	1.000	1.027
唐山丰润区	1.017	1.005	1.014	1.003	1.022
……	……	……	……	……	……
遵化市	1.019	1.001	1.019	1.000	1.020
昌黎县	1.007	1.002	1.007	1.000	1.009
卢龙县	1.018	0.996	1.043	0.976	1.014
唐山曹妃甸区	1.005	1.000	1.000	1.005	1.005
……	……	……	……	……	……
唐山开平区	0.983	1.007	1.000	0.983	0.989
乐亭县	1.012	1.006	1.011	1.000	1.017
滦南县	1.020	1.009	1.020	1.000	1.030
滦县	1.021	1.035	1.021	1.000	1.056
平均	0.998	1.012	0.997	1.001	1.010

3.5　河北省小麦全要素生产率 ESDA 分析

3.5.1　全要素生产率空间变化

参照相关文献，本书选取 2012 年、2014 年、2016 年、2019 年河北省各个县域小麦 TFP 数值（由文献可知两年 TFP 指数变化较小，可忽略不计），并根据 TFP 指数分为 TFP 减少区、TFP 不变区、TFP 增长区，可以看出河北省县域小麦 TFP 存在明显的地区差异。

其中，2012 年小麦 TFP 减少县域数量为 39 个，占总体数量的 33.05%，TFP 不变县域数量为 5 个，占总数的 4.24%，TFP 增长县域数量为 74 个，占总数的 62.71%。

2012—2014 年，小麦 TFP 减少县域数量由 39 个减少为 23 个，占总体数量的百分比由 33.05%减少到 19.49%。这些变化的县域主要分布在太行山前平原、黑龙港东北部和黑龙港中南部。TFP 不变县数量由 5 个减少到 1 个，百分比由 4.24%减少到 0.85%。其中香河县由 2012 年的 TFP 增长区上升为 2014 年的 TFP 不变区，正定县、肃宁县、宁晋县、曹妃甸区、磁县由 2012 年的 TFP 不变区均上升为 2014 年的 TFP 增长区。TFP 增长区数量由 74 个增长为 94 个，占总数的百分比由 62.71%增加到 79.66%，这些变化的县域主要分布在黑龙港东北部和黑龙港中南部。

2014—2016 年，小麦 TFP 减少县域数量呈上升趋势数量由 23 个增加到 58 个，主要分布在黑龙港东北部和太行山前平原。TFP 不变区数量由 1 个增加到 3 个，百分比由 0.85%增加到 2.54%。其中平山县、广平县、蠡县由 TFP 增长区转变为 TFP 不变区，香河县由 TFP 不变区转变为 TFP 增长区。TFP 增长县域数量由 94 个下降到 57 个，占总数的百分比由 79.66%减少到 48.31%。

2016—2019 年，小麦 TFP 减少县域数量呈下降趋势数量由 58 个下降到 23 个，百分比由 49.15%下降到 19.49%，主要分布在黑龙港东北部。TFP 不变区数量由 3 个减少到 1 个，其中高邑县由 TFP 增长区转变为 TFP 不变区，平山县、广平县、蠡县由 TFP 不变区转变为 TFP 增长区。TFP 增长县域数量由 57 个上升到 94 个，占总数的百分比由 48.31%增加到 79.66%，主要分布在太行山前平原和黑龙港东北部。

3.5.2 全要素生产率全局空间自相关性分析

全局空间自相关主要用来计算各县域小麦 TFP 值对河北省整体目标区域的关联度及分布特征，当 Moran 指数值为正时，说明河北省各县域小麦存在全局空间正相关，Moran 指数值为负时，说明河北省各县域小麦存在全局空间负相关，Moran 指数值为零时，说明河北省各县域小麦随机分布，不存在全局空间相关性。本书利用 Arcgis 10.2 软件分别对河北省 2012 年、2014 年、2016 年、2019 年的各县域小麦 TFP 值进行 Moran 指数计算，并对 Z 得分与 P 值进行了统计学检验（图 3-3）。

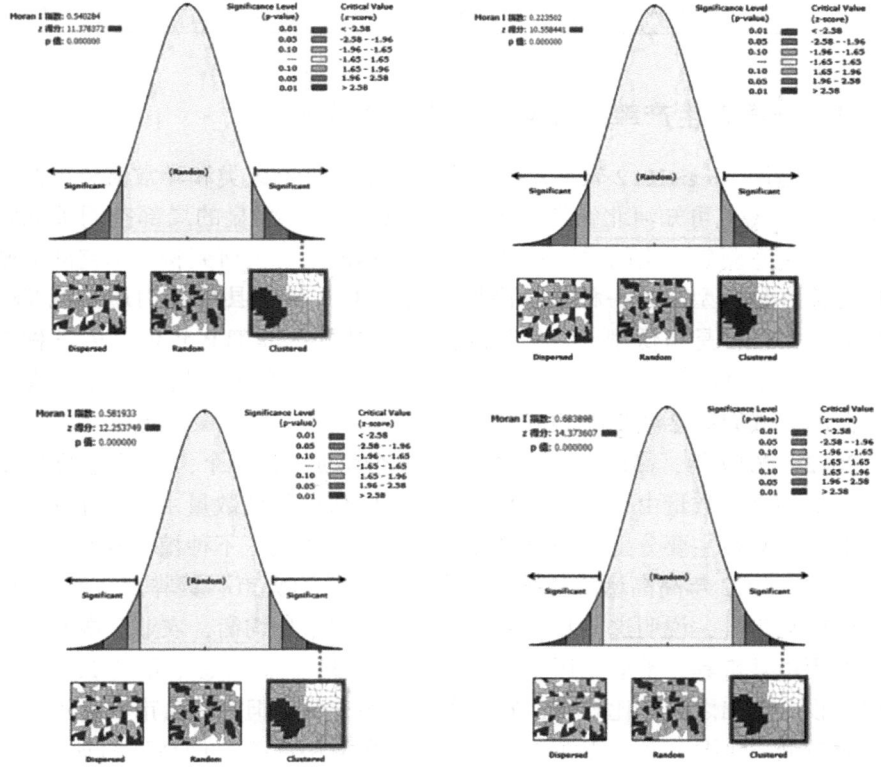

图 3-3　河北省县域小麦 TFP 全局 Moran 指数正态分布

由表 3-5 可知 2012 年、2014 年、2016 年、2019 年 P 值都为 0.000，表明有 99% 的把握可以拒绝河北省县域小麦是随机分布的零假设。因此可以进行下一步研究。Z 值分别为 14.374，12.254，10.558，11.378。表明检验结果分别是 14、12、10、11 倍的标准差都大于 2.8 倍的标准差，因此 Z 值与 P 值均通过 1% 置信度检验，表明 2012—2019 年河北省小麦生产的空间分布成正相关，且整体空间聚集态势较强。

表 3-5　河北省县域小麦 TFP 全局 Moran 指数

时间	Moran 指数	P 值	Z 得分	方差
2012	0.6839	0.000	14.3736	0.0023
2014	0.5819	0.000	12.2537	0.0023
2016	0.2235	0.000	10.5584	0.0004
2019	0.5403	0.000	11.3784	0.0011

3.5.3　全要素生产率局部空间自相关性分析

通过运用 Arcgis10.2 软件对河北省县域小麦进行聚类和异常值分析并绘制 Lisa 集聚图，可知河北省县域小麦 TFP 数值具有明显的局部空间关联程度。为了更直观表达空间关联程度，研究根据前人有关研究将局部空间关联程度分为四种类型，第一种是高高型，表示 TFP 高的县域其周边县域 TFP 也较高。第二种是高低型，TFP 高的县域其周边县域 TFP 较低。第三种是低高型，表示 TFP 低的县域周边县域 TFP 较高；第四种是低低型，表示 TFP 低的县域周边县域 TFP 也较低。

2012—2019 年，高高型县域数量由 5 个增加到 15 个，增长态势较明显。高低型县域数量由 34 个减少到 24 个。低高型县域数量由 6 个增加到 8 个。低低型县域主要分别在张家口市、承德市（该地区不种植小麦）。

其中，2012 年高高型的县域主要有河间市、泊头市、黄骅市、海兴县、孟村回族自治县，说明这些县小麦投入产出之间配比均衡，农业资源利用充分，对周边县市具有带动作用。高低型县域有 34 个，占总数量的 28.81%，这些县投入产出之间配比均衡，农业资源利用充分，但周边县市农业资源利用相对较低，主要分布在黑龙港东北部、黑龙港中南部。低高型的县域有 6 个分别是蔚县、青龙满族自治县、秦皇岛抚宁区、秦皇岛山海关区、邯郸复兴区、石家庄桥西区，这些县小麦投入产出配比不均衡，农业资源利用有待提升，但周边县市资源利用率较高。低低型县域主要分布在张家口、承德地区。低高型、低低型地区受农业气候条件，耕地资源等因素的影响，不具备

3 河北省小麦全要素生产率和生产效率影响因素分析

发展大规模小麦生产的基础条件，小麦投入产出配比较低，粮食产能也相对较低。

2014 年，高高型的县域有 6 个。这些县域主要有固安县、雄县、文安县、霸州市、永清县、廊坊安次区，这些县小麦农业资源利用率较高，其中固安县、永清县、雄县由 2012 年的高低型转变为 2014 年的高高型，说明这三县投入产出配比有所提升并对周边县域具有带动作用，存在明显的空间正相关性。高低型的县域有 32 个，主要分布在保定、沧州、衡水、邢台地区，其中灵寿县、东光县、南皮县、任丘市退出，元氏县、枣强县加入。低高型的县有 3 个分别是秦皇岛抚宁区、邯郸复兴区、石家庄市桥西区。低低型县域有 3 个，其中蔚县、青龙满族自治县、秦皇岛山海关区由 2012 年的低高型转变为 2014 年的低低型县域，说明这三县投入产出配比有所下降且周边县域下降趋势也较明显，存在明显的空间负相关性。

2016 年，高高型的县域数量为 7 个。其中定州市、深州市、衡水冀州区、南宫市、宁晋县、巨鹿县、平乡县，这些县通过提升现代农业科技水平，推广小麦新技术新品种，投入产出配比均由 2014 年的高低型转变为 2016 年的高高型。高低型的县有 43 个，占总体数量的 36.44%，主要分布在邢台、石家庄、保定、沧州，其中易县、定兴县、顺平县、高碑店市、赞皇县、临城县、高邑县、柏乡县、广宗县、威县、清河县由于年际间种植面积、种子化肥费用的增加，全要素生产率不断提升。低高型的县为秦皇岛抚宁区、邯郸复兴区、石家庄市桥西区保持不变。

2019 年，高高型的县域数量有 16 个。其中易县、顺平县、定兴县、河间市、安国市、安平县、平乡县、曲周县、邱县由 2016 年的高低型转变为 2019 年的高高型，说明这些县的全要素生产率对周边县市具有带动作用。高低型的县有 24 个，占总体的 20.34%，县域分布趋势由河北省的南部向中北部集中。没有出现低高型、低低型县域。

3.6 河北省小麦生产效率影响因素分析

3.6.1 样本点的选择

根据本书全要素生产率分析，得出河北省 2012—2019 年小麦 TFP 降低区域总体呈递减趋势，数量由 39 个减少至 23 个，其中阜平县、涞水县、邢台县受耕地面积减少、水资源紧缺的影响，在 2012—2019 年 TFP 均处于减少区。2012 年在国家加强对基本农田的保护、取消农业税、实行农业补贴等一系列粮食"组合拳"政策的保障下，TFP 增加区域总体呈上升趋势，数量由 74 个增加到 94 个，其中辛集市、安国市、定州市、临漳县、无极县、顺平县、宁晋县、馆陶县通过推广优质小麦新品种、栽培节水新技术、发展规模小麦产业，小麦生产 TFP 不断提升。同时在盐碱土壤改良等科技攻关下，衡水市冀州区、泊头市、永清县、清县、迁安市、遵化市、乐亭县、滦南县、滦县在 2012—2019 年 TFP 也处于缓慢增加阶段。基于此，本书根据以上研究结果，分别对以上县市进行实地调研进行影响因素分析。

3.6.2 模型构建及数据来源

（1）指标选择

利用 DEA-Tobit 分析法在自变量较多因变量较少、单位生产效率值在 [0~1] 时具有绝对优势。基于此本研究将农户小麦亩产量作为衡量小麦生产效率的产出指标。自变量为种植者是否参加过技术培训、种植者健康状况、种植者对新技术新品种的认知程度、农户小麦种植面积、种植者受教育程度、种植者投入化肥费用、种植者投入种子费用、种植者是否加入了合作社、种植者年龄、成灾面积等各投入要素。

（2）模型构建

DEA-Tobit 模型是最常用最灵活的统计方法之一，它用于分析一个因变量与一个或多个自变量间的关系，不仅能定量的描述和解释变量之间的相互关系、估计或预测因变量的值，而且能更准确的进行 [0~1] 参数检验。

公式如下：

$$Y_i = aZ_i + b_i \quad (aZ_i + b_i > 0)$$
$$Y_i = 0 \quad (aZ_i + b_i \leq 0)$$

其中，Y_i 为因变量农户小麦亩产量，i 为解释变量个数，Z_1，$Z_2 \cdots Z_i$ 为自变量种植者是否参加过技术培训、种植者健康状况、种植者对新技术新品种的认知程度、农户小麦种植面积、种植者受教育程度、种植者投入化肥费用、种植者投入种子费用、种植者是否加入了合作社、种植者年龄、成灾面积等各投入要素，b_i 为常数，a 为回归系数。

（3）数据来源

内容数据均来源于课题组 2020 年 9—11 月对河北省 20 个县（市、区），40 个村，420 个农户的实地调研。为使样本具有代表性，在每个县中运用随机抽样方法选取 2~3 个村，每个村随机抽取 10~15 户。统计收回户级问卷 372 份，问卷有效率达到 88.57%。

3.6.3 样本农户描述性统计分析

由表 3-6 可知，被调查对象是否参加过技术培训平均值为 1.73、标准差为 0.44，标准差较小，表明该组数据平均值分散程度较小，农户参加技术培训程度较低。农户健康状况均值为 1.22、标准差为 0.42，表明被调研农户大都具有劳动能力。随着现代农业的发展农户对新品种新技术的认知水平普遍较高其均值为 2.58、标准差为 1.38。小麦种植面积平均值为 25.21、标准差为 106.67，说明被调研农户种植面积较少。户主受教育程度不高以初中为主，平均值为 2.6、标准差为 1.01。在调研中发现农户化肥投入费用差距不大，农户化肥投入费用平均值为 148.88，标准差为 54.25，标准差较小。种子投入费用平均值为 43.06、标准差为 31.34，表明种子投入费用这组数据平均值分散程度较大，实地调研发现石家庄藁城区、石家庄栾城区农户普遍种植集体发放的小麦品种，所以小麦种子投入费用较低。农户是否加入合作社平均值仅为 1.12、标准差为 0.52，该组数据平均值分散程度较小，农户大都一家一户小规模经营为主。种植者年龄平均为 61.64、标准差为 8.96，说明调研农户老龄化问题严重。受灾面积均值为 0.64、标准差为 0.22，表明被调研农户受灾面积较小。

表 3-6 农户样本数据描述统计

内容	最大值	最小值	平均值	标准差
种植者是否参加过技术培训（是=1，否=2）	2	1	1.73	0.44
种植者健康状况（身体健康=1，一般=2，身体状况差=3）	3	1	1.22	0.42
种植者对新技术新品种的认知程度（不认可=1，一般=2，认可=3）	3	1	2.58	1.38
农户小麦种植面积	1 008	1	25.21	106.67
种植者受教育程度（1 小学及以下 2 初中 3 高中或中专 4 大专 5 大学及以上）	5	2	2.6	1.01
种植者投入化肥费用	320	70	148.88	54.25
种植者投入种子费用	70	0	68.06	40.34
种植者是否加入了合作社（是=1，否=2）	2	1	1.12	0.52

（续表）

内容	最大值	最小值	平均值	标准差
种植者年龄	65	33	61.64	8.96
受灾面积	12	0	0.64	0.22

3.6.4 小麦生产效率 DEA-Tobit 回归分析结果

由表 3-7 可知，农户生产效率值在 0.600~1 之间。其中 146 户农户生产效率值为 1，占被调查者的 39.26%。这说明 39.26% 的农户在小麦生产中投入产出达到有效。生产效率值在 0.600~0.700 之间较少，为 25 户，占总户数的 6.72%。生产效率值在 0.700~0.800、0.800~0.900、0.900~1 之间的农户所占百分比分别为 16.12%、14.78%、23.12% 共 247 户。虽然农户小麦生产效率值处较高水平，但仍有 60.74% 左右的农户未达到 DEA 有效，未实现小麦资源利用效率最大化。

表 3-7 农户生产效率值分布

生产效率值区间	决策单元频（户数）	所占百分比（%）
0.600~0.700	25	6.72
0.700~0.800	60	16.12
0.800~0.900	55	14.78
0.900~1.000	86	23.12
1	146	39.26

对调研数据用 Eviews6.0 进行影响因素分析，得表 3-8。可以看出种植者受教育程度、种植者年龄、种子费用未通过显著性检验；种植者健康状况、种植者是否加入了合作社两个影响因素在 90% 的置信度水平下显著；种植者对新品种新技术的认知程度、化肥费用两个因素在 95% 的置信度水平下显著；小麦的种植面积、小麦成灾面积、种植者是否参加过技术培训三个因素在 99% 的置信度水平下显著。其中成灾面积、种植者健康状况对小麦全要素生产率呈负相关，其余变量对小麦全要素生产率均呈正相关。

种植面积、成灾面积对小麦生产效率具有显著的影响，农户种植面积越大，小麦生产效率值越高，成灾面积越高，小麦生产效率值越低。农户小麦种植面积每增加 1 亩，小麦生产效率值增加 0.124。这是因为种植面积的增加引起规模效率的变化。种植者是否参加过技术培训对小麦生产效率具有显著的正向影响，农户参加技术培训人数越多生产效率越高，培训人数每增加 1 人，小麦生产效率值增加 0.27。这是因为一方面农户对技术培训接受程度较高，另一方面技术培训的内容对当地小麦生产具有较好的指导作用。

种植者采用新技术新品种对小麦生产效率具有较大的影响，农户采用新品种新技术越多，生产效率越高。这是因为新技术新品种的研发能促进产量的增长对小麦生产效率有较大的正向影响。种植者化肥投入增加，小麦生产效率值不断增加。这是因为化肥的使用促进产量的增长。

种植者加入合作社对小麦生产效率影响较大，合作社人数每增加 1 人，小麦生产效率增加 0.289。这是因为一方面合作社农业机械化程度较高有助于提升农户技术效率，另一方面也能扩大农户种植规模。种植者健康状况对小麦生产效率具有一定的影响，这是因为随着种植者年龄的增加，劳动者体力不断下降，生产效率降低。

表 3-8 小麦生产效率值影响因素 Tobit 回归结果

变量	回归系数	标准误差	Z 检验值	P 值
1	0.270 ***	0.210	2.451	0.000
2	-0.068 *	0.040	-2.365	0.020
3	0.128 **	0.059	1.518	0.045
4	0.124 ***	0.038	-2.368	0.001
5	0.462	0.145	0.007	0.620
6	0.185 **	0.021	2.313	0.005
7	0.089 *	0.003	1.987	0.294
8	0.289 *	0.014	-1.980	0.078
9	-0.142	0.540	-1.479	0.143
10	-0.166 ***	0.049	3.065	0.003
C	0.586 ***	0.067	7.505	0.000

注：*、**、*** 分别表示该系数在 0.1、0.05 和 0.01 的水平下显著

4 小麦种植农户节肥意愿及影响因素研究

2019年,国务院、办公厅《关于切实加强高标准农田建设提升国家粮食安全保障能力的意见》提出,到2022年全国要建成10亿亩高标准农田。高标准农田的建设凸显了土壤生态系统的重要性。已有相关研究表明,化肥施用占粮食单产增长的20%~30%,但化肥过量施用是导致土壤生态衰减的主要因素,并损害了粮食产量增长的长期可持续性。

化肥施用的主体是种植农户,多位学者的研究成果支持了农户是典型的风险厌恶者,有趋利避害的正常理性认识和有效的风险规避策略,其农业生产行为直接决定了环境污染程度。关于农户自身的节肥意愿及影响因素成为学界研究热点。马骥(2006)对华北平原农户的施肥行为研究发现,该地区农户存在着过量施肥的倾向,施肥量不仅受到化肥价格、农户受教育程度等基本特征的影响,还受到土壤肥力、接受培训经验、对有机肥的认知以及应对风险态度等因素的影响;李海霞等(2008)基于四川农户的调查分析发现,农户平均收入、受教育水平及地区农业科技推广水平对农户施肥行为具有直接的影响;孙波(2012)应用聚类分析法、层次分析法、多元线性回归分析等方法发现农户种植面积、年限及政府补贴对化肥施用量影响较大;仇焕广(2014)的研究成果表明,农户文化水平、风险规避、机会成本等因素对农户节肥意愿有重要影响,农户的风险规避程度与其化肥使用量呈现明显的正比关系;王志威(2014)指出农户年龄、文化水平、科技认知、是否受过培训等因素是影响其节肥意愿的主要变量;黎孔清(2018)对农户的施肥行为及决策机制进行了研究,发现越是土壤生态比较脆弱的地区,农户的化肥过量施用现象就越是普遍,并且农户年龄、是否村干部、认知水平和农机培训对其节肥行为有正向影响。

以上研究具有较强的地域性,在推广性和异质性上比较弱。河北省作为全国13个粮食主产区之一,全省总化肥施用量占全国比例5%左右,小麦和玉米两种作物的化肥使用量占全省施用量的68.84%。对河北省农户节肥意愿开展研究不仅能够有效减少河北省的化肥施用量,还能够对其他粮食主产区产生启示。鉴于此,对河北省小麦和玉米种植农户展开调查,并利用 Logistic 模型探究该地区农户节肥意愿的主要影响因素,以促进科学施肥和土壤生态环境保护。

4.1 河北省小麦种植化肥施用现状分析

化肥作为粮食生长必备的营养元素,在很大程度上决定了粮食产量和品质。科学适量施用化肥,不仅能够提高粮食产量,还能减少对土壤生态系统的污染。河北作为全国 13 个粮食主产区之一,同时也是化肥施用大省之一,主要粮食作物是小麦和玉米。现分别从以下几方面展开河北省小麦种植化肥施用现状分析。

2014 年河北省化肥施用折纯量总量达到顶值,为 335.6 万吨,此后一直呈下降走势,2020 年河北省农用化肥施用折纯量达到 285.71 万吨,占到全国总使用量的 5.44%。分化肥品种看,2017 年之前农用氮肥施用折纯量始终是第一大投入,基本占到化肥施用量的 50%,直到 2018 年农用复合肥施用折纯量首次超过农用氮肥施用折纯量,达到 150 万吨(图 4-1)。

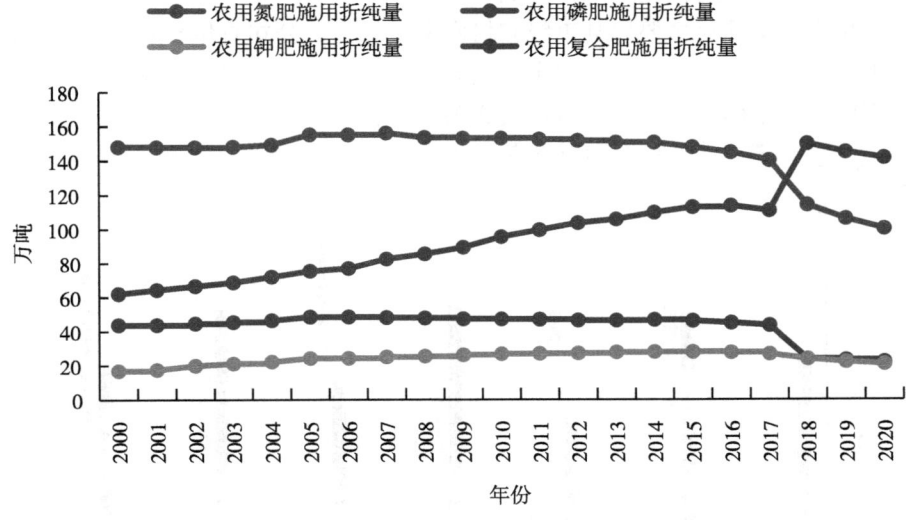

图 4-1 河北省化肥施用折纯量总量

小麦的化肥施用量由 2006 年的 101.96 万吨增加到 2020 年的 105.68 万吨,增加了 3.71 万吨,年均增速仅为 0.26%,增速虽然不明显,但是近几年河北省小麦种植面积呈下降趋势，小麦单位面积化肥施用量并未明显减少。化肥施用强度可表达为：化肥施用强度（公斤/亩）=化肥施用折纯量/粮食作物播种面积。河北省小麦每单位化肥投入量由2006年的27.14公斤/亩增加到2020年的31.18公斤/亩，每亩增加了4.04公斤。除此之外，小麦每单位面积化肥投入费用由2006年的107.85元/亩增加到2020年的162.36元/亩，每亩增加了54.51元。

在实地调查中发现，河北省农户在实际农业生产中的化肥施用基本保持"定期"和"定数"。具体来说：88.37%的小麦种植农户施肥量常年保持不变，只是在化肥价格变动时引起投入费用的变化。从施肥习惯来看，河北省农户多采用复合肥+尿素的方式。以单位产量400公斤/亩小麦为例，需氮肥21公斤、磷肥5.5~6公斤、钾肥12公斤。个别地区在越冬前还要每亩追15公斤左右尿素，在灌浆—成熟期追施磷酸二氢钾。小麦的有机肥施用量较低。

通过对石家庄、邯郸、保定、邢台、衡水、沧州和廊坊7个市省小麦主产区小麦播种农资准备情况调查，结果反映67.61%受访对象一般提前购买了化肥，其中60.75%的受访对象是在9月购买；19.25%的受访对象是在8月进行采购。一般是小麦种子和化肥同时购买，没有购买化肥的受访对象认为等秋播小麦的时候随时可以买到。

化肥购买途径主要以县市级和村农资店为主，公司直供和自己研发比例较少。廊坊、邯郸、邢台、保定和沧州受访对象主要是以县市农资店为主，石家庄和衡水两地主要是以村农资店为主（图4-2）。

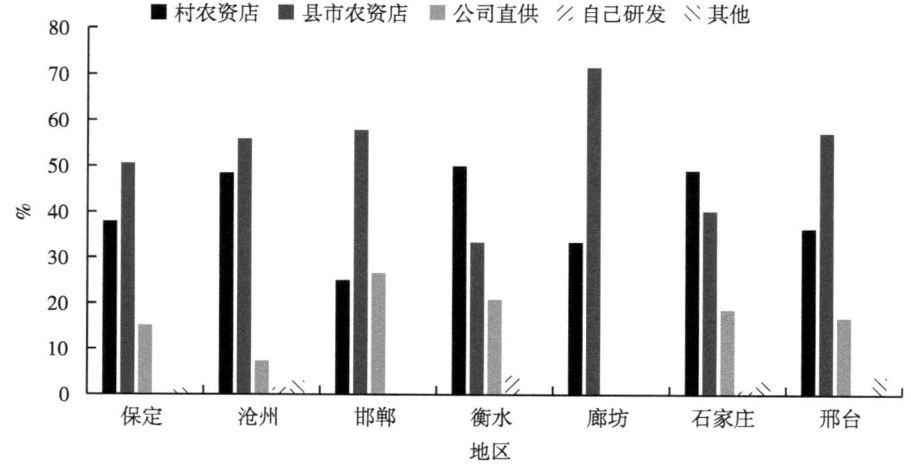

图4-2 各地市农户化肥购买的途径

购买化肥种类主要以复合肥为主，占到受访对象的 86.53%，部分农户购买二胺、尿素和磷肥。2021 年化肥平均价格为 3.54 元/公斤，91.32% 的受访对象认为今年化肥价格有所上涨，仅有 0.32% 的受访对象认为化肥价格出现下跌，主要出现在石家庄区域，通过市场调研显示，氮磷钾肥料出厂价均较常年同期上涨，涨幅 20%~40%（图 4-3）。

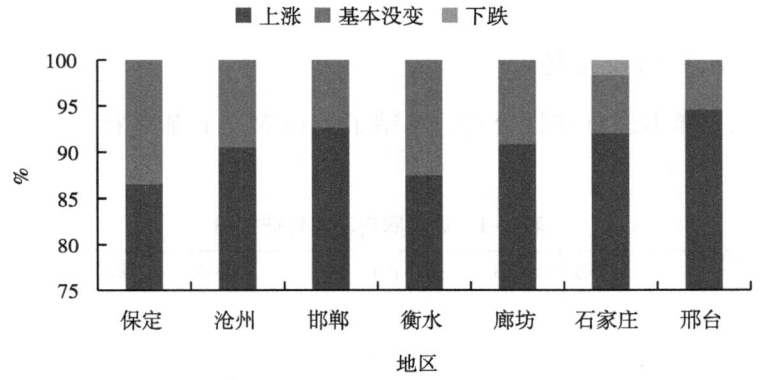

图 4-3　2021 年秋播小麦化肥价格涨跌变化

4.2　调查区域及数据来源

主要采用"访谈式问卷调查"的形式来获取河北省农户的化肥使用相关数据。问卷共包括了四个方面：受访农户基本情况、农户农业经营情况、农户施肥行为基本情况以及农户对肥料影响健康和环境的认知。其中，受访农户基本情况和农户农业经营情况两个方面仅列出问题（个别问题列出选择答案），由农户根据自身实际情况作答；农户施肥行为基本情况及农户对肥料影响健康和环境的认知两个方面既提出问题又列出供选择的答案，以了解农户的施肥行为及节肥意愿。

此次调查选择的区域为河北省东南部黑龙港地区。选择主要原因在于：黑龙港地区以小麦种植为主，是海河平原的重要组成部分。该地区人口数量占河北省总人口的 31.48%，耕地面积占河北省总耕地面积的 39.8%，有效灌溉面积 2 906.25 万亩，占耕地面积的 82.6%。因此，黑龙港地区农户的施肥行为和节肥意愿具有较好的代表性，能够在一定程度上体现河北省农户在化肥使用和认知上的整体情况。

调查对象为从事小麦种植的农户，每一户选择一位代表进行问卷调查和访谈。累计发放问卷 400 份，回收问卷 389 份，有效问卷 378 份，有效问卷占比 94.5%。

4.3 农户施肥行为及节肥意愿的实证分析

4.3.1 农户特征描述

对调查样本进行统计分析，总结了受访农户的基本特征，如表 4-1 所示。

表 4-1 调查农户基本特征描述

问题	选项及赋值	占比（%）	最小值	最大值	平均值
性别	女（0）	28.76	0	1	0.71
	男（1）	71.24			
与户主关系	户主（1）	61.42	1	4	1.46
	配偶（2）	33.86			
	子女（3）	3.15			
	女婿、儿媳（4）	1.57			
文化程度	小学及以下（1）	34.21	1	4	2.14
	初中（2）	52.76			
	高中（3）	11.32			
	大专及以上（4）	1.71			
是否村干部	否（0）	89.54	0	1	0.1
	是（1）	10.45			
农户年龄	30 岁以下	0	34	78	57.03
	31~40	3.95			
	41~50	17.76			
	51~60	40.13			
	60 岁以上	38.16			

从表 4-1 来看，超过 60% 的受访对象为户主，且男性比例较大，占 70% 以上，女性种植者偏少；在文化程度上，52.76% 的受访者为初中学历，

其次是34.21%的受访者为小学及以下学历，整体学历程度偏低；在干部履历上，仅有10.45%的受访者是村干部；在年龄上，40.13%的受访者处于51~60岁年龄段，38.16%的受访者60岁以上，无30岁以下的受访者，受访群体平均年龄为57.03岁，所处年龄阶段较高。

4.3.2 变量选择

基于问卷调查选择了15个自变量指标和1个因变量指标。被解释变量指标为农户节肥意愿，解释变量指标具体包括以下四类：①农户个人特征，主要包括年龄、受教育程度及从事农业生产年限。一般而言，农户受教育程度越高，对化肥破坏生态环境的认知越高，越容易有意识地减少施肥量；种植经验丰富的农户，更了解农作物的需肥量和施肥时节，更能做到科学施肥；②农户生产特征，主要包括种植面积、土壤肥力、实际化肥使用量跟说明书对比以及是否接受过施肥技术培训。种植面积越大，土壤肥力越低，农户越倾向于多施肥。除此之外，未对比过施肥说明书和未接受过施肥技术培训的农户，普遍认可通过增加化肥用量提高农产品产量；③农户对化肥的认知特征，主要包括是否了解小麦的需肥量和最缺养分、是否认为化肥施用已过量、是否认为施肥越多越增产以及了解到当地土壤质量下降后是否愿意减少化肥用量。农户对化肥的认知程度越高，越容易形成科学的施肥行为；④外部环境特征，主要包括化肥价格的提高是否减少化肥的施用量、小麦价格上涨是否会减少肥料使用量和政府补贴是否愿意减少化肥用量。化肥价格和小麦价格上涨反映了市场条件变化，政府补贴则反映了政策条件。变量具体情况如表4-2所示。

表4-2 变量选择及赋值

类型		变量选择	变量赋值
因变量		农户节肥意愿（Y）	愿意=1；不愿意=0
自变量	农户个人特征	年龄（X_1）	实际数值
		受教育程度（X_2）	实际数值
		从事农业生产年限（X_3）	实际数值
	农户生产特征	种植面积（X_4）	实际数值
		耕地土壤肥力（X_5）	好地=1；中等=2；较差=3
		实际施肥量与说明书对比（X_6）	多=1；不多=2；少=3
		是否接受过施肥技术或肥料新品种培训（X_7）	是=1；否=2

（续表）

类型	变量选择		变量赋值
自变量	农户对化肥的认知特征	是否了解小麦的需肥量（X_8）	了解=1；不了解=2
		是否了解小麦最缺的养分（X_9）	是=1；否=2
		是否了解土壤质量（X_{10}）	了解=1；不了解=2
		是否认为施肥已过量（X_{11}）	未过量=1；合适=2；过量=3
		是否认为施肥越多越增产（X_{12}）	是=1；否=2
	外部环境特征	化肥价格上涨（X_{13}）	无影响=1；有影响=2
		小麦价格上涨（X_{14}）	无影响=1；有影响=2
		政府增加补贴（X_{15}）	无影响=1；有影响=2

4.3.3 模型选择

由于因变量（Y）为农户节肥意愿，故结果只有两种：$Y=1$ 表示农户愿意节肥和 $Y=0$ 不愿意节肥。在此情况下，利用普通最新二乘法或者加权最小二乘法进行估计得到的系数标准差和 t 检验值不适用于统计学的假设检验。为了刻画因变量（Y）的离散二元变量性质，本研究采用二元 Logistic 回归分析模型。

Logistic 模型的具体表达式如下所示：

$$P = \frac{\exp(\beta_0 + \beta_1 X_1 + \cdots + \beta_{15} X_{15})}{1 + \exp(\beta_0 + \beta_1 X_1 + \cdots + \beta_{15} X_{15})}$$

P 表示事件发生的概念，进一步变换后得到估计模型：

$$Logit(P) = Ln(\frac{P}{1-P}) = \beta_0 + \beta_1 X_1 + \beta_2 X_2 + \cdots + \beta_{15} X_{15} + \mu$$

其中，P 为因变量 $Y=1$（农户愿意节肥）的概率，参数 $B=(\beta_0, \beta_1, \cdots, \beta_{15})$ 为待估计系数，X 为解释变量，μ 为随机误差项。

4.3.4 模型结果分析

运用 SPSS24.0 软件对调查数据进行回归分析，回归结果如表 4-3 所示：

表 4-3　模型系数的综合检验

	卡方值	自由度	显著性
模型	57.637	14	0.000

表4-3数据显示，Logistic回归模型的卡方统计值为57.637，显著性为0.000，在1%水平上显著，说明回归方程整体系数显著性良好。

表4-4 模型关联强度检验

步骤	-2对数似然	Cox&Snell R^2值	Nagelkerke R^2值
1	40.215a	0.522	0.731

注：a. 由于参数估算值的变化不足0.001，因此估算在第8次迭代时终止。

由表4-4所示的模型关联强度检验结果可知，-2对数似然估计值为40.215，该值越小代表模型效果相对越好；Cox&Snell R^2值和Nagelkerke R^2值分别为0.522和0.731，表明模型的拟合效果较为理想。

表4-5 农户减少化肥使用量意愿分析

	变量	B	S.E	Wals	df	Sig.	Exp（B）
农户个人特征	年龄	-0.081	0.082	0.962	1	0.327	0.922
	受教育程度	1.459	0.857	2.902	1	0.088*	0.232
	从事农业生产年限	-0.039	0.047	0.667	1	0.414	0.962
农户生产特征	种植面积	0.000	0.001	0.096	1	0.757	1.000
	土壤肥力	0.203	0.719	0.080	1	0.778	1.225
	施肥量与说明书对比	2.038	0.889	5.258	1	0.022**	7.678
	接受培训	3.145	1.291	5.933	1	0.015**	0.043
农户对化肥的认知特征	了解土壤质量	1.330	1.383	0.926	1	0.336	3.782
	了解小麦需肥量	-2.908	1.153	6.366	1	0.012**	0.055
	了解小麦最缺养分	0.452	1.024	0.195	1	0.659	1.571
	认为施肥过量	-0.099	0.794	0.015	1	0.901	0.906
	认为施肥越多越增产	0.710	1.132	0.393	1	0.531	2.033
外部环境特征	化肥价格上涨	-1.122	1.022	1.206	1	0.272	0.326
	小麦价格上涨	-1.144	1.241	1.215	1	0.032**	0.310
	政府增加补贴	3.780	1.491	6.426	1	0.011**	0.023
	常量	19.124	7.771	6.056	1	0.014	201.479

注：**、*分别表示5%、10%水平显著

表4-5是农户节肥意愿的回归结果，能够更加准确地解释农户个体特征、生产特征、对化肥的认知特征及外部环境特征对节肥意愿的影响程度。对回归模型结果解释如下。

农户个体特征：受教育程度在10%水平上显著，且回归系数为1.459，表明农户文化程度越高，节肥意愿越强。文化程度会影响到农户对化肥施用的认知水平。通常而言，文化程度较高的农户更容易理解土壤生态系统破坏的严重后果和长期不良影响，从而有意识地减少化肥施用量。其余两个变量，年龄和从事农业生产年限未表现出显著性。

农户生产特征：施肥量与说明书对比和接受培训在5%水平上显著，且均表现出正向影响，即农户参照化肥施用说明书或接受过相关培训能够增强节肥意愿。这与调研结果一致，在实际农业生产过程中，较少看施肥说明书的农户，通常会根据过往经验或者请教村里比较年老的、经验丰富的农户来决定化肥施用量，对化肥的认知也是"多施肥就能多打粮食"；接受过施肥技术或化肥新品种相关培训的农户，在认可培训内容的基础上，能够按照推荐的施肥量在农作物生长各个关键时期进行科学施肥，明显降低化肥用量。除此之外，种植面积和土壤肥力两个变量未表现出显著性。

农户对化肥的认知特征：了解小麦需肥量在5%水平上显著，且回归系数为正，即农户越了解小麦需肥量，越有意愿减少化肥施用量。调查结果显示，很多农户认为过往经验完全能够指导施肥工作，并没有深入地去学习或理解农作物的需肥量。并且，黑龙港地区农户在小麦施肥时多以氮肥投入为主，对钾肥和磷肥的关注度较低。但事实上随着近年来科技普及整体农田技术水平提高，复合肥和有机肥的施用比例显著提高，尤其是配方施肥的发展。如果农户能够认识到小麦生长全过程对各种肥料元素的需求，有助于改变多年的施肥习惯，实现科学施肥。除此之外，其余几个因素未表现出显著性。

外部环境特征：小麦价格上涨在5%水平上显著，回归系数为负，表明小麦价格上涨对农户节肥意愿有负向影响；政府增加补贴在5%水平上显著，回归系数为正，表明政府增加补贴对农户节肥意愿有正向影响。一方面，小麦的市场价格上涨会激发农户的生产热情来增加收益，且目前我国农产品入门门槛较低，对化肥残留的检测还不到位，故农户往往会随心所欲地施用化肥来增加农产品产品；另一方面，通过调研发现，如果政府对新型肥料进行补贴或者通过相应政策性补贴推动农户从生态角度减少化肥投入，尤其是在农产品单位效益不减少的前提下，农户的积极性更愿意主动去减少化肥投入。除此之外，化肥价格上涨对农户节肥意愿的影响不显著，可能原因在于：虽然化肥价格上涨增加了农户的生产成本，但农户为了追求产量最大化仍然会选择与之前一样的施肥量。

通过对河北省东南部黑龙港地区的小麦种植户的化肥施用行为进行分析，发现他们在年龄、文化程度等方面存在很大差异。通过 Logistic 二元回归模型分析了农户个人特征、生产特征、对化肥的认知特征和环境特征 4 类 15 个指标对农户节肥意愿的影响关系。结果显示：①受教育程度、施肥量与说明书对比、接受培训、了解小麦需肥量、政府增加补贴对农户节肥意愿有正向影响。小麦价格上涨对农户节肥意愿有负向影响；②年龄、从事农业生产年限、种植面积、土壤肥力、了解土壤质量、了解小麦最缺养分、认为施肥过量、认为施肥越多越增产、化肥价格上涨对农户节肥意愿的影响不显著。

5 农户数字信息选择对绿色生产风险影响及机制研究——基于小麦种植户调研数据分析

新时期粮食产业高质量发展必将是兼顾资源环境的可持续系统式发展,这意味着农业生产方式向绿色转型已成为必然。绿色生产是指通过科学合理的耕作技术与田间管理模式,实现降低资源损耗、减少环境污染、提升产品品质的可持续农业生产方式。农户作为粮食绿色生产转型主体,要掌握并运用绿色生产技术与资料,注重农产品品质与生态环境影响,从而使其面临更高的绿色生产风险,包括农业技术风险、自然灾害与病虫害风险、市场风险、资金风险,致使种植净收益受损,严重挫伤了农户种粮积极性。为此,如何规避农户绿色生产风险,已引起学术与政务界高度重视。

围绕绿色生产风险管理问题,国内外学者研究表明生产者个体差异、家庭特征、种植品种、经营规模、政府补贴等均显著影响农户绿色生产风险的大小。为应对绿色生产风险的冲击,刘春燕基于内蒙古农户调研数据发现,农户掌握生产经营相关信息对规避生产风险具有显著促进作用;Lisi Mao 等指出,由于绿色生产需要更多生产要素投入,以及绿色农产品市场机制的不完善,绿色生产与风险防范信息对农户规避生产风险至关重要。在互联网时代,以"智慧农业""农村电商"为代表的数字乡村建设,不断推进农村数字信息化进程。数字信息以互联网为传输媒介,通过图片、视频等多样化形式实现信息的交互与共享。许晓柳、Xiaowen D 等的研究表明,数字信息能通过改变风险偏好水平使农户形成正确风险感知,从而做出绿色生产风险规避的科学决策。然而,农户作为信息弱势群体,信息来源匮乏、信息鉴别能力缺失以及网络信息茧房的助长,在极大程度上影响了农户规避绿色生产风险行为决策。

以往文献为深入理解农户数字信息选择与绿色生产风险的关系提供了重要参考,但仍有提升拓展空间。一是以往文献对农户绿色生产风险决策行为研究多采用多元回归或倾向得分匹配法,但上述研究方法忽略了数字信息选择决策中不可观测变量导致的选择性偏误；二是已有研究多以农户是否使用手机或电脑作为解释对象，更多关注数字信息的接入性，而真正影响农户行为的是数字信息的鉴别与利用问题，即农户能否掌握绿色生产有效信息；三是虽有学者研究互联网对农户生产决策行为影响，但鲜有文献关注小麦种植户。小麦相比于其他粮食作物，种植产量与面积在全国占绝对比重，极易受自然环境与市场条件影响。因此，探讨数字信息选择对小麦种植户绿色生产风险的影响及作用机制显得尤为必要。本研究小麦种植户调研数据，利用反事实的分析思路，构建内生转换 Probit 模型探讨数字信息选择对小麦种植户绿色生产风险的影响，并采用中介效应模型探讨数字信息选择对小麦种植户绿色生产风险的作用机制。

5.1 研究假说与理论框架

风险来源于农户对未知的不确定，而这种不确定性是由于有效信息匮乏，从而无法准确预判事件发生的概率。互联网作为获取数字信息的重要渠道，不仅打破了信息壁垒，让农户及时掌握绿色生产技术、气象灾害预警、农产品市场价格等相关信息，而且降低了农户信息获取成本，从而有助于农户规避绿色生产风险。具体来说，数字信息主要从以下四个方面影响农户绿色生产风险，如图 5-1 所示。

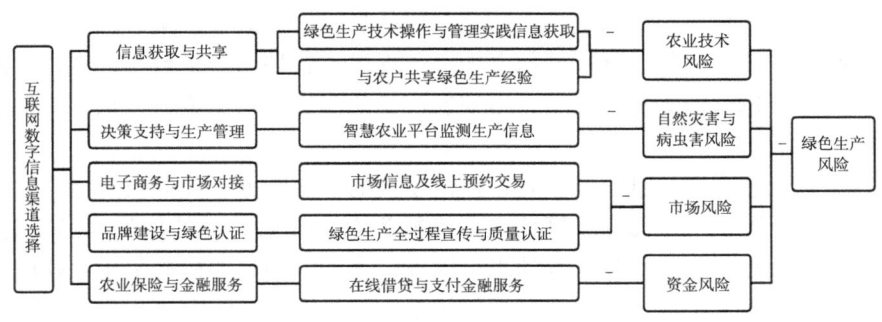

图 5-1 数字信息选择对农户绿色生产风险的影响机理

第一，互联网信息渠道为农户提供了广泛的农业技术支持和信息交流平台，降低绿色生产技术风险。数字信息通过多样化的呈现方式、交互式的传播路径，不仅丰富了绿色生产技术推广内容体系，满足农户的不同需求，而且搭建了专家与农户间的云端服务平台,使其获取最新的绿色生产技术和最佳的农田管理技能,从而降低技术风险。同时,数字信息打破了农户以地缘和血缘为基础的社会关系,使农户可通过参与农业社区讨论等形式,随时随地交流分享小麦绿色生产相关经验,让农户在协作中更好地探究绿色生产技术实操方法,提升学习效率,增加绿色生产效益。

第二,互联网信息渠道可远程监测管理粮食作物生产过程,降低绿色生产自然灾害与病虫害风险。数字信息通过与导航技术、传感器技术有效结合,自动气象站、小麦赤霉病预警系统、智能温室等信息管理系统的应用让精准农业成为现实。农户可以使用远程监控软件监测小麦生长状况与外部环境,如土壤质量评估、气候环境、病虫害监测等关键指标,并据此及时调整灌溉、施肥等策略,从而规避小麦绿色生产中的自然灾害与病虫害风险。

数字信息能促进小农户与市场有机衔接,降低交易成本,规避绿色生产中的市场风险。首先,农户通过互联网信息渠道可及时获取市场需求、价格趋势等信息,从而更好地规划生产与销售策略,规避因市场波动造成的损失。其次,网络信息渠道为农户提供了丰富的电子商务平台,通过创新"电商+网销""电商+直播"的营销渠道,农户可直接与消费者对接,减少中间环节并降低交易成本,从而降低绿色生产市场风险。

第三,互联网信息渠道为农户提供了建立品牌形象和认证体系的机会,进而降低绿色生产市场风险。随着物联网、云计算技术的快速发展,农户依托可追溯数字技术,可实现从小麦选种、育苗、施肥、喷药的全过程监控与管理,并通过宣传小麦绿色生产的全方位信息,树立品牌形象,增强消费者对产品的信任。此外,互联网信息渠道还提供了各种认证平台和标准,帮助农户获得绿色认证等相关证书,增加农产品的信誉度与竞争力,从而降低市场风险。

第四,互联网信息渠道为农户提供便捷的金融服务,降低农户绿色生产中的资金风险。一方面互联网信息渠道能为农户提供及时的信贷产品信息,不断转变农户对金融贷款服务的思维困境;另一方面金融机构基于互联网信息技术,不断完善线上农户评级授信体系,逐步形成了线上借贷与支付的全流程服务,为农户绿色生产提供灵活的资金支持,有效缓解绿色生产中的资金风险。

根据上述影响机理分析,本文提出以下研究假说。

研究假说1:小麦种植户选择数字信息能降低绿色生产风险。

研究假说2:数字信息通过信息获取、信息共享、生产监测、市场分析、质量认证、金融服务六个机制来降低小麦种植户绿色生产风险。

5.2 数据来源与研究设计

5.2.1 数据来源

本文数据来自于课题组 2022 年 6—7 月在河北省和河南省开展的小麦种植户入户调查。此次调研采用分层逐级与随机抽样相结合的方法，随机抽取藁城、元氏、内丘等 5 个县（区）22 个样本乡镇、67 个样本村，共计 926 户农户。调研问卷采用面对面访谈形式填写，问卷内容主要涉及农户个人及家庭基本情况、生产经营情况、数字信息使用情况以及绿色生产风险感知等内容。根据问卷设计主题及关键指标，剔除无效问卷 14 份，共收回有效问卷 912 份。

5.2.2 模型构建

由于数字信息选择可能会存在内生性与选择偏误问题，本文采用内生转换 Probit 模型估计数字信息选择对小麦种植户绿色生产风险的影响。并基于此构建反事实分析框架，估计农户选择数字信息对其面临高绿色生产风险概率的处理效应。

（1）内生转换 Probit 模型

首先，为估计小麦种植户数字信息选择的影响因素，构建数字信息选择方程：

$$G_i^* = \gamma Z'_i + \mu_i; \quad G_i = 1 \, (G_i^* > 0)$$

其次，在选择与未选择数字信息的两种情境下，小麦种植户绿色生产风险的决定方程：

$$R_{Mi} = \beta_M X'_{Mi} + \sigma_{Mu} \lambda_{Mi} + \varepsilon_{Mi} \quad if \quad G_i = 1;$$
$$R_{Ni} = \beta_N X'_{Ni} + \sigma_{Nu} \lambda_{Ni} + \varepsilon_{Ni} \quad if \quad G_i = 0;$$

式中 G_i^* 是农户选择数字信息倾向的潜变量，G_i 表示实际观测到的农户数字信息选择情况；R_{Mi} 与 R_{Ni} 分别代表农户选择与不选择数字信息对绿色生产风险的影响。向量 Z_i 表示影响农户选择数字信息的解释变量；向量 X_i 中的变量也包括 Z_i 中，Z_i 至少比 X_i 多一个工具变量。μ_i、ε_{Mi} 与 ε_{Ni} 为随机误差项，λ_{Mi} 与 λ_{Ni} 分别表示不可观测因素带来的选择偏差，σ_{Mu} 与 σ_{Nu} 是农户数字信息选择方程与绿色生产风险决定方程误差项的协方差。

最后，将上式构成方程组采用极大似然估计法，从而得到模型中各参数估计值。

（2）平均处理效应（ATT）

采用反事实分析方法，对比分析选择与未选择数字信息农户的绿色生产风险大小，以此估计小麦种植户数字信息选择的平均处理效应。

基于内生转换 Probit 模型，选择数字信息的小麦种植户高绿色生产风险的概率：

$$E[R_{Mi}|G_i=1] = \beta_M X'_{Mi} + \sigma_{Mu}\lambda_{Mi}$$

其反事实为选择数字信息的小麦种植户若不选择，其高绿色生产风险的概率：

$$E[R_{Ni}|G_i=1] = \beta_N X'_{Mi} + \sigma_{Nu}\lambda_{Mi}$$

选择数字信息农户的绿色生产风险平均处理效应（ATT）可以表示为：

$$ATT = E[R_{Mi}|G_i=1] - E[R_{Ni}|G_i=1]$$
$$= (\beta_M - \beta_N)X'_{Mi} + (\sigma_{Mu} - \sigma_{Nu})\lambda_{Mi}$$

5.3 变量定义与描述

被解释变量。本文选取小麦种植户绿色生产风险为被解释变量。农户遭受绿色生产风险主要表现为由于绿色生产投入增加与市场需求变动敏感造成的潜在收益受损。因此，本研究对小麦种植户绿色生产风险的度量基于农户小麦种植收益，选取净收益增长率作为度量小麦种植户绿色生产风险的代理变量。在调研中，通过了解受访农户 2021 年、2022 年小麦种植单产收益与成本（包括种子、化肥、农药、灌溉、机械作业、雇佣工人费用），并计算 2022 年小麦种植户净收益增长率。若农户净收益增长率为负值且下降幅度大于 8%，说明小麦种植户绿色生产净收益出现明显下降趋势，即认为该农户面临较大的绿色生产风险，故将变量值设置为 1；反之，则设置为 0。

核心解释变量。本研究重点关注小麦种植户能否选择互联网信息渠道，获取并利用小麦种植有效信息以规避绿色生产风险，因此，以数字信息选择为核心解释变量。在调研中设计如下问题："您是否选择互联网信息渠道获取并利用小麦绿色生产技术、气象预测、市场需求、政府政策、金融服务等绿色生产有效信息？"若受访农户选择是，认为农户选择网络数字信息，将变量赋值为 1，否则赋值为 0。

根据调研结果（表5-1）可知，选择互联网信息渠道获取绿色生产信息的农户占比已达47.37%，近一半的农户在小麦绿色生产中面临较高的生产风险。在选择数字信息的农户中，绿色生产风险高的农户比重仅为31.25%，远远低于绿色生产风险低的农户占比；而未选择数字信息的农户，高绿色生产风险的农户已过半，比全部样本中高绿色生产风险的农户比重高10.95%。由此可见，农户选择数字信息在一定程度上会降低绿色生产中高风险的概率。

表5-1　小麦种植户绿色生产风险波动情况描述性统计

信息选择	样本数	比例（%）	绿色生产风险高		绿色生产风险低	
			样本数	比例（%）	样本数	比例（%）
选择数字信息	432	47.37	135	31.25	297	68.75
未选择数字信息	480	52.63	261	54.37	219	45.63
合计	912		396	43.42	516	56.58

控制变量。参考既有学者研究，选取反映小麦种植户个人特征、家庭特征及政策环境的变量作为控制变量。具体包括受访农户的性别、年龄、受教育水平、是否从事其他工作、是否担任村干部、家庭人口数、务农人数比例、非农收入占比、经营土地面积、经营土地块数、是否获取政府补贴。

工具变量。工具变量要求同时满足外生性与相关性条件，借鉴姜维军等的研究，本研究选取了"数字信息重要性"作为"数字信息选择"的工具变量。主要原因在于，若农户认为互联网渠道获取的信息有价值，便会通过互联网获取数字信息，但对小麦种植户绿色生产风险的高低并无直接影响。为进一步验证工具变量选取的有效性，以绿色生产风险为被解释变量，数字信息选择、控制变量和工具变量作为解释变量，运用Probit模型回归得出，变量"数字信息重要性"的系数为-0.064，P值为0.537，说明该变量不会直接影响农户绿色生产风险，即符合外生性要求；以"数字信息选择"为被解释变量，控制变量和工具变量作为解释变量，再次运用Probit模型回归，结果显示变量"数字信息重要性"系数为1.628，P值为0.000，表明该变量显著影响农户对数字信息的选择，满足相关性条件。

中介变量。基于前文理论分析，选取信息获取、信息共享、生产监测、市场分析、质量认证和金融服务作为中介变量，并根据小麦主产区基本情况，设计相关问项，采用李克特五分量表度量上述指标。变量的说明与描述性统计信息如表 5-2 所示。

表 5-2 变量说明与描述统计

变量	变量说明	平均值	标准差
绿色生产风险	2022年小麦种植净收益增长率：1=净收益负增长且下降幅度大于8%，风险高；0=净收益增长率为正值或下降幅度小于8%，风险低	0.434	0.496
数字信息选择	您是否选择互联网信息渠道获取并利用小麦绿色生产技术、气象预测、市场需求、政府政策、金融服务等绿色生产有效信息？1=是；0=否	0.474	0.500
数字信息重要性	农户感知互联网渠道获取数字信息的重要程度：1=不重要；2=一般；3=很重要	1.546	0.668
性别	女性=0；男性=1	0.711	0.454
年龄	调研农户实际年龄（岁）	60.99	8.285
受教育水平	1=没上过学；2=小学毕业；3=初中毕业；4=高中及以上	2.829	0.880
是否从事其他工作	1=只种粮食；2=外出打工；3=自己当老板从事粮食生产经营；4=其他非农工作	1.546	0.742
是否担任村干部	0=没有；1=当过	0.138	0.345
家庭人口数	调研农户家庭实际人口数量（人）	4.546	2.246
务农人数比例	调研农户家庭务农人员数量/家庭劳动力数量（%）	0.779	0.389
非农收入占比	调研农户家庭非农收入/家庭实际收入	0.675	0.331
经营土地面积	调研农户所经营土地（含流转土地）的亩数（亩）	1.943	4.343
经营土地块数	调研农户所经营土地（含流转土地）的块数	3.836	2.342
是否获取政府补贴	小麦种植受灾后是否获取政府补贴赔偿：是=1；否=0	0.128	0.335
信息获取	您认为互联网信息渠道（如农科大学堂等app、微信公众号、抖音、快手）能否帮您掌握小麦绿色生产技术及管理的相关操作技能？1=绝对不能；2=不太能；3=不好说；4=比较能；5=非常能	2.678	1.043
信息共享	您认为互联网信息渠道能否让您更快速的与其他农户分享小麦绿色生产经验？1=绝对不能；2=不太能；3=不好说；4=比较能；5=非常能	4.487	0.688
生产监测	您认为互联网信息渠道（如智慧土壤墒情监测、云飞病虫害预警监测系统等智慧农业平台）能否让您准确监测病虫害、土壤墒情等绿色生产信息？1=绝对不能；2=不太能；3=不好说；4=比较能；5=非常能	2.737	0.916

（续表）

变量	变量说明	平均值	标准差
市场分析	您认为互联网信息渠道能否为您提供小麦市场价格、需求等信息及线上购销渠道？ 1=绝对不能；2=不太能；3=不好说； 4=比较能；5=非常能	3.882	0.811
质量认证	您认为互联网信息渠道能否帮您宣传小麦绿色生产过程与品质，协助您获得绿色食品认证？ 1=绝对不能；2=不太能；3=不好说； 4=比较能；5=非常能	2.086	0.761
金融服务	您认为互联网信息渠道能否为您提供在线借贷、支付等金融服务？ 1=绝对不能；2=不太能；3=不好说； 4=比较能；5=非常能	2.486	0.688

5.4 实证结果与分析

5.4.1 回归结果

小麦种植户选择数字信息对绿色生产风险影响的内生 Probit 模型基准回归结果如表 5-3 所示。Wald 卡方值显著非 0，且 Rho1 在 5% 的统计水平上显著，说明模型设定在统计上有效，并且数字信息选择对农户绿色生产风险存在选择性偏误。Rho1 的估计值为负值，说明选择数字信息的小麦种植户绿色生产风险高的概率低于样本中一般农户水平。

一是小麦种植户选择数字信息的影响因素分析。农户性别、年龄、是否从事其他工作、经营土地面积、经营土地块数、务农人数比例、数字信息重要性显著影响小麦种植户选择数字信息。具体而言，女性农户更愿意选择数字信息，可能原因在于女性农户社会资本相对较少，更需要借助互联网渠道来改善信息不对称问题。年龄越大，越不愿意选择数字信息。这主要是因为老年人一方面欠缺使用互联网信息渠道的技能，另一方面质疑数字信息的真实性与可信度，更倾向于通过人际交流获取信息。农户兼业程度正向影响数字信息的选择。原因可能是农户从事个体经营或外出打工，由于需要建立更广泛社会关系网络，掌握更多市场信息，拓展线上销售渠道，因此对数字信息依赖度更高。此外，兼业农户通常具有较高的收入，一定程度上为农户选择数字信息奠定了经济基础。小麦种植户经营土地面积越大、块数越少，越易选择数字信息。这主要是由于种粮大户投入的成本更高，因而更关注气象条件、病虫害情况、市场信息以及相关绿色生产技术的运用，因此，更愿意拓宽信息来源渠道，从而获得更多机会与收益。家庭的务农人数显著正向影响农户对数字信息的选择，可能是由于家庭中务农人数越多，家庭成员间会反复交流小麦生长情况，而互联网的便捷性为成员间高效沟通提供了可能。数字信息的重要性显著为正，表明农户越认为数字信息重要可信，越愿意选择互联网信息渠道获取绿色生产信息。

二是小麦种植户绿色生产风险的影响因素分析。选择与未选择数字信息的小麦种植户间，绿色生产风险的影响因素差异明显。性别、年龄、是否从事其他工作、是否获取政府补贴显著影响选择数字信息农户的绿色生产风险。这表明在选择数字信息的小麦种植户中，年轻且专门从事小麦生产的男性农户面临更高的绿色生产风险。这可能是由于大多数年轻男性农户通过扩大小麦生产规模，并参与产业化经营以提升经济效益。尽管其依托互联网渠道获取绿色生产技术相关信息，但由于缺乏足够的专业生产销售经验以及充足的资金保障，使其在小麦绿色生产中面临更多的不确定性。而政府补贴越多，为小麦种植户绿色生产提供更多额外资金支持，从而降低其高绿色生产风险概率。

对于不选择数字信息的农户，是否担任村干部、务农人数比例对其绿色生产风险有显著影响。担任过村干部的农户，小麦绿色生产风险更大。可能原因在于农户担任村干部后，大部分时间精力会投入村行政工作，欠缺对小麦绿色生产技术及管理技能的学习，导致增加了小麦绿色生产的技术风险。务农人数比例负向影响未选择数字信息农户的绿色生产风险。这可能是由于家庭务农人数越少，务农人员粮食生产经营压力越大，缺乏足够的劳动力从事小麦绿色种植田间管理及市场销售等工作，并且又很少能接触到最新的绿色生产技术信息，因而增加了生产风险。

表 5-3　农户数字信息选择对绿色生产风险影响的内生转换 Probit 模型估计结果（$n=912$）

变量	数字信息选择方程	绿色生产风险	
		选择数字信息	未选择数字信息
数字信息重要性	1.7864 *** （0.1233）		

(续表)

变量	数字信息选择方程	绿色生产风险	
		选择数字信息	未选择数字信息
性别	-0.8572*** (0.1687)	1.5034*** (0.4522)	0.0984 (0.1706)
年龄	-0.1727*** (0.1340)	-0.1809*** (0.0473)	0.0050 (0.0114)
受教育水平	0.0735 (0.0828)	0.2455 (0.2504)	-0.1347 (0.0949)
是否从事其他工作	0.4969*** (0.1213)	-1.7013*** (0.5774)	0.0441 (0.1218)
是否担任村干部	0.0187 (0.2276)	1.0382 (0.8179)	0.5968*** (0.2447)
家庭人口数	0.0426 (0.0335)	-0.0759 (0.0973)	0.0272 (0.0342)
务农人数比例	0.4162*** (0.1541)	0.3111 (0.4532)	-0.8376*** (0.2842)
非农收入占比	-0.0329 (0.2618)	-3.2642 (1.0182)	1.0178*** (0.2689)
经营土地面积	0.2149*** (0.0421)	9.8130*** (1.5824)	0.4426*** (0.0584)
经营土地块数	-0.1443*** (0.0323)	0.02288 (0.1001)	0.0364 (0.0374)
是否获取政府补贴	-0.1689 (0.2075)	-1.7094*** (0.5788)	-0.3367 (0.2125)
常数项	-12.8912*** (1.0016)	7.2542** (3.4881)	-1.2393 (0.8038)
Rho1		-0.6341** (0.2277)	
Rho0			-1 (3.31e-11)
Log-likelihood = -491.79677			
Wald chi2 (12) = 313.99***			
LR test of indep. eqns. (rho1=rho0=0): chi2 (2) = 32.06 Prob > chi2 = 0.0000			

注：①***、**和*分别表示1%、5%和10%的显著水平；②括号内数字为标准误差。下同

经营土地面积、非农收入占比对选择与未选择数字信息农户的绿色生产风险均产生了显著影响。小麦种植户经营土地面积越大，资金与监管压力越大，因而会增加其绿色生产风险。需要注意的是，对于选择数字信息的农户，农业收入占比越大，绿色生产风险越高；而对于未选择的农户来说，农业收入占比

越小,绿色生产风险更高。可能原因在于,选择数字信息的农户通常会面对大规模的粮食生产经营,这可能会导致更复杂的田间管理、更大的资金压力,以及更高的市场依赖度,若其没有足够高的市场洞察力及绿色生产经验,便会增加生产风险。而对于未选择数字信息的农户来说,农业收入又不是主要收入来源,可能使其对粮食种植积极性不高,加之又无法获取及时准确的绿色生产信息、技术支持及多元销售渠道,从而导致绿色生产风险增加。

5.4.2 处理效应

根据测算,农户选择数字信息对绿色生产风险影响的处理效应,结果如表5-4所示。从总体上看,农户选择数字信息对绿色生产风险有负向影响,且在1%水平上显著。从ATT的估计结果可以看出,对于已经选择互联网数字信息的小麦种植户,若其不再选择数字信息,其绿色生产风险高的概率会增加22.48%。这也初步印证了研究假说1。

表5-4 农户数字信息选择对绿色生产风险影响的平均效应

绿色生产信息获取	选择数字信息	未选择数字信息	ATT
绿色生产风险	0.8854	0.9864	-0.1811***

5.4.3 机制检验

根据前文分析,本部分采用中介效应分析法,从信息获取、信息共享、生产监测、市场分析、质量认证、金融服务6个维度进一步量化分析小麦种植户选择数字信息对绿色生产风险影响的作用机制,结果如表5-5所示。

表5-5 农户数字信息选择对绿色生产风险的影响结果

		数字信息选择	信息获取	信息共享	生产监测	市场分析	质量认证	金融服务
信息获取	回归(1) 绿色生产风险	-0.1295*** (0.0385)						
	回归(2) 信息获取	1.3102*** (0.0682)						
	回归(3) 绿色生产风险	-0.0366 (0.0454)	-0.0710*** (0.0187)					

5 农户数字信息选择对绿色生产风险影响及机制研究——基于小麦种植户调研数据分析

(续表)

		数字信息选择	信息获取	信息共享	生产监测	市场分析	质量认证	金融服务
信息共享	回归(4) 绿色生产风险	-0.1295*** (0.0385)						
	回归(5) 信息共享	0.1339** (0.0562)						
	回归(6) 绿色生产风险	-0.1276*** (0.0386)		-0.0142 (0.0229)				
生产监测	回归(7) 绿色生产风险	-0.1295*** (0.0385)						
	回归(8) 生产监测	0.6069*** (0.0704)						
	回归(9) 绿色生产风险	-0.1038*** (0.0399)			-0.0424** (0.0182)			
市场分析	回归(10) 绿色生产风险	-0.1295*** (0.0385)						
	回归(11) 市场信息	0.2096*** (0.0649)						
	回归(12) 绿色生产风险	-0.1102*** (0.0382)				-0.0922*** (0.0195)		
质量认证	回归(13) 绿色生产风险	-0.1295*** (0.0385)						
	回归(14) 质量认证	0.8605*** (0.0501)						
	回归(15) 绿色生产风险	-0.0993** (0.0443)					-0.0351 (0.0256)	
金融服务	回归(16) 绿色生产风险	-0.1295*** (0.0385)						
	回归(17) 金融服务	0.0180 (0.0115)						
	回归(18) 绿色生产风险	-0.1292*** (0.0386)						-0.0025 (0.0133)

从表 5-5 中可以看出,回归(1)估计结果表明农户选择数字信息显著负向影响绿色生产风险,进一步验证了研究假设 1。回归(2)~(18)的结果表明数字信息通过小麦绿色生产信息获取、生产监测、市场分析三个维度显著降低农户绿色生产风险。

回归结果(5)表明农户选择互联网信息渠道能显著促进农户间信息共享,但回归结果(6)显示信息共享并未对绿色生产风险产生显著负作用。

这可能是因为农户出于经济利益与竞争关系的考虑，对于有益于降低小麦绿色生产风险的重要信息吝于分享，农户之间欠缺信任与合作机制，从而无法达到降低绿色生产风险的效果。回归结果（14）说明数字信息对小麦绿色生产过程的可追溯及品质的宣传具有显著促进作用，但回归（15）的估计结果表明绿色认证与品牌的宣传并未显著降低农户绿色生产风险。可能是由于数字信息的真实性难以保证，消费者缺乏对小麦绿色生产的相关知识，从而导致消费者对优质绿色小麦产品的不信任，进而增加了小麦绿色生产风险。回归（17）的估计结果可以看出，互联网信息渠道并没有为农户提供有效的线上借贷等金融服务。可能的原因在于，一方面由于农户信用评级系统的不健全，金融机构对其信用风险保持较高警惕性；另一方面农户受保守观念影响，对互联网金融服务的安全性存在疑虑。因此，数字信息并没有通过为小麦种植户提供信息共享平台、绿色产品质量认证及金融服务的路径影响绿色生产风险。

5.5 小结

基于河北省小麦种植户微观调研数据，运用内生转换 Probit 模型实证分析了农户选择数字信息对绿色生产风险的影响效应，并探讨了数字信息选择降低绿色生产风险的作用机制。研究表明：第一，农户是否从事其他工作、经营土地面积、务农人数以及数字信息重要性等因素对农户选择数字信息具有显著正向作用；第二，选择与未选择数字信息农户，绿色生产风险的影响因素存在差异。对于选择数字信息的农户，年轻男性农户、从事规模化生产、未享受政府补贴会面临更高的绿色生产风险，而未选择数字信息的农户，家庭务农人数少、经营土地面积大、农业收入占比小越有可能承受高绿色生产风险；第三，数字信息选择能显著降低农户绿色生产风险。选择数字信息的农户若未选择，其高绿色生产风险的概率会增加 22.48%；第四，互联网信息渠道通过数字信息获取、生产监测、市场分析三条路径降低农户绿色生产风险。

6 河北省优质专用小麦种植户销售渠道选择研究

6.1 相关理论分析

6.1.1 交易成本产生的原因

交易成本发生的原因可归结为市场失灵,在市场参与主体人性因素与外部交易环境因素相互影响下,交易困难程度有所增加。(Williamson)指出六项交易成本来源:有限理性(Bounded Rationality)、投机主义(Opportunism)、不确定性与复杂性(Uncertainty and Complexity)、少数交易(Small Numbers)、信息不对称(Information Asymmetric)、气氛(Atmosphere)。

6.1.2 市场交易成本对优质专用小麦种植户销售选择的影响机理

信息搜寻成本、谈判成本和监督成本构成了优质专用小麦的市场交易成本。优质专用小麦从生产到交易,信息搜寻成本发生于农户与收购商之间的对接上。农户会尽可能多渠道获取优质专用麦价格信息,以期获得更高的出售价格,价格信息主要来源于已出售优质专用麦的周围邻居,周边粮食收购点等,价格信息对农户尤为重要,一定程度上决定了农户对优质专用小麦交易的满意度,而价格的主动权往往掌握在大型的优质专用小麦加工企业或贸易商手中。加工企业或贸易商的信息成本主要发生于优质粮源的获取,以及价格信息波动带来的影响。谈判成本,主要是农户与收购商就优质专用小麦的品质、交易价格,进行商定所导致的成本,价格商议结果,直接影响到农户收益状况,因此农户力争每一分价格;监督成本,如果农户与收购商签订生产、回收协议,或是有一定合作,则监督成本较为突出。收购商为了确保优质专用小麦质量达到加工标准,对农户的生产会有不同程度的干预,像生产管理的监管、指导,直至优质专用小麦交易,也会对优质专用小麦质量进行检验，这些均可归纳为监督成本。市场交易费用对优质专用小麦种植户的交易抉择起着决定性作用。考虑到"理性人"假设，每个优质专用小麦种植主体在交易时都会通过计算，比较选出整体市场交易费用最低的方案。

假定优质专用小麦种植户的市场参与是一种效用最大化的决策行为，对于优质专用小麦 I，生产要素约束 X_i，优质专用小麦生产数量 Q_i、消费数量 C_i、市场销售数量 M_i；（$M_i > 0$ 表示出售优质专用小麦；$M_i < 0$ 表示买进优质专用小麦）。在理想市场交易条件下，种植户的效用最大化可表示为：

$$MaxU = U(C, Z_u) \quad (1)$$

相应的约束条件：

$$\sum_{i=1}^{n} p_i^m M_i + T = 0 \quad (2)$$

$$C_i, Q_i, X_i \geqslant 0 \quad (3)$$

$$Q_i + A_i - M_i - C_i = 0 \quad (4)$$

式中，P_i 优质专用小麦 X_i 的市场价格，A_i 是优质专用小麦 X_i 的存量，T 表示农户的转移性支付和其他收入，Z_u 表示对种植户产生影响外部因素。式（2）的经济学意义是优质专用小麦种植户的消费不应超过自身销售收入和转移性支付收入之和；式（4）的经济学涵义是对于优质专用小麦，其消费总数量等于种植户生产、购买与存量之和。

在现实经济活动中，优质专用小麦市场交易过程中存在交易成本。以用 vc（Variable Transaction Costs）来表示优质专用小麦市场的可变交易成本，则种植户的现金流应满足以下条件：

$$\sum_{i=1}^{n} [(p_i^m - vc_i(z))\delta_i] M_i + T = 0 \quad (5)$$

同时还应考虑到固定交易成本 fc（Fixed Transaction Costs）的存在。固定交易成本主要包括加工设备成本、储藏设备成本等。综合考虑优质专用小麦市场交易过程中产生的可变交易成本和固定交易成本，种植户的资金应满足以下条件：

$$\sum_{i=1}^{n} [(p_i^m - vc_i(z))\delta_i] M_i - fc_i(z)\delta_i + T = 0 \quad (6)$$

为了使农户效用最大化，构造拉格朗日函数：

$$L = U(C_i, Z) + \sum_{i=1}^{n} U_i(Q_i - X_i + A_i - M_i - C_i) + \\ \lambda \{ \sum_{i=1}^{n} [(p_i^m - vc_i(z))\delta_i] M_i - fc_i(z)\delta_i + T \} \tag{7}$$

式（7）中，U_i、λ 分别是平衡性约束、资金约束对应的拉格朗日乘子。对式（7）中的各因子求偏导数，获得一阶条件：

$$\frac{\partial U}{\partial C_i} - U_i = 0, \ i \in \{i | C_i > 0\} \tag{8}$$

$$-U_i + \lambda [P_i^m - vc_i(z)\delta_i] = 0, \ i \in \{i | M_i \neq 0\} \tag{9}$$

进一步地，定义农户的优质专用小麦供给函数为：

$$Q = Q[P_i^m - vc_i^{(2)}, Z_u] \tag{10}$$

式（10）表明，对种植户供给状况产生影响的是可变交易成本，而固定交易成本并不能影响种植户供给状况。

6.1.3 交易成本影响农户生产经营行为的应用研究

国内外关于交易成本对农户生产经营行为的研究，很大一部分聚焦于交易成本对农户进入市场行为抉择的影响研究。其中，Hobbs 采用 Tobit 模型对果农的销售行为进行的实证分析在相关研究领域具有开创性的意义，为今后的研究提供了思路；王桂霞等把相关研究应用到养殖业的研究领域中，肉牛养殖户为研究目标，探究了肉牛的出售价格水平、市场需求状况、运输成本以及流通损耗等因素对肉牛养殖户销售合同形式选择的影响状况；屈小博（2007）的研究更为整体，基于理论分析归纳，通过采用有序 Probit 模型，分析了苹果流通中交易成本对苹果种植户销售行为的影响及不同经营规模苹果种植户销售苹果时遇到的障碍；黄祖辉的研究视角有所突破，将交易成本与农户契约选择关联起来，通过计量模型并运用 Multi-nomial Logit 回归方法验证交易成本对农户选择不同的契约方式有显著的影响；宋金田则探究了交易成本对柑橘种植户销售渠道的选择的影响。总体来看，有关交易成本对农户生产经营行为的研究在国内外都已比较成熟，不论是研究的领域、还是研究深度，都已建立起完善的研究框架。这些研究思路对本研究具有重要的启发作用。

6.2 河北省优质专用小麦主要销售渠道：类型、运行机制和特征

农产品销售方式是指农产品通过一系列的生产经营活动，通过参与主体，从生产领域转移到消费领域的途径、过程（齐文娥，2009）。根据实地调研，可以将优质专用小麦流通渠道的分布结构归纳为图6-1。目前，河北省优质专用小麦种植既有小农户零星种植，也有部分种植大户、家庭农场、专业合作社规模化的生产种植。种植规模的差异，直接导致了销售方式的不同。依据调研数据，以优质专用小麦经纪人为主体的传统流通方式仍占主导地位，以合作社为中介的流通渠道，和以龙头企业为核心的"龙头企业+基地+农户"一体化的销售模式，都取得了很大的发展，但所占份额仍然有限，在其周边地区影响较为突出。

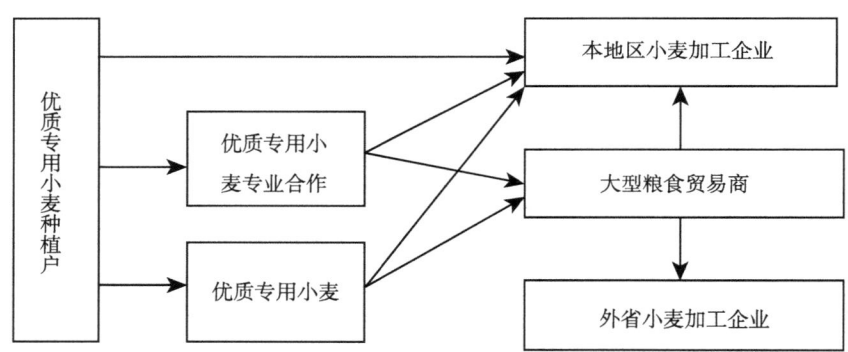

图6-1　优质专用小麦流通渠道分布

6.2.1 "种植户+优质专用小麦经纪人"为主的直销模式

以优质专用小麦经纪人为核心的销售渠道，属于最为传统的农产品流通方式之一。优质专用小麦经纪人的出现是为了调和优质专用小麦"小生产"与"大市场"之间的矛盾，有效衔接了生产者与需求者，促进了优质专用小麦流通渠道的高效运转。

在这种销售渠道下，交易双方没有太多的联系，更多是一次性交易，竞争性在二者关系中处于主导地位，一方的获利是建立在另一方的收益损失之上，其存在的问题有两个方面：一是由于属于一次性交易，优质专用小麦价

格信息真实性难以保证,进而种植户无法通过获取市场价格安排来年规划生产;二是此种销售渠道中交易环节多,流通过程中产生的额外费用较高。最重要的是,在这种无序的流通方式下,优质专用小麦难以保证质量、纯度,不能实现优质优价,优质单储,优质专用小麦种植效益难有体现,种植户并非是真正的利益获得者。

与优质专用小麦种植户直接参与市场交易相比,优质专用小麦经纪人的作用体现得比较突出,通过丰富的交易经验、熟练的交易技巧,经纪人可充分挖掘市场信息价值,最大限度降低信息搜寻成本,这些条件有力促进了经纪人高效开展中介业务,从而大大加快了优质专用小麦的流通过程。

6.2.2 "种植户+专业合作社"为主的中介销售模式

此种销售渠道是以专业合作社为平台,吸纳周围优质专用小麦种植散户,以此形成利益合作体。专业合作社自身经营一定规模的优质专用小麦,与此同时发挥自身带动作用,散户的加入促进了专业合作社的壮大,在种植规模、总产量实现突破。走访中发现,发展较好的有河北柏乡金谷源合作社、冀州帮农农民专业合作社等。

小农户与专业合作社联合,这种销售渠道很好地解决小农户与大市场之间的矛盾。有专业合作社做平台,种植户把自身的市场弱势效应降到了最低,分散了直接与市场对接的风险。专业合作社吸纳了种植户,规模的生产增加了自身与收购商交易谈判的资本,扩大了自身影响力。专业合作经营体,同时也实现了生产成本的降低,出于自身发展考虑,专业合作社严格把控优质专用小麦的质量,因而这种销售渠道的采用对优质专用小麦产业的发展有很大的促进作用。从实际调研看,这种销售方式的缺点是,专业合作社承担的市场风险较大,而且并没有有效的转移市场风险的手段。收购大量的优质专用小麦,专业合作社面临很大的资金压力,既包括建仓、设备等固定成本,也包括一大笔收购优质专用小麦的流动成本。与专业合作社负责人交谈中了解到,大多数合作社资金来源为银行贷款,贷款面临的难题是银行管控严格,对贷款企业资质要求很高,合作社贷款难,即使符合条件,但贷款利率较高。合作社长时间储存优质专用小麦,则所获利润不及贷款资金利息。

6.2.3 "种植户+龙头加工企业"为主的农企对接销售模式

"种植户+龙头企业"是一种相对理想的销售渠道,此种销售渠道的形成,得益于河北省较为扎实的小麦产业基础。在邯郸、邢台、衡水等地形成一批有实力的小麦加工企业,这些龙头加工企业在当地颇具影响力,采用订单生产,与种植户签订优质专用小麦收购合同来避免优质粮源外销,但与之合作的种植户均为百亩以上的种植大户,企业出于管理成本角度,很少与生产规模小的种植户合作。该销售渠道将加工企业和优质专用小麦种植户的外部市场交易转化为内部市场交易,统一在加工企业经营的框架中,实现了优质专用小麦从生产环节、销售环节、加工环节的紧密衔接,无效的中间交易环节被省略,降低了交易成本,同时有利于增强了加工企业对原料市场的控制。

对于优质专用小麦种植户而言,生产环节与销售环节紧密联系,种植户可以及时、准确获取优质专用小麦市场价格信息,在加工企业的指导下合理规划生产,既不盲目扩大种植面积,也避免了种植面积减少所带来的生产损失,选择市场所需的优质专用小麦品种。在生产农资供给方面,较高的一体化程度使农资供应商与农户衔接成为可能,农户期望获得高性价比农资的诉求得以实现。

该销售渠道的缺陷在于企业管理成本较高,原因有两点:一是在治理结构上,企业与优质专用小麦种植户之间的合作管理与层级治理并存,维护销售渠道高效运转产生的治理成本不可避免;二是在销售渠道管理权利结构上,此种销售模式下,龙头企业具有明显渠道管理权利优势,这是由于优质专用小麦种植户对龙头企业的依赖性决定的,龙头加工企业依据自身实力在这一销售渠道关系中处于绝对主导地位,分散的优质专用小麦种植户影响力有限处于劣势地位。权利的不对等性,再加之没有构建起的沟通协调机制,信任危机由此产生,此时销售渠道关系充满不稳定性,销售渠道绩效严重受损。

6.3 优质专用小麦销售渠道存在的问题

6.3.1 优质专用小麦供需失衡对销售渠道的影响

中国是小麦常年总产量超过1亿吨的国家,且小麦总产量不断增长、主产区不断增加,但大部分国产小麦是普通小麦,国产优质专用小麦总产量增长缓慢,各主产区主流品种较少,仅有的数个品种也没有形成规模种植,国内优质专用小麦整体处于供不应求的状态。当前国内优质专用小麦的总需求量在 1 000 万吨左右,但总产量约为 750 万吨,每年进口量约为 250 万吨。优质专用小麦供不应求的现状,刺激了销售市场的供应热度,各类经销主体积极参与其中以求谋取利润,但尚未建立成熟的市场运行机制,这就引发了不同经销主体对粮源的激烈争夺,各销售渠道之间并非是一种相互补充的关系,而是以占据市场份额为目的的相互倾轧,这无疑会加剧销售渠道的混乱局面。

6.3.2 种植户生产销售行为的不确定性对销售渠道的影响

优质专用小麦销售渠道之所以出现无序性,其根本原因在于优质专用小麦种植户流通体系的缺失,而这和种植户的生产经营行为不无关系,其中与种植户生产销售行为最为相关。长期以来,我国已建立起一套成熟小麦生产、销售、收储体系——农户家庭是小麦生产主体,中介是小麦流通负责收购,国家储备体系或者加工企业为最后需求者负责小麦的收储。正因如此,目前的优质专用小麦销售仍是沿袭传统的产供销体系,但这种体系对普通小麦的流通有效,对优质专用小麦则存在市场失灵问题。之所以产生市场失灵问题,原因主要包括:一是现阶段,优质专用小麦的生产、收储管理不规范,混种混收现象严重,大多数农民不具备科学的生产经营管理经验,种植户的销售决策行为差异性大,销售渠道选择的不确定性加重了流通市场的混杂性,导致优质专用小麦的质量与纯度难以得到保证,这种状况又反过来压低了优质专用小麦市场价格,最终利益受损的仍是农户;二是优质专用小麦一般产量和稳定性相比于普通小麦处于劣势,对于种植户来讲,小麦生产优质和高产在现阶段往往会产生一定的冲突,这是由于多方面因素造成的,既包括种植户生产管理的缺陷,也包括优质专用小麦品种质量的不足。在整个市场没能做到优质优价,农民种植优质专用小麦的积极性必然不会增强,农户大多是风险厌恶者,稳产变成了首要选择。农户种植积极性提不上去,难以形成规模化种植,由此导致优质专用小麦流通体系建设内动力不足。调研中发现,不少龙头加工企业是具备满足优质专用小麦收储需求的条件,但此类企业给出的优质专用小麦收购价格往往低于种植户的出售预期,这种矛盾同样是导致市场失灵的重要原因。

6.4 种植户销售渠道选择的博弈分析

目前,河北省优质专用小麦的销售渠道多种多样,但从外部看不同销售渠道的运作条件、地区适应性均存在着明显差异，由表及里，不同的销售渠道，其利益联结机制不同，参与主体有所区别，交易产生的费用也大不相同，销售价格也存在差异。本章将基于前文对现有营销渠道模式的归纳总结，运用交易成本理论比较优质专用小麦不同销售渠道所需交易成本的大小，并基于完全信息静态博弈模拟比较两种不同市场结构下优质专用小麦种植户采用不同销售渠道的收益状况。

6.4.1 优质专用小麦不同销售渠道交易成本的比较

在销售环节，优质专用小麦种植户的可选择交易的经销商有多个，选择不同的经销商则意味着种植户采用了不同的销售渠道，尽管在这个过程中种植户对销售渠道的选择是无意识的，但不同的销售渠道会产生不同的交易成本。这个选择决策的关键是，交易双方的交易动机，种植户选择的动机是以交易价格为依据，争取获得更多的收益，而经销商则寻求最低的收购成本和交易价格以实现自身收益最大化。

假设优质专用小麦交易参与主体围绕交易成本和市场交易价格展开博弈。成交价格体现的是交易双方协商和博弈的结果。交易成本的影响因素是多方面的，基于对优质专用小麦不同销售渠道的运行特征、机制的分析，借鉴各类文献研究对交易成本决定因素的分析，本研究把各类交易成本等级划分以"较低""一般""较高"三个级别来表示。由表6-1可以看出优质专用小麦种植户采用销售渠道不同则产生的交易成本也大不相同。

表6-1 不同销售渠道交易成本的比较

销售渠道	农户交易对象	信息搜寻成本	劳动成本	议价成本	监督成本	契约强度
种植户+经纪人	经纪人	较低	较高	较低	较低	松散
种植户+合作社	合作社	较低	一般	较高	一般	紧密
种植户+龙头企业	加工企业	较高	较低	较高	较高	紧密

6.4.2 种植户销售渠道选择博弈模型的构建

（1）参与者

在此博弈模型中，博弈主体主要为优质专用小麦种植农户、与之发生交易关系的优质专用小麦经纪人和各类经销组织包括专业合作社、加工企业。

考虑到销售渠道的多样化，以及不同销售渠道契约关系疏紧程度的不同，优质专用小麦种植户与经纪人多是一次性交易，可归属于契约程度疏散型，而优质专用小麦种植户与各类经销组织在长期的交易过程中，已建立了比较稳定的合作关系，因此种植户与优质专用小麦经销组织的关系可归属于契约程度紧密型的渠道模式中。本章预期在同一个博弈模型中，比较两种不同的市场结构下优质专用小麦种植户运用各类销售渠道的收益状况。

在契约关系疏散型的市场结构中，本章选择以"种植户+优质专用小麦经纪人"为主渠道展开研究。此时，农产品市场中存在两个博弈主体，分别是优质专用小麦种植户和优质专用小麦经纪人。在契约程度紧密型的市场结构中，本研究选择以"种植户+专业合作社"和"种植户+加工企业"为主销售渠道展开博弈模拟。此时，优质专用小麦市场中存在优质专用小麦种植户和专业合作社和加工企业三个博弈主体。本次博弈模拟的是优质专用小麦的初次交易。

上述三类优质专用小麦经销商的区别主要在于：一是各个经销商对优质专用小麦收购价格的制定策略不同；二是利润分配机制的不同，经纪人和专业合作社属于中端消费者，利润来源主要是收售优质专用小麦的差价，而加工企业的利润则直接来源于消费者优质专用小麦需求状况。依据实际调研情况，有必要假定种植户生产的优质专用小麦质量等级存在差异，因此可将其分为低、中、高三个质量等级，种植户如果生产某个质量等级的优质专用小麦则设为 1 单位否则设为 0 单位，在短期内优质专用小麦质量具有稳定性，相应的，不同质量等级优质专用小麦生产成本可表示为 $C_i(i = 1, 2, 3)$，且优质专用小麦生产成本随着质量等级的提升而增加。

（2）策略选择

优质专用小麦经纪人、专业合作社、加工企业依据自身情况制定优质专用小麦的收售价格。p_{ib}^a 表示经纪人、专业合作社、加工企业向种植户收购优质专用小麦 i 时所支付的收购价格，其中 $a=1, 2, 3$ 分别指优质专用小麦经纪人、专业合作社、加工企业；$i=1, 2, 3$ 分别对应优质专用小麦的低、中、高三个质量等级。b 指经纪人、专业合作社、加工企业收购优质专用小麦的行为，p_{is}^a 为优质专用小麦 i 的销售价格，s 代表经纪人、专业合作社、加工企业销售优质专用小麦的行为。

（3）收益与支付

在市场交易过程中，经纪人、专业合作社、加工企业的收入为：

$$\prod d = \sum_{i=1}^{3} q_i^a p_{is}^a - \sum_{i=1}^{3} q_i^a p_{ib}^a$$

其中，$\sum_{i=1}^{3} q_i^a p_{is}^a$ 表示经纪人、专业合作社、加工企业所销售的各质量等级优质专用小麦的销售总收入，$\sum_{i=1}^{3} q_i^a p_{ib}^a$ 表示经纪人、专业合作社、加工企业收购各质量等级优质专用小麦时所花费的总成本。

假设每个经纪人、专业合作社、加工企业每营销出一单位的优质专用小麦赚取的利润为 δ_d，则：$p_{is}^a - p_{is}^a \geq \delta_d$

种植户将优质专用小麦 i 销售给经纪人、专业合作社、加工企业时得到价格 p_{ib}^a。因此，优质专用小麦种植户通过经纪人、专业合作社、加工企业销售优质专用小 i 获得的收入可表示为：

$$F_i = \sum_a q_i^d (p_{ib}^a - c_i)$$

若 $F_i \leq 0$，种植户将选择放弃生产优质专用小麦 i，即 $q_i^a = 0$

（4）决策的次序

此博弈分为定价阶段和决策阶段来完成。在定价阶段，经纪人、专业合作社、加工企业同时确定不同质量等级优质专用小麦的采购价格和销售价格。在决策阶段，优质专用小麦种植户为优质专用小麦选择销售渠道并就此做出相应的生产决策，种植户的决策依据是经纪人、专业合作社、加工企业针对优质专用小麦制定的收购价格。

6.5 基于博弈模拟的种植户销售渠道运用的收益比较分析

本章中为了简化博弈模型推导的过程，结合前文针对优质专用小麦质量等级和生产成本及经纪人、专业合作社、加工企业与消费者的相关假设条件，假定如下：

低质量优质专用小麦的生产成本为 $C_1 = 0$，中等质量优质专用小麦的生产成本为 $C_2 = 1$，高质量优质专用小麦的生产成本为 $C_3 = 2$。

M_i 为消费者对优质专用小麦的保留价格，令消费者对低质量优质专用小麦的保留价格为 $M_1=1$，中等质量优质专用小麦的保留价格 $M_2=3$，高质量优质专用小麦的保留价格为 $M_3=6$。

经纪人、专业合作社、加工企业出售优质专用小麦至少赚取利润 δ，为了保证经纪人、专业合作社、加工企业具有出售各个质量等级优质专用小麦的可能性，故令 $\delta<1$。

6.5.1 以"种植户+经纪人"为主渠道的市场结构

此市场结构中是以优质专用小麦种植户和优质专用小麦经纪人为主体。对于种植户来讲，以经纪人作为交易对象，交易更为灵活，信息搜寻成本、议价成本相对较低同时农户省去了出售优质专用小麦的运输成本，但相应的农户交易不确定性增加，优质专用小麦交易价格略低于市场交易价格。令 $p_{1b}^1=1-\delta$，$p_{2b}^1=3-\delta$，$p_{3b}^1=6-\delta$，p_{is}^1 取其保留价格。

表6-2 契约关系松散型销售渠道中博弈者的均衡策略

I	p_{ib}^1	p_{is}^1	q_i^1
1	$1-\delta$	1	1
2	$3-\delta$	3	1
3	$6-\delta$	6	1

注：q_i^1 表示种植户有100%的概率选择经纪人作为优质专用小麦交易对象

表6-3 契约关系松散型销售渠道中各博弈者的所得

	所得	总剩余
优质专用小麦经纪人	$\prod_1 = 3\delta$	3δ
优质专用小麦种植农户	$F_1 = 6-3\delta$	$10-3\delta$
总剩余		10

由表6-2，表6-3得知，优质专用小麦种植户的所得在一定程度上取决于优质专用小麦经纪人的最低利润额 δ 的大小，这就表明，该交易方式存在很大的不确定性，在没有任何契约的情况下，种植户利益容易受到损害，相应的优质专用小麦经纪人是利益获得者。这种契约关系松散型交易方式会逐步向更加稳定的契约关系紧密型交易方式转变。

6.5.2 以"种植户+专业合作社"和"种植户+加工企业"为主销售渠道的市场结构

此市场结构中有种植户至少有两类产销组织可供选择,即专业合作社和加工企业。专业合作社在整个销售渠道中属于中端消费者,其利润来源一部分来自于赚取差价。相比于专业合作社,加工企业处于销售渠道的尾端,其利润来源主要依靠于市场对优质专用小麦加工产品的需求状况,加工企业出于对优质粮源的争夺以及实现对本地粮源市场控制的目的,其收购价格略高于专业合作社,即:

$p_{ib}^2 < p_{ib}^3$,$p_{1s}^2 = 1$,$p_{2s}^2 = 3$,$p_{3s}^2 = 6$;$p_{1s}^3 = 1$,$p_{2s}^3 = 3$,$p_{3s}^3 = 6$;$p_{1b}^2 = 1 - \delta$,$p_{2b}^2 = 3 - \delta$,$p_{3b}^2 = 6 - \delta$;$p_{1b}^3 = 1 - \delta + \theta$,$p_{2b}^3 = 3 - \delta + \theta$,$p_{3b}^3 = 6 - \delta + \theta$

其中,$0 \leq \theta < 0.5$,$\theta < \delta/2$。

6.5.3 两种不同市场结构下优质专用小麦种植户所得比较

综合以上分析,表 6-4,表 6-5,表 6-6,分别显示在契约松散型和契约紧密型市场结构中,种植户销售不同质量等级优质专用小麦的收益情况。

表 6-4 契约关系紧密型市场结构下各博弈者的均衡策略

I	p_{ib}^2	p_{is}^2	p_{ib}^3	p_{is}^3	q_i^2	q_i^3
1	$1 - \delta + \theta$	1	$1 - \delta$	1	0.5	0.5
2	$3 - \delta + \theta$	3	$3 - \delta$	3	0.5	0.5
3	$6 - \delta + \theta$	6	$3 - \delta$	6	0.5	0.5

表 6-5 契约关系紧密型市场结构下各博弈者的所得

	所得	总剩余
经销组织	$\prod_2 = 1.5\delta - 1.5\theta$;$\prod_3 = 1.5\delta$	$3\delta - 1.5\theta$
农户	$F_1 = 1 - \delta + 0.5\theta$	$10 - 3\delta + 1.5\theta$
总剩余		10

6 河北省优质专用小麦种植户销售渠道选择研究

表6-6 两种不同市场结构种植户收益情况

I	契约松散型	契约紧密型
1	$F_1 = 1 - \delta$	$F_1 = 1 - \delta + 0.5\theta$
2	$F_2 = 3 - \delta$	$F_2 = 3 - \delta + 0.5\theta$
3	$F_2 = 6 - \delta$	$F_3 = 6 - \delta + 0.5\theta$
汇总	$F_i = 10 - 3\delta$	$F_i = 10 - 3\delta + 1.5\theta$

依据表6-4，表6-5和表6-6，可以得出以下几个结论。

优质专用小麦种植户所得利润份额在一定程度上取决于其他经销组织或经纪人最低利润额的大小。这表明，种植户在销售优质专用小麦过程中处于劣势地位，优质专用小麦的价格主要取决于经销商一方，种植户往往是价格接受者，这也符合当前我国农业发展的实情。

在销售等量质量同等级优质专用小麦的前提下，种植户在契约关系松散型市场结构中的所得小于其在契约关系紧密型市场结构中的所得。相比较于契约关系松散型市场交易方式，契约关系紧密型更能体现出优质专用小麦优质优价的市场特征来。做到优质优价也是河北省优质专用小麦产业发展的目标与方向。

尽管两种契约关系的交易方式各有所长，但整体来看，在契约关系紧密型交易方式下优质专用小麦种植户获益较高，契约关系紧密型交易方式更有利于优质专用小麦产业的长远发展。

6.6 优质专用小麦种植户销售渠道选择影响因素

6.6.1 数据来源及统计描述

本章节数据来源于课题组对河北省优质专用小麦主产区的调研。为了解优质专用小麦种植户销售渠道选择实际情况，课题组在衡水市、邢台市、邯郸市、石家庄市等地区开展了调研。本次调研采用分层取样方法，选择的调研地点主要有：枣强县的东七吉、西七吉；衡水冀州区的门庄乡、西白庄村，白漳村；景县的陈白高村；柏乡县的杨村，驻驾村，南红村，中鲁村，南鲁村；隆尧县的北盐池村；宁晋县的唐三村；大名县的后磨庄村；永年区的柳村，临漳县的沙河岸村；石家庄市藁城区的高玉村、刘海庄村。调研方式为座谈形式，由调研员帮助农户完成问卷的填写，还有一部分问卷是由农技推广站工作人员协助调研完成。调研共获得问卷184份，剔除问题问卷14份，共获得有效问卷170份。

6.6.2 模型构建与变量选择

（1）种植户销售渠道选择研究模型构建

本章主要考察农户优质专用小麦种植户销售渠道选择及其影响因素，优质专用小麦种植户销售渠道的选择属于离散选择问题。由实地调研发现，优质专用小麦分为"种植户+优质专用小麦经纪人"的直接销售模式，"种植户+专业合作社"的中介销售模式，"龙头企业+种植户"的农企对接销售模式三种，根据这三种销售路径中种植户与交易对象契约关系的类型，本研究将这三种销售渠道划分为两类：一类为契约关系松散型，包括"优质专用小麦种植户+优质专用小麦经纪人"销售模式；另一类为契约关系紧密型包括"优质专用小麦种植户+专业合作社""龙头企业+优质专用小麦种植户"两种销售模式。经研究分析，本章选取二元Logistic模型对所要研究内容进行检验（表6-7）。

设种植户选择契约关系紧密型销售渠道进行销售，则$y=1$，y为因变量。如果种植户选择契约关系松散型销售渠道进行销售，则$y=0$。影响y的n个自变量分别记为$x_1, x_2, x_3 \cdots \cdots x_n$。设种植户$i$选择契约关系紧密型销售渠道进行销售的概率为$P_i$，$1-P_i$则$i$表示种植户选择契约关系松散型销售渠道进行销售的概率，它们均是由自变量向量X构成的非线性函数：

$$P_i = F(y) = F\left(\beta_0 + \sum_{j=1}^{n} \beta_j x_j\right) = 1 / \left\{ 1 + \exp\left[\left(-\beta_0 + \sum_{j=1}^{n} \beta_j x_j\right)\right] \right\} \quad (1)$$

对$P_i/(1-P_i)$进行对数变换，得到Logistic模型的线性表达式为：

$$\ln \frac{P_i}{(1-P_i)} = \beta_0 + \sum_{j=1}^{n} \beta_j x_j \quad (2)$$

（1）式和（2）式中，β_0为常数项，n为自变量的个数，自变量的系数为β_j。

表6-7 被解释变量名称及样本分布

契约类型	j	交易双方	样本分布	
			户	%
契约关系松散型	0	种植户-优质专用小麦经纪人	80	47
契约关系紧密型	1	种植户-经销组织	90	53

(2) 变量选择

将影响优质专用小麦种植户销售渠道选择的解释变量确定为信息成本、谈判成本、执行成本、市场因素和控制变量（农户及经营特征）在内的5类变量，进一步分为13个可测度的解释变量。各个变量的含义、描述性统计分析结果及其对被解释变量的预期影响方向见表6-8。

信息成本。根据屈小博、霍学喜（2007）的研究，对市场行情了解状况、是否通过收购商了解价格和获取价格信息渠道三个变量可以反映农户获得信息的难易程度。参考文献研究，本研究用以下3个变量来反映农户优质专用小麦销售的信息成本：是否通过经销组织了解优质专用小麦行情（x_1）、获取价格信息渠道（x_2）、寻找合适买主的难易程度（x_3）。

谈判成本。屈小博、霍学喜（2007）关于苹果种植户销售渠道选择行为的研究曾指出不同果农对苹果收购商报价一致情况和同一等级苹果销售价格差异两个变量可反映交易过程中所投入的谈判成本。谈判成本主要由同等级优质专用小麦经销商与经纪人报价差异（x_4）、农户与收购方在优质专用小麦等级认定上的差异（x_5）、是否签订销售合同（x_6）、优质专用小麦质量、纯度对价格的影响程度（x_7）4个变量。

执行成本。将执行成本确定为优质专用小麦销售结算方式（x_8）、农户到最近收购点的距离（x_9）。需要指出的是这里的收购点并非指一般的优质专用小麦收购站点，被定义为有收购能力且有意愿与农户具有紧密契约关系的经销商。

市场因素。调研中发现，不同地区种植同一品种优质专用小麦的农户所售价格略有差别，同一地区种植户所售优质专用小麦价格也存在差别。因此，以农户优质专用小麦出售价格（x_{10}）作为市场因素主要指标。

控制变量。控制变量主要为将种植户特征，相应变量可确定为种植户受教育程度（x_{11}）、年龄（x_{12}）、优质专用小麦种植规模（x_{13}）。

表6-8 变量名及预期方向

变量名	测量及赋值	均值	标准差	预期方向
契约类型	1=契约关系紧密型；0=契约关系松散型	0.61	0.49	—
信息成本				
是否通过经销组织了解优质专用小麦行情（x_1）	1=是；2=否	0.54	0.69	+

（续表）

变量名	测量及赋值	均值	标准差	预期方向
获取价格信息渠道（x_2）	1=一种；2=两种；3=三种；4=四种及以上	2.39	0.84	?
寻找合适买主难易程度（x_3）	1=很容易；2=比较容易；3=一般；4=不太容易；5=有困难	2.55	0.90	+
谈判成本				
同等级优质专用小麦经销商与经纪人报价差异（x_4）	1=有较大差异；2=有时有差异；3=没有差异	2.19	0.50	—
种植户与收购方在优质专用小麦等级认定上的差异（x_5）	1=一致；2=有时有差异；3=经常有差异	1.59	0.54	—
是否签订销售合同（x_6）	1=是；2=否	1.21	0.41	+
优质专用小麦质量、纯度对价格的影响程度（x_7）	1=有影响；2=影响不大；3=没影响	1.67	0.66	—
执行成本				
优质专用小麦销售结算方式（x_8）	1=现金结算；2=其他	1.06	0.24	+
农户到最近收购点的距离（x_9）	1=5千米以内；2=5~10千米；3=10~15千米；4=15~20千米；5=20千米以上	1.79	0.72	—
市场因素				
农户优质专用小麦出售价格（x_{10}）	农户优质专用小麦实际出售价格	1.256	0.07	+
控制变量				
户主受教育程度（x_{11}）	1=小学及以下；2=初中；3=高中；4=其他	2.25	0.69	-
户主年龄（x_{12}）	户主实际年龄	51.27	12.82	—
优质专用小麦种植规模（x_{13}）	1=种植小户；2=种植大户	1.51	0.50	+

6.6.3 模型估计结果与分析

通过建立 Logistic 回归模型来分析优质专用小麦种植户销售渠道选择的影响因素。表 6-9 至表 6-11 给出了二项 Logistic 回归模型的整体显著性检验。其中表 6-9 给出了对数似然比检验结果，从表中可以看出，模型的似然比卡方统计统计量为 200.42，自由度为 13，对应 P 值小于 0.05，所以在 0.05 的显著水平下，即认为该模型是显著的。

表 6-9 模型整体显著性的对数似然比检验结果

		卡方	df	Sig.
步骤 1	步骤	191.349	13	0.000
	块	191.349	13	0.000
	模型	191.349	13	0.000

表 6-10 给出了 Hosmer-Lemeshow 卡方统计量以及相应的 P 值，该统计量是利用表 6-5 所示的列联表计算得到的。由表可知，Hosmer-Lemeshow 卡方统计量为 19.114，自由度为 8，对应 P 值为 $0.014 < 0.05$，得到与对数似然比检验一致的结论：该模型是整体显著的。

表 6-10 整体显著性的 Hosmer-Lemeshow 检验结果

步骤	卡方	df	Sig.
1	19.114	8	0.014

表 6-11 Hosmer-Lemeshow 检验列联表

		契约关系松散型销售渠道=0		契约关系紧密型销售渠道=1		总计
		已观测	期望值	已观测	期望值	
步骤 1	1	17	17.000	0	0.000	17
	2	18	17.971	0	0.029	18
	3	18	17.158	0	0.842	18
	4	11	11.986	6	5.014	17
	5	1	1.832	16	15.168	17
	6	1	0.052	16	16.948	17
	7	0	0.002	18	17.998	18
	8	0	0.000	17	17.000	17
	9	0	0.000	18	18.000	18
	10	0	0.000	13	13.000	13

表 6-12 给出了模型拟合优度评价的几个统计量。Cox & Snell R_2 统计量和 Nagelkerke R_2 统计量分别为 0.676 和 0.917，意味着模型解释了被解释变

量90%以上的变动，表明该模型拟合优度还是比较高的。

表6-12 模型拟合优度评价结果

步骤	-2 对数似然值	Cox & Snell R_2	Nagelkerke R_2
1	35.755a	0.676	0.917

注：a. 因为参数估计的更改范围小于0.001，所以估计在迭代次数16处终止。

（1）信息成本的影响

在表示信息成本的可测度变量中，种植户是否通过经销组织了解优质专用小麦市场价格通过了1%统计水平的显著性检验。而且该变量系数与预期预测一致，为正值。在契约关系紧密型销售渠道中，种植户市场价格信息来源主要途径便是经销组织，统计数据显示，通过经销组织了解优质专用小麦行情的种植户中，优质专用小麦出售对象为契约关系紧密的经销组织共占87%，选择出售给经纪人的种植户仅占23%，这说明通过经销组织了解优质专用小麦行情对种植户选择契约关系紧密型销售渠道有很大的正向影响。调研中发现，对于收购优质专用小麦的粮贩和契约关系紧密的优质专用小麦种植户，加工企业给出的优质专用小麦收购价格相差不大，差额约为0.01元/公斤，实际上是运输费用。所以从这方面讲，具备运输条件的种植户更乐意把优质专用小麦直接出售给加工企业，把运输成本转化为运输收益。获取价格信息渠道没有通过显著性检，可能原因是，无论是契约关系紧密型销售渠道，还是契约关系松散型销售渠道，种植户获取优质专用小麦价格信息来源均较为广泛，统计数据中选择单一价格信息来源的仅占13%，价格信息渠道来源为两种的占46.1%，价格信息渠道来源为三种的占30.8%，这表明大多数种植户有较广泛的价格信息渠道来源。寻找合适买主的难易程度变量通过了5%统计水平的显著性检验。在契约关系紧密型销售渠道中，76%选择寻找合适买主较为容易，而在契约关系松散型销售渠道中这一比例仅占40%。

（2）谈判成本的影响

同等级优质专用小麦经销商与经纪人报价差异自变量通过1%统计水平显著检验，符号为负。对收购方的报价差异的认识实际上反映了种植户对价格公平程度的看法。在种植户看来，价格越公平，则选择契约关系紧密型销售渠道意愿更为强烈。调研中也了解到，部分种植户对企业报价不太满意，对价格存在疑虑，因为在企业与种植户的交易中，分散的种植户处于劣势地位，企业占据主动权，交易的不对等性降低了种植户对经销组织信任程度。

种植户与收购方在优质专用小麦等级认定上的差异自变量通过1%统计水平检验，且为负相关，与预期一致。相比于种植户把优质专用小麦出售给经纪人，企业对优质专用小麦质量要求更高。对优质专用小麦实行质量分级和检测标准一定程度上可以反映出经销组织在质量方面是具有"话语权"，调查中发现，经销商关于优质专用小麦分级检测标准的制定是构成市场进入壁垒的重要因素，检测分级标准越复杂，种植户则更倾向于把优质麦出售给粮贩；出售优质专用小麦是否签订合同没有表现出统计显著性。原因是统计数据中，签订合同的种植户所占比例很小。尽管种植户与加工企业或合作社契约关系紧密，但大多为口头协议，这也反映出农村契约意识的缺失。优质专用小麦质量、纯度对销售价格影响自变量没能通过显著性检验。原因可能是，尽管相比于企业，粮贩对质量要求相对宽松，但种植户普遍认为优质专用小麦的质量、纯度对价格影响很大，统计结果显示这一比例高达89%。种植户对质量的敏感性，反映出市场对优质专用小麦质量的高标准、严要求，这是由优质专用小麦特殊的市场用途定位决定的。上文中也提到，在目前状况下种植户往往面临优质与高产的矛盾，导致这一现象的主要原因是优质专用小麦产量的不稳定性。在保证优良品种的前提下，优质专用小麦在生长过程中同样需要较高水平的生产管理技术，科学的生产管理对优质专用小麦的产量有着很大影响。即使在同一地区，同样的自然生产条件（包括土质、气候）优质专用小麦产量差别很大，其主要原因是种植户生产管理的差异性，这实质上体现的是农户科学生产管理技术的缺失与不规范性。

（3）执行成本的影响

优质专用小麦销售结算方式自变量没能通过显著性检验。原因可能是，种植户不论是把优质专用小麦出售给契约关系紧密的经销组织还是粮贩，结算方式都为现金结算，这一比重为94%，通过调研走访也证实，如果采用欠条等结算方式，收购商很难收到优质专用小麦。无论是种植户，还是收购商对这一点都有清楚的认识。到最近优质专用小麦收购点的距离自变量通过1%显著水平检验，对种植户选择契约关系紧密型销售渠道有显著负影响。种植户距离经销组织距离越远，不利于双方开展交易，种植户则更倾向于把优质专用小麦出售给粮贩。距离越远，加工企业或合作社等经销组织的影响力随之减弱，受管理成本影响，企业与种植户合作的意愿也逐步减弱，而这也增加了粮贩进入市场的机会。

（4）市场因素影响

优质专用小麦出售价格因素通过10%统计水平显著性检验，系数为正，表明收购价格对种植户选择契约关系紧密型销售渠道有正影响。种植户选择契约关系紧密型销售渠道的平均交易价格为 2.54 元/公斤，选择出售给粮贩的平均交易价格为 2.50 元/公斤，这表明契约关系紧密型销售渠道中的优质专用小麦收购价格要整体高于粮贩收购价格，价格优势对种植户选择契约关系紧密型销售渠道起到诱导作用。

（5）控制变量的影响

户主受教育程度对种植户选择契约关系紧密型销售渠道有显著负影响，显著水平为 5%，与预期相反。可能原因是文化程度较高的种植户在优质专用小麦价格信息搜集上，相对具有优势，因而选择自行出售以期获得更高的出售价格；年龄对种植户选择契约关系紧密型销售渠道有显著正影响，显著水平为 1%。随着年龄的增大，种植户获取价格信息困难度增大，相比于出售给粮贩，种植户与经销组织建立紧密的契约合作关系可以减少一些生产以外的成本，并且可以减少市场风险，满足种植户的保障需求心理；种植户的生产规模对选择契约关系紧密型销售渠道有显著正影响，与预期相符，显著水平为 1%。种植户生产成本与生产规模成正比，农资投入对种植户来说是一笔不小的投入。调研中发现，有的加工企业或合作社为了增强种植户与之合作的积极性，提前垫付农资费用，对于促进双方合作产生良好效果，在市场价格出入不大时，种植户更倾向于把优质专用小麦出售给加工企业或合作社，这也符合种植户规避市场风险的需求本质（表6-13）。

表 6-13　回归系数估计值及显著性检验结果

	方程中的变量	B	S.E	Wals	df	Sig.	Exp（B）
步骤	是否通过经销组织了解优质专用小麦市场行情	4.475	1.648	7.372	1	0.007	87.831
	获取价格信息渠道	-0.423	0.919	0.212	1	0.645	0.655
	寻找合适买主的难易程度	-3.251	1.274	6.512	1	0.011	0.039
	同等级优质专用小麦经销组织与经纪人报价差异	-6.722	2.071	10.536	1	0.001	0.001
	农户与收购方在优质专用小麦等级认定上的差异	-3.941	1.430	7.594	1	0.006	0.019
	出售优质专用小麦是否签订合同	-1.257	2.613	0.231	1	0.631	0.285

(续表)

方程中的变量						
	B	S.E	Wals	df	Sig.	Exp(B)
步骤	优质专用小麦质量、纯度对销售价格影响	−4.733	3.862	1.502	1	0.220	0.009
	优质专用小麦销售结算方式	4.508	352.608	0.000	1	0.990	90.771
	到最近优质专用小麦收购点的距离	−6.136	1.817	11.405	1	0.001	0.002
	农户优质专用小麦出售价格	23.319	12.436	3.516	1	0.061	9.357
	户主受教育程度	−3.415	1.351	6.390	1	0.011	0.033
	户主年龄	0.236	0.070	11.552	1	0.001	1.267
	种植规模	7.820	2.649	8.713	1	0.003	2 490.934
	常量	−0.510	352.917	0.000	1	0.999	0.601

在步骤中输入的变量：是否了解优质专用小麦市场行情，获取价格信息渠道，寻找合适买主的难易程度，同等级优质专用小麦，合作组织与经纪人报价差异，农户与收购方在优质专用小麦等级认定上的差异，出售优质专用小麦是否签订合同，优质专用小麦质量、纯度对销售价格影响，优质专用小麦销售结算方式，到最近优质专用小麦收购点的距离，销售单价（元/斤），文化程度，户主年龄，种植规模。

通过建立二元 Logistic 模型，探究了优质专用小麦种植户销售渠道选择行为的影响因素。研究结果表明交易成本优质专用小麦种植户销售渠道的选择有重要影响。在信息成本的测量变量中，是否通过经销组织了解优质专用小麦行情和寻找合适买主的难易程度对种植户选择契约关系紧密型销售渠道有显著影响，两者分别为正向和负向；反映谈判成本的变量中，种植户与收购方在优质专用小麦质量等级认定上的差异和同级优质专用小麦经销组织组织与粮贩报价的差异均对优质专用小麦种植户选择契约关系紧密型销售渠道有负向影响；在反应执行成本的变量中，种植户到经销组织的距离变量对种植户选择契约关系紧密型销售渠道有显著负向影响。市场收购价格的高低是影响种植户选择契约关系紧密型销售渠道的直接影响因素。此外，种植户特征也会影响到自身销售渠道的选择。其中，户主文化程度对种植户选择契约关系紧密型销售渠道有显著负向影响，而户主年龄以及种植规模有显著正向影响。

6.7 不同经营模式案例

通过案例分析运行过程中所构建的优质专用小麦销售渠道,探究这一制度安排对于交易成本的节省作用,进一步剖析"龙头企业+专业合作社+农户"等模式优质专用小麦生产经营模式在河北省优质专用小麦产业发展中的特殊作用,及发展前景。

新古典经济学从生产效率的角度对合作社的出现进行了解释,强调合作社的建立为了解决市场失灵问题。段利民(2012)对苹果种植户参与专业合作社的研究表明农民专业合作社是降低农民交易成本、提高农民收入的有效途径。借鉴前人研究经验,本书试图从交易成本的角度解释农民专业合作社在优质专用小麦交易中的作用。

随着中国经济的发展,"小农业"的特点愈发突出,"小"体现在两个方面:一是基于宏观角度,农业部门在国民经济中所占份额越来越小;二是基于微观角度,家庭联产承包责任制基本经营制度下,农业收入在农户家庭收入中所占比例逐步较少。基于其中的微观角度,与小农业相对的是生产成本的提高,在农户的生产投入中,资产专用性所占比例则变得凸显。而由资产专用性引起的交易费用,可通过构建专业合作社得以有效削减。合作社具有价格机制灵活,盈利共享特点,有利于解决优质专用小麦种植户交易过程中存在的不确定性。随着农户销售观念的转变,地头交易逐步被广大农户接受,由于优质专用小麦的成熟收获时间短暂、集中,把高频率的交易内部化,节省了交易费用。

国内理论界关于从"龙头企业+农户"向"龙头企业+合作社+农户"方向进一步演进的趋势中,周立群和曹利群的研究认为,合作双方无法准确预见未来农产品的市场价格,所以在"龙头企业+农户"这一组织框架下很难有可行办法限制合作双方机会主义行为。生秀东经过研究,认为把合作社引入"公司+农户"的组织链中,实现了双方缔约环境的改善以及市场相对地位的平衡,并将此种制度优势概括为:①增加农户的收益;②降低监督费用和违约风险;③增强农户种植信心;④降低龙头企业的交易费用;⑤合作社对小农户的机会主义违约行为有很强的约束力,降低了龙头企业面临的农户违约风险;蔡荣和祁春节关于交易费用与契约选择的研究表明农户对于农产品市场组织形式的选择最主要的动机是节约交易费用。作者更进一步指出,交易效率的改进实质是农产品市场组形式的变迁。

以上研究表明，引入合作社这一组织形式其主要贡献在于把外部交易转变为内部交易，降低交易成本。本研究试图通过河北省南和县金沙河农作物种植专业合作社的案例，阐述一种更为完善的优质专用小麦销售渠道模式，以期对优质专用小麦的销售渠道建设问题做进一步的探究。

6.7.1 "种植户+专业合作社"模式

邢台南和区金沙河农作物种植专业合作社成立于2012年3月，现有职业农民120余人，在全县6个乡镇24个村经流转经营土地3万亩，合作社开展"企业+合作社+村委（支部）+职业农民+农户+科研机构"六位一体的种植管理模式。通过统一品种、统一农资、统一管理、统一储存、统一销售的五统一生产管理模式，从源头上把好食品质量安全关，扶持粮食种植产业，实现粮食生产与农产品加工有机衔接。创新农业产业链模式，打造现代农业产业集群。

合作社依托于龙头企业——金沙河集团。金沙河集团是"农业产业化国家重点龙头企业"。公司日处理小麦1.1万吨，面粉销量居全国第5位；日加工挂面2 600吨，产销量连续8年居全国第1位。该集团推行原粮种植、科技研发、产品加工、包装出库一整套规范化绿色生产流程，先后获得"中国名牌产品""中国驰名商标""绿色食品"等称号。金沙河集团成立了金沙河农作物种植和瑞华农机2家专业合作社，由金沙河集团提供资金支持和技术及管理指导，吸收农民投工入股。在龙头企业带动下，合作社把工业化的管理理念运用到农业生产体系中。培育懂技术，会管理的新型职业农民；开展适度规模种植，推广适合加工需求的优良品种。提质增效，探索一二三产业融合发展，形成利益共同体，解决农业供给侧改革问题，促进优质专用小麦产业稳定发展。

完善合作模式是合作社采取的重大举措之一。以往的"龙头企业+专业合作社+农户"的经营方式，其合作效应主要体现在以交易合约为载体农产品交易流程，龙头企业与合作社（农户）没有实质的利益关联，而且双方部分利益的获得都是基于交易双方的博弈，即一方的额外收益是建立在另一方的损失之上的。由于双方的关联性不紧密，基于机会主义，违约现象时有发生，优质专用小麦的销售问题得不到根本性解决。南和区金沙河农作物种植专业合作社的合作模式主要分为三种：第一种是固定地租；第二种是股权联盟合作方式；第三种是服务联合，多种合作方式拓宽了农民选择空间。除此之外，开办职业农民学院是合作社的一大创新。

研究表明交易成本对种植户销售渠道的选择行为有着重要影响，而不同的生产经营模式决定了不同的产销方式，进一步产生了不同的交易成本。由此看来，优质专用小麦的生产经营模式某种程度上决定了优质专用小麦的销售问题。解决优质专用小麦销售问题重在高效的优质专用小麦生产经营模式的构建。

邢台南和区金沙河农作物种植专业合作社采用的"金沙河集团+专业合作社+农户"的生产经营模式是典型的纵向一体化过程，合作社提供给农户多种合作方式包括固定地租、股权联盟、服务联合等，而所有的合作方式都具有一个共同点，就是实行"五统一"种植模式，即统一品种、统一农资、统一管理、统一储存、统一销售，实现了从生产到加工的全程化监测管理，保证了优质专用小麦的质量和纯度。区别于以往的"龙头企业+合作社+农户"生产经营模式，企业在整个产业链中主导作用更为突出，企业责任感得到加强，在这里企业扮演着主人翁的角色，生产制度和合作方式的建立更像是对农户的激励条例，把农业生产转化为具有现代生产管理气质的工业化生产经营，即农业产业化。销售渠道的建立正是依托于优质专用小麦生产经营模式的构建。

合作社的成功建立与运转离不开政府和企业的共同努力。依据奥尔森（1995）所指出的"集体行动的逻辑"，在"合作社+农户"生产模式，农户个人利益往往容易与合作利益产生分歧，奥尔森提出了两个有效解决途径：一是可以采取强制措施；二是采取选择性激励。就南和区金沙河农作物种植专业合作社经营模式的建立而言，两种路径均有体现。其一是在合作社经营土地流转过程中，政府从产业化发展的大局出发实际上采取了一些"强制措施"有利于企业土地流转的顺利实现，这与尊重农户自愿土地流转权利并不违背，因为政府的强制措施仅体现在政策的引导支持，更准确说是对农户经营观念的转变，而任何变革的发生都不是自然而然进行的；其二是激励途径的运用，我们看到，企业或是合作社在推动一体化经营中采取了许多激励措施，体现在合作模式的选择上包括固定地租、股权联盟、服务联合等合作方式，每一种合作方式对种植户而言都是选择性激励。加之职业农民学院的建立同样归属于激励措施。

以邢台南和区金沙河农作物种植专业合作社为枢纽搭建的销售渠道有效解决了优质专用小麦流通过程中质量参差不齐、普通麦和优质专用小麦混杂难分、价格优势不明显等问题，之所以起到这样的效果，原因在于：一是合作社实行统一品种、统一农资、统一管理的生产管理方式，优质专用小麦在正常自然生产条件下的质量得到保证;二是依靠企业的收储设备,优质专用小麦有条件实现统一储存,科学分类管理,确保了优质专用小麦的单收单储,保证了优质专用小麦的纯度;三是优质专用小麦统一销售,在优质、高纯度、交易量大的农产品优势下,优质专用小麦交易价格提高,种植收益得到明显提升,而种植收益是农户生产经营的主要内动力。此外,高度紧密的契约关系,克服了以往优质专用小麦生产经营过程中的订单违约问题。在以新制度经济学角度对农户生产经营行为的研究中指出,纵向一体化是减少交易对方投机倾向的有效途径,即采用外部交易内部化的战略。龙头企业通过向前一体化延伸到生产领域,把种植户的承包土地变为自己的生产基地,属于纵向一体化发展的一种。金沙河集团正是通过建立南和区金沙河农作物种植专业合作社,并以此为枢纽,构建起连接紧密的销售渠道,推动了产业一体化发展。

6.7.2 "种植户+龙头加工企业"模式

河北晨风面业有限公司位于石家庄东南 30 千米,成立于 2004 年 10 月,注册资本 2 000 万元,是一家集科研、加工、销售于一体的大型面粉加工企业,是石家庄市农业产业化重点龙头企业、河北省省级示范联合体核心龙头企业、石家庄市成品粮储备单位,公司在行业内第一批通过 HACCP 国际质量体系认证。

公司多年来根植于优质强筋小麦面粉研发生产,从日加工小麦粉 15 吨的加工机组,发展成为集科研、种植、加工、销售于一体的融合型企业,2020 年公司投资 2 060 万元,聘请河南工业大学李东森教授为优质强筋小麦专用生产线进行提升改造设计,新生产线针对强筋小麦天然自带的优越属性,采用低温轻研细磨工艺,即能完全释放出清新麦香,又能极好地保护优质强筋小麦的营养,使面粉真正做到无须添加,实现了从源头保证食品安全的理想与初衷。公司不断研发新产品、发展新业态、打造"晨风"品牌,目前拥有"晨风"品牌高端富硒、宝宝专用、烘焙专用、小康家庭及市场专用面粉五大系列 20 多个品类,市场覆盖全国 20 多个省(市)。

公司依托国家地理标志产品'藁城藁优麦'的品种优势,开拓创新,在藁城区各乡镇分别建设藁优麦生产基地,其中在南营镇王宫村打造了 1 000 亩"藁优"绿色强筋小麦标准化种植基地,基地生态环境良好,基地管理在品种繁育、精细整地、精准播种、节水灌溉、科学施肥、病虫统防、机械作业、防灾减损等各个环节严格落实绿色小麦种植技术规程和"八统一"配套管理措施,形成"节水、减肥、降药、省工、增效"的绿色高效模式,确保强筋麦品质稳定一致。

龙头企业发挥引领作用。河北晨风粮食产业联合体是以河北晨风面业有限公司为核心,联合 3 家种植专业合作社与 8 个家庭农场组成的粮食产业化联合体,依托国家地理标志产品'藁城藁优麦'的品种优势,制定联合体章程,聚合生产要素、系紧利益联结,实施产加销一条龙、农工贸相融合的产业链协作发展模式,围绕"优质强筋麦"优势主导产业,着力促进强筋麦研发、示范、生产、加工、物流、服务等相互融合,形成了集标准种植、商贸流通、生产加工于一体的强筋麦产业链发展模式。进一步提高了强筋麦产业链组织化程度,串联农业生产环节,促进家庭经营、合作经营、企业经营协同发展,构建现代农业生产经营体系,实现农业增效、农民增收,推动农村一二三产业融合发展。

河北晨风粮食产业联合体内种植专业合作社、家庭农场等农业经营主体参与农业产业化联合经营,在藁城区各乡镇分别建有'藁城藁优麦'标准化种植基地,其中在南营镇富硒带区域,建设绿色富硒标准化小麦种植基地 6 600 亩,严格落实绿色高质高效生产管理技术,签订定向收购协议,直接供给河北晨风面业,辐射带动周边农户 3 000 户,户均收入增加 500 元以上,并通过申请"绿色食品""有机产品""富硒产品"等农产品认证,共享'藁城藁优麦'地标品牌,打造精品原粮,提高优质原粮售价,互利共赢、抱团发展,增加农民收入。

联合体的创新联农带农措施,强化企业与农户间的利益联结机制,引导农民(合作社)通过订单、入股等多种方式,积极参与粮贸企业和面粉加工企业的强筋麦流通转化深加工,探索建立了"抱团签约+订单种植""订单基地+保底收入+技工工资""共享粮行""公司+基地+农户""土地入股+保底分红"等多种利益联结模式,麦收后存粮入库、保底价收购、随行就市结算,让农民享受到藁优麦流通增值的红利,让合作社农民吃上定心丸,通过订单协议保障,提升"藁城藁优麦"的品牌价值,调动农民创品牌、出精品的积极性。研究探讨产业链各环节主体合作方式,有助于保障"藁城藁优麦"地标品牌形象,为藁优麦产品增值,促进一二三产业深度融合,让农民能够共享二三产业增值收益。

龙头企业统筹多方协作。公司重视科技创新与应用,与河南工业大学、河北农业大学、河北师范大学等院校建立实操实训基地,先后申请通过"河北省科技型中小企业""创新型中小企业"认定,申报"国家科技型中小企业"已审核通过进入公示期,晨风面业研发中心被认定为"C级研发中心",申请实用新型专利10件、牵头拟定"藁城宫面用小麦粉""富硒小麦粉""富硒全麦粉"等团体标准,为强筋麦产业发展提供有力的科技支撑。

7 河北省小麦产业发展面临的挑战和威胁

7.1 资源约束力是小麦再扩能最大瓶颈

7.1.1 耕地趋紧态势将长期存在

河北省存在人均耕地少、耕地质量总体不高、耕地后备资源不足等突出问题。随着工业化和城镇化进程加快，河北省耕地仍将呈继续减少的态势。2021年河北省耕地面积为8 953.08万亩，其中，有效灌溉面积6 560.66万亩，有效灌溉面积占耕地面积的比重由2003年的67.89%增加到2021年的73.28%，但通过历年数据看，有效灌溉面积没有实质性增加，甚至有所下降，2021年有效灌溉面积比2003年减少了45.33万亩。高标准农田建设规模和占比情况：2021年，河北省累计建成高标准农田4 862万亩，同期河南省为7 580万亩，山东省为6 778万亩，安徽省为4 950万亩。河北省高标准农田占全省耕地面积比重为53.7%，较河南省、山东省、安徽省同期建设比例分别低14、16.2、8.1个百分点（表7-1）。

河北省全省2度以下耕地8 142.90万亩，2~6度耕地937.46万亩，6~15度耕地666.54万亩，15~25度耕地86.08万亩，25度以上的耕地9.05万亩。现有耕地中，中低产田比重较大，农业基础设施比较薄弱，有灌溉设施的耕地6 020.48万亩，仅占耕地总面积的61.17%，耕地资源对粮食生产的制约依然存在。最新"三区三线"划定河北省耕地保护目标8 801.91万亩，比河北省第三次全国土地调查（"三调"）数据9 051.26万亩，减少249.35万亩。人均耕地面积1.21亩，低于全国人均耕地水平（1.32亩）。河北省用有限的耕地面积生产出占全国5.63%的粮食总产量实属不易。城市发展、重大项目建设等导致用地增加，耕地趋紧的态势将长期存在。

表 7-1 河北耕地面积情况

年份	耕地面积（万亩）	有效灌溉面积（万亩）	有效灌溉面积占耕地面积比重（%）	人均耕地面积（亩/人）
2003	9 729.98	6 605.99	67.89	1.44
2004	9 662.27	6 689.66	69.23	1.42
2005	9 594.38	6 821.63	71.10	1.4
2006	9 473.01	6 854.66	72.36	1.37
2007	9 471.80	6 868.53	72.52	1.36
2008	9 497.84	6 840.77	72.02	1.36
2009	9 842.03	6 764.40	68.73	1.4
2010	9 827.13	6 781.31	69.01	1.38
2011	9 845.67	6 894.92	70.03	1.37
2012	9 837.50	6 247.55	63.51	1.36
2013	9 826.80	6 523.55	66.39	1.35
2014	9 806.61	6 606.33	67.37	1.34
2015	9 788.21	6 671.97	68.16	1.33
2016	9 780.75	6 686.46	68.36	1.33
2017	9 778.29	6 712.01	68.64	1.32
2018	9 785.33	6 742.70	68.91	1.32
2019	9 051.27	6 723.24	74.28	1.22
2020	9 017.01	6 705.05	74.36	1.21
2021	8 953.08	6 560.66	73.28	1.20

数据来源：河北省农村统计年鉴

河北省委省政府高度重视耕地保护工作，制定了一系列政策措施加强耕地保护。例如，《河北省耕地占补平衡管理办法》和《河北省耕地进出平衡管理办法（试行）》等文件的出台，为耕地保护提供了制度保障，也加强了对耕地保护的执法监管力度，建立了县、乡、村三级"田长制"监管机制，对违法违规占用耕地建设行为进行了严厉打击。然而，由于执法监管力量有限和部分地区监管不到位等原因，耕地违法违规行为仍时有发生。河北省需要继续加强耕地保护工作，提高耕地质量和数量；加强执法监管力度，打击违法违规占用耕地行为；推进高标准农田建设和盐碱地综合改造利用等措施的实施。同时，也需要加强政策引导和市场机制的作用，鼓励社会资本参与耕地保护和农业生产。

7.1.2 水资源严峻形势不容忽视

河北省位于中国北部,水资源总量偏小。尽管全省境内流域数量众多,河流总长度达1.8万公里左右,但可持续利用水量仅为214.4亿立方米,居全国第27位,人均水资源量远低于国家平均水平。水资源在河北省内部分布极不均衡,南部地区水资源较多,北部地区水资源相对匮乏。这种不均衡分布加剧了部分地区的水资源紧张状况。

粮食要高产,水要跟得上。河北省是农业大省和用水大省,河北省水资源严重匮乏,人均水资源占有量仅为全国平均的1/7,位于世界最大地下水漏斗区域,是水资源短缺省份之一。2021年河北省地表水资源量227.64亿立方米,地下水资源量220.25亿立方米,分别占全国总量的0.8%和2.69%。总用水量为181.87亿立方米,其中农林牧渔畜用水量97.1亿立方米,占用水总量的53.4%,其中农业耗水量76.8亿立方米,平均耗水率79.1%,占总耗水量的55.1%(耗水率是指在输用水过程中,通过蒸腾蒸发、土壤吸收、产品带走、居民和牧畜饮用等形式消耗掉,而不能回归到地表水体或地下含水层的水量。耗水率为耗水量与用水量之比)。农业成为用水第一大产业(表7-2)。可用水量远不能满足社会用水需求,年均超采地下水59.65亿立方米,形成了全世界面积最大的地下水漏斗区,全省平原超采区已占全省平原区面积的92%,超采已经引发了地面沉降、河道干涸、湿地萎缩和海水入侵等环境灾害。由于过度开采地下水,造成地下水位下降、地面沉降,形成了9个地下水降落漏斗,涉及廊坊市、保定市、衡水市、沧州市、邢台市、邯郸市、石家庄市。

作为全国粮食主产区,统筹节水增粮任务艰巨。农业用水量大和耗水系数高是两大短板。小麦作为全省灌溉用水量最多的作物,全生育期普遍灌溉4~6次,亩灌溉定额200立方米,水分生产效率仅为1.0,远低于发达国家2.3的水平,全省小麦年灌溉用水68亿立方米,占农业用水总量(135亿立方米)的50.7%,占社会用水总量(191亿立方米)的35.6%。作为消耗地下水最多的作物,消减小麦灌溉用水是确保水生态修复的重要途径。考虑到河北省小麦生产在我国小麦供应方面的重要性,在降低灌溉用水量时,通过提高水分利用效率来维持小麦生产能力尤为重要。

淡水资源的缺乏成为确保旱碱麦种得上、长得好、产量高的重要掣肘,对沧州运东六县(区、市)旱碱麦的扩膜提质、稳产保收影响较大。沧州旱碱麦产业做大做强是我省盐碱地综合利用最重要的抓手,但是由于受到淡水资源匮乏的影响，常规的压盐排碱、灌水淋盐等措施的应用受到限制，配套的农艺措施利用效果也受到一定影响。

表 7-2 河北省农业用水情况

年份	用水量（亿立方米）	农业用水量（亿立方米）	农业用水量占总用水量比重（%）
2004	195.9	147.1	75.09
2005	201.8	150.2	74.43
2006	204.0	152.6	74.80
2007	202.5	151.6	74.86
2008	195.0	143.2	73.44
2009	193.7	143.9	74.29
2010	193.7	143.8	74.24
2011	196.0	140.5	71.68
2012	195.3	142.9	73.17
2013	191.3	137.6	71.93
2014	192.8	139.4	72.20
2015	187.2	135.3	72.28
2016	182.6	128.0	70.10
2017	181.6	126.1	69.44
2018	182.4	121.1	66.39
2019	182.3	114.3	62.70
2020	182.8	107.7	58.92
2021	181.9	97.1	53.38
2022	182.4	100.4	55.04

数据来源：河北省水资源公报

因此，发展高效节水灌溉，提高水资源利用率成为必然选择。近年来，通过采取新品种的培育、栽培技术的推广、作物种植结构的调整以及地下水超采治理工作等措施的有序推进，单位面积用水量不断下降，用水效率和产出不断提高，大大缓解了地下水位的持续下降态势。2021 年河北省平原区浅层地下水位平均上升 0.7 米，平原区上升区面积约 48.45 万亩，稳定区面积约 37.8 万亩；全省深层地下水位平均上升 2.14 米，农业用水量从 2018 年的 109.87 亿立方米减少到 2021 年的 97.14 亿立方米，年均减少 5.97%。

农田灌溉水有效利用系数从 2018 年的 0.673 提高到 2021 年的 0.676。实现了节水增粮"双赢"。

尽管河北省在节水技术应用方面取得了一定的成绩，但仍存在一些技术问题，如：针对不同作物的节水灌溉技术还需进一步改进和完善，在浅埋滴灌铺设中存在工时偏长、使用寿命较短等；在半固定式喷灌使用中存在搬移人工成本高、支管易损耗；固定式喷灌铺设中投入成本较高，大型农机具深翻和收获作业存在潜在风险；中心支轴式喷灌机存在作业弧形盲区且对地块要求高；绞盘式喷灌机耗能较高，浇灌成本偏高等问题。此外，水肥一体化技术的推广应用有待提高。节水技术政策延续性和范围度有待增强。目前河北省的节水技术应用主要集中在一些大型农业企业和专业合作社，由于投资成本较高，小农户推广困难。因此，需要政府加大补贴力度，提高节水技术的推广程度。如何建立节水农业的长效应用机制，让不同规模经营主体接受、采纳并持续应用水肥一体化技术尤为重要。

7.1.3 化肥农药用量仍处于高位

2005 年开始河北省化肥施用量每年化肥投入量在 300 万吨以上。我省全面落实农业农村部提出的《到 2020 年化肥和农药使用量零增长行动方案》，通过采取推广测土配方施肥、有机肥替代化肥和绿色高效农业生产技术模式。落实国家耕地保护提升行动要求，我省全面加强耕地保护力度，通过休耕轮作、盐渍化土壤改良、地力培肥和综合治理，促进耕地质量不断改善。监测数据显示，2019 年土壤有机质含量、全氮含量、有效磷含量分别平均为 18.1 克/千克、1.19 克/千克、33.0 毫克/千克，较 2005—2014 年测土配方时期分别提高了 7.7%、25.3%、51.4%；碱解氮含量平均 104 毫克/千克，比上年提高 9.5%；速效钾平均 182 毫克/千克，每年平均提升 2 毫克/千克，尽管河北省在推广绿色防控技术、降低化学农药使用量方面取得了一定成效，但整体而言，农药使用量仍然较高。这可能与病虫害的频繁发生、农户对农药的依赖以及农药市场的竞争等因素有关。值得注意的是，过量使用农药不仅会增加生产成本，还可能对土壤、水源和生态环境造成污染，对人体健康产生潜在危害。

与水分运筹类似，在小麦生产中普遍存在为追求高产过多投入肥料的问题，既增加了生产成本、浪费了肥料资源，又造成土壤养分失衡、耕层结构劣化、水土污染，导致土壤生产力下降。能源价格上涨导致氮肥生产成本不断提高，2040 年后我国磷肥资源将会短缺，当前我国钾肥进口依赖度高达

7 河北省小麦产业发展面临的挑战和威胁

70%。化肥投入大量增加,增产培肥地力不显著,肥料利用率低,成为小麦产业高效、安全和可持续发展的严重制约因素。

我国耕地面积约占世界耕地面积的 10%,氮肥消费量占世界氮肥总消费量的比例却高达 30%。河北省小麦氮肥利用率 30%,远低于发达国家氮肥利用率 50% 的水平。因此,急需选育肥料高效利用的小麦品种、开发持续高效的肥料种类和研究科学的节肥轻简高效施肥技术。

农作物农药单位投入量居高不下,农药的使用在减少病虫草害的同时,如果使用量过多或者滥用就会为粮食质量和土壤带来危害。调研中农户对病虫害了解程度并不高,凭借经验打药,造成用药量过大或者打错农药,我国每年农药的投入量在 91 万~97 万吨,投入量较大,从目前农药使用看主要是以杀虫剂和除草剂为主,2016 年杀虫剂和除草剂占到农药使用量的 43.71% 和 33.32%。截止到 2018 年全省农药使用量下降到 6.15 万吨,较上年减少 20.75%;单位农药使用量为 0.63 公斤/亩,同比下降了 20.80 个百分点,全省农药使用量提前实现了零增长(图 7-1)。但全省农药施用强度高,利用率低,流失严重,2017 年全省农药施用量占全国的 4.69%(0.79 公斤/亩),农药利用率约为 30%,农药等残留随降水、下渗等途径进入土壤和水体问题依然严峻。

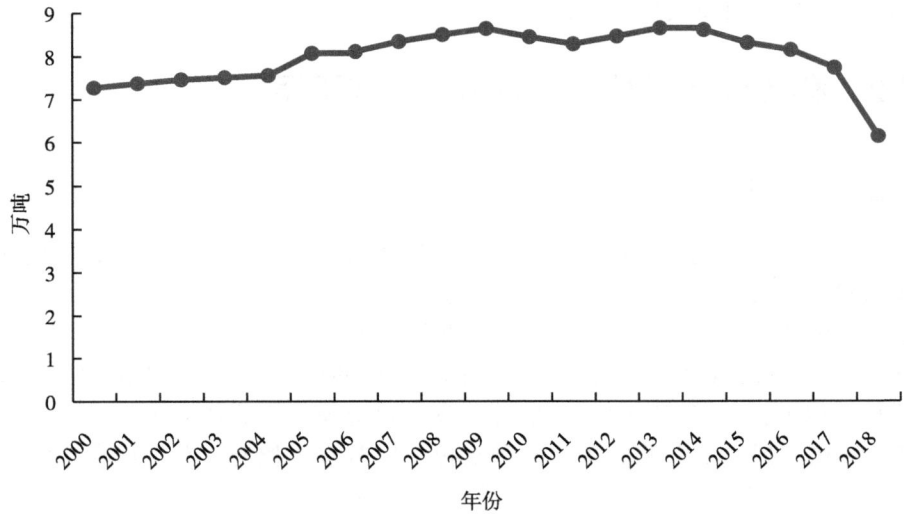

图 7-1 河北省农药使用量

数据来源:河北农村统计年鉴

河北省粮食农药使用量快速增长，减药压力巨大。从图7-2中可以看到全省粮食农药每亩投入金额呈快速增长趋势，由2000年的8.12元/亩增加到2016年的29.48元/亩，年均增长8.39%。

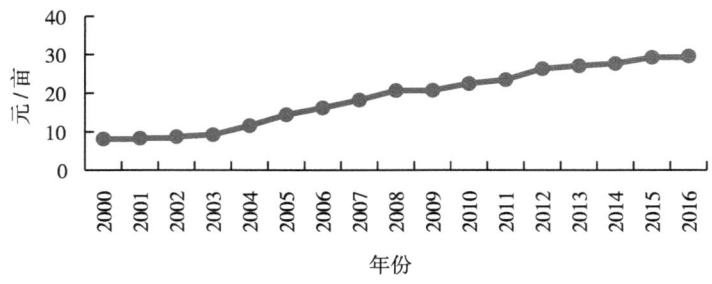

图7-2 河北省粮食农药投入费用变化情况

分析原因主要有以下几方面：农户对化肥农药的依赖心理较强，认为增加化肥农药用量可以提高产量和防治病虫害。然而，这种做法往往忽视了土壤肥力和作物抗性的提升，导致化肥农药用量居高不下；农业技术推广和服务体系不完善，部分农户缺乏科学施肥用药的知识和技能，难以做到精准施肥用药；农资市场监管不严，一些不法商家生产和销售假冒伪劣化肥农药产品，误导农户过量使用化肥农药。

7.2 科技创新提升产业竞争力动能不足

7.2.1 品种创新能力差距

2013年，河北省农业农村厅启动了现代农业产业技术体系河北省创新团队建设专项，开展了小麦产业技术体系建设工作。经过几年的努力工作，引进和创新了大量新品种选育急需的种质资源，培育出多个节水、抗旱、早熟、优质品种，评价了主推品种在不同生态区的综合表现，主推品种到位率达90%以上，主产麦田的"二层楼"现象鲜有发生，为小麦节水丰产和全年均衡增产提供了资源储备和品种支撑。以节水为核心，系统研究了全生育期水分供需规律，初步形成了节水品种的评价指标体系，研究示范了"一水千斤"等三大模式。小麦"两适"播种、播后镇压、配方施肥、一喷三防等小麦生产关键技术得到大面积推广应用，主推技术到位率达95%以上。

石家庄市农林科学院"小麦节水高产育种方法及品种培育"创新能力居世界领先地位；中国科学院遗传与发育生物学研究所"小麦产量性状分子改良研究"居世界先进、国内领先地位；河北农业大学"抗寒基因挖掘、定位，抗寒组学分析"等方面的研究处于国内先进、省内领先水平；河北省农林科学院粮油作物研究所"小麦高附加值营养研究、矮秆基因研究"居国内领先地位，在食药两用小麦资源研究方面居国际领先地位；"营养高效、早熟小麦种质资源创新及育种方法研究"创新能力处于国内先进、省内领先水平；河北省农林科学院旱作农业研究所"小麦抗旱节水鉴定及品种培育"创新能力处于国内先进、省内领先水平；邯郸市农业科学院"小麦广适耐热品种选育"创新能力处于国际先进、省内领先水平；沧州市农林科学院"小麦耐盐抗旱品种选育、材料创新"能力处于国内先进、省内领先水平。

2021年，河北省科技厅设置了现代种业科技创新团队项目，组建了20个高水平种业创新团队，连续5年给予稳定支持。小麦创新团队引进国内外种质资源2 682份，其中引进国外节水种质56份、优质种质130份、抗病种质20份、丰产种质432份，尤其是引进的国际CIMMYT资源材料，补充了我国小麦抗逆、丰产、农艺种质资源基础；引进省内外种质共计2 044份，筛选种质材料178份，共筛选小麦高产高效育种材料178份，其中：筛选抗旱节水材料38份；筛选耐热材料40份；筛选、鉴定耐盐抗旱型材料14份；筛选农艺性状优良的抗白粉种质52份、不同白粉抗源种质19份、富含矿质元素的新材料19份；鉴评筛选耐寒小麦材料19份；筛选农艺材料4份；筛选营养高效利用小麦材料11份；筛选早熟小麦品种和种质材料12份。

创新小麦新材料129份。节水抗旱材料10份；培育耐热材料20份；创新耐盐抗旱材料13份；创制优质种质材料11份；创制抗病种质材料4份；利用育种群体培育营养高效利用材料13份；定位高产、优质、节水基因新材料5个；创制抗寒冬小麦新材料11份；创新早熟新材料15份；创新小麦新种质51份。创新节水种质10个；创制耐热种质4份；创新耐盐抗旱种质资源4份；创制抗白粉病种质8份；创制明确基因定位高产、优质、抗病、节水种质5份；创新早熟、高产种质3份；创新营养高效利用、综合性状优异种质3份；创制抗寒新种质4份；创新矮秆新种质4份。

但总体看，河北省良种繁育推广不足，并缺乏大面积推广的主导品种。缺乏"顶尖"突破性品种，种质资源和知识产权有效保护有待加强。每年全省大量的品种产出，发展速度较快，种业规模初现，种业市场化发展不断增强，但缺乏覆盖面积广、经营主体口碑好、一枝独秀的优良优质突破品种。

河北省是典型的小麦生产大省，但种业发展情况与农业生产大省之间还存在较大差距。从种子市场规模发展情况看，河北省种子市场规模为39.74亿元，居全国第10位，同期山东排名第1位，种子市场规模高达90.43亿元，与山东省相比存在50.69亿元的差距；同期河南省种子市场规模为67.46亿元，与河南省相比也有27.72亿元的差距；从全国小麦种子市值方面看，2022年河北省小麦种子市值为13.87亿元，居全国第6位，山东省和河南省以30.63亿元和29.68亿元位居全国第1和第2位。与山东省和河南省相比，河北省小麦种子市值存在16.76亿元和15.81亿元的差距；河北省良种在农业增产中的贡献率为43%，山东省为47%、河南省为45%、安徽省为55%，较山东省、河南省、安徽省分别低4个、2个和12个百分点。

在品种选育中，河北省节水品种具有一定站位，但在高产、稳产、优质等品种选育种上，均低于其他小麦主产省。如山东省农业科学院作物研究所育成的超高产、多抗、优质中筋小麦品种，'济麦22'因其稳产性、广适性、抗逆性突出，得到河北省冀中南种植户普遍认可。自2006年审定以来，全国种植面积稳步上升，2021年居全国小麦推广面积首位，达1 631万亩；河南省新乡市农业科学院育成的高产强筋小麦品种'新麦26'因其突出的品质特性，满足了国内小麦加工企业高档产品原料的需求，居全国强筋小麦品种推广面积首位，2021年达582万亩，占全国强筋小麦种植面积的1/5，成为制粉企业高端面包生产的理想原料和增筋增效、配麦配粉的骨干供给品种。

2022年全国种植面积排名前10位的小麦品种中，6个由河南选育，累计推广面积为4 334万亩，2个由山东省选育，累计推广面积为2 573万亩，1个由西北农林科技大学选育，推广面积为751万亩，1个由中国农科院选育，推广面积为629万亩，河北省小麦品种选育并未进入全国前10。

主推品种济麦22和济麦44入选农业农村部骨干型、成长型品种推广目录，分别位于小麦全国推广面积第一位和第三位，合计推广2 573万亩。河南全省农作物制种面积保持在510万亩以上，小麦供种能力38亿斤，占全国1/3，花生供种能力2.8亿斤、占全国1/3。与山东省、河南省小麦育种能力相比较，河北省差距明显。同样作为农业生产大省，河北省较山东省和河南省在种子市场发展规模方面，还有进一步提升的空间。

企业是种业创新和推广的主体。高质量种业发展离不开企业带动，国内外种业发展成功经验表明实现种业高质量发展需要企业助力。从全国种业企业发展情况来看，目前全国种业发展较好的企业前10排名中，并没有河北省种业企业，排名前20位中有且仅有河北沃土种业股份有限公司一家企业，并且排名第20名。2022年全国小麦商品种子销售总额排名前10强中，河北省无一种业企业入选，同期安徽省有3家小麦种业企业进入全国10强，与山东省、河南省和江苏省等农业强省在种业企业发展方面差距明显，从种子品种审定情况上看，2021年河北省小麦种子共获国家审批30种。其中，小麦种子企业单独申报占比44.44%，企业与研究机构或大学之间的联合申报小麦种子占比为0；目前沧州市推广面积最大的三个旱碱麦品种，'捷麦19''沧麦6002'和'沧麦6005'均为20世纪90年代中期开始选育，分别于2015年、2007年和2012年审定的品种，新选育品种更多处于待鉴定阶段。

河北种业企业存在"多、小、散、弱"的问题，注册资本500万元以下的企业占多数，并且企业销售额不大，在现有的374家种企中有368家平均销售额不足700万元。并且，企业之间同构现象严重，彼此之间并没有明显的专业化分工。没有享誉国内和世界的知名品牌，难以发挥规模效应。在河北省制种企业中，多数企业为销售型种子企业，具有自主研发能力的企业数量较少，造成企业的市场竞争力较弱，主要表现为：第一，科研能力差，自主育种能力低；第二，科技含量低，品种开发滞后，并且这些企业大多数临时聘请科研教育单位带头人或退休人员做技术指导，缺乏长期合作激励机制影响科研人员积极性，无法培育出市场前景好的优良品种。综上，河北省种业集中度低，缺乏引领种企发展的龙头企业。培育壮大种业龙头企业成为河北省未来种业发展重要任务和内容之一，河北省由小麦生产大省向种业强省转变仍有很长路要走。

种质资源保护意识不强、保护力度不够，导致种质资源消亡问题突出，一些地方种质贮藏库（圃）设备陈旧，保存资源利用不足，大量优异种质资源缺乏相关的评价和利用。知识产权保护不够，品种保护较差，育成的优异品种存在套牌、改名出售、模仿等现象，对科研工作者辛勤劳动成果和荣誉造成一定负面影响。

自主知识产权的基因和核心技术匮乏。缺乏自主创新的基因编辑、遗传转化核心技术，没有建立起小麦等稳定的遗传转化和基因编辑体系，转化技术对外依赖程度高，缺乏有重大利用价值的高产、优质、抗病、抗虫和抗逆等自主产权功能基因和功能标记。平台条件支撑不够，如：分子育种中高通量分子标记检测、评价、鉴定等仪器设备和设施不完善，开展大规模生物育种设备条件不足；缺乏生物信息学大数据分析平台；缺乏表型组学平台；环境安全评价前的可控试验设施如现代化温室、人工气候室等数量不足、面积容量不够；符合生物安全管理的田间试验基地及配套设施需要升级改造。

7.2.2 农艺良法融合不紧

尽管河北省在小麦生产中推广了一系列先进的种植技术和方法，如深翻整地、精细播种、播后镇压等，但在实际生产中，这些技术的普及和应用程度并不高。部分农民仍然沿用传统的种植方法，影响了小麦的产量和质量。

一方面是农机农艺实质性融合不紧，技术路线协同不足。"三分种、七分管"农机作业和农艺栽培是产量形成的两大决定性因素。经过多年的长足发展，河北省在机具制造、机型研发、机具选择、作业要求、智能化装备、效果评价等方面都取得一定成效，但一些新型农机装备并不能完全适应当前的农艺要求，影响了小麦生产的效率和质量。在农艺栽培方面，针对节水、抗逆、保优、丰产等目标，先后形成多套技术模式。虽近年来，农机农艺融合不断加强，但主要体现在单一环节的借鉴融合，缺乏在研发、应用、评价等层面的深入实质性匹配，全环节模式化探索上发力不足，目前农机和农艺在研发上往往是独立进行的，这导致农机设计可能不完全符合农艺的实际需求，而农艺技术也可能没有充分考虑到农机操作的便捷性和效率，也缺乏一个能够将农机和农艺技术进行综合研发的平台，使得两者之间的融合变得困难。目前对农机农艺融合技术的评价往往缺乏科学的体系和标准，难以对技术的实际效果进行客观评估。没有形成从种植到收获全过程的系统化、模式化操作。

另一方面是一二三产融合亟待加强。种植环节的研究具有多年基础，在收储、加工、品牌打造方面发展刚步入正轨。各环节在衔接中，存在基础设置和配套技术滞后，环节之间连接不紧密等问题，距离达到种好、收好、销好、宣传好目标还有一定距离。在适应市场需求前提下，不断优化品种、提高品质、拓宽市场、强化宣传等方面均需持续发力，着重做好各环节配套与融合。

7.2.3 农机装备研发不足

全省农机装备创新研发不足，整体上，同质化传统常规机械市场占比大，复式高效、智能化高端机械偏少。其中，大田粮食作物机械化水平高，油料、小宗粮豆作物机械化水平低。种植业机械化水平高，林牧渔加业机械化水平低，平原地区机械化水平高，丘陵山区机械化水平低。主要包括两方面：一是大型动力机具缺乏。在推进农机化科技创新与推广应用、宜机化改造、智能农机研发等方面后劲不足。科技创新动力不足，企业研发投入偏低，产品同质化严重。"十三五"时期，全国农机总动力达到10.56亿千瓦，河北省农机总动力为7 965.74万千瓦，占全国7.5%，位居第三位，与前两位山东省、河南省分别相差2 934.3万千瓦、2 494.3万千瓦（山东省农机总动力达到1.09亿千瓦，拖拉机247.9万台；河南省农机总动力达到1.046亿千瓦）；二是农机服务组织差距，农机作业质量和效率有待提升。以农机合作社为例，河北省较河南、山东、安徽三省少4 473个、6 260个、2 460个。具体为：河北全省农机大户3.9万户，大型农机作业服务组织1 987家，农机合作社2 899家；河南省农机服务组织共13 495个，从业人员14.78万人，农机户498.76万户，从业人员572.74万人，其中，农机作业服务专业户24.07万户，从业人员38.29万人，全省农机专业合作社数量达到7 372个；山东全省农机服务组织达到2.26万个，其中农机合作社9 159个；安徽省已建设全程机械化综合农事服务中心486个，农机专业合作社5 359个。

国产农机与进口农机依然有较大差距。近几年随着农业科研投入和人才队伍发展壮大，科技成果产出大幅度提升。智能农机发展也在不断创新。但据调研发现，国产农机作业在精准性、智能型、零部件使用寿命等方面与国外有一定差距。大规模经营主体更喜欢采用进口农机设施，主要原因为：国产农机零部件容易损坏，维修时间长，尤其是农忙时，"农情不等人"，影响农业生产，宁愿花高价钱购买耐用性更好的进口农机。

7.3 自然灾害对小麦生产影响程度加重

7.3.1 极端天气高发频发

厄尔尼诺和拉尼娜现象加剧全球气候异常。近年来，河北省洪涝、阶段性干旱、倒春寒、高温等灾害性天气对农业影响持续上升。表7-3中可以看到河北省受灾面积和成灾面积成大幅度下降趋势，其中受灾面积由2003年的3 933.02万亩下降到2021年的585.65万亩，成灾面积由2003年的2 496.63万亩下降到2021年的327.75万亩。但同时可以看到2020—2021年受灾面积有增加趋势，同时成灾面积占受灾面积比重居高不下，一直未得到有效解决，影响全省小麦稳产增收。

表 7-3 河北省农业受灾和成灾面积情况　　　　单位：万亩、%

年份	受灾面积	成灾面积	成灾面积占受灾面积比重	旱灾受灾面积	旱灾成灾面积	旱灾成灾面积占旱灾受灾面积比重	水灾受灾面积	水灾成灾面积	水灾成灾面积占水灾受灾面积比重
2003	3 933.02	2 496.63	63.48	1 974.27	1 408.34	71.33	158.76	104.08	65.56
2004	2 314.83	1 196.28	51.68	586.88	298.03	50.78	166.17	92.42	55.62
2005	2 582.73	1 464.03	56.69	1 401.22	894.25	63.82	163.20	97.92	60.00
2006	2 661.19	1 349.80	50.72	1 570.48	795.50	50.65	177.92	100.65	56.57
2007	2 771.19	1 755.32	63.34	1 865.48	1 314.08	70.44	154.12	126.33	81.97
2008	2 096.57	1 238.81	59.09	1 103.81	719.79	65.21	109.16	77.51	71.00
2009	2 916.50	1 951.68	66.92	1 827.36	1 392.51	76.20	101.86	47.75	46.88
2010	2 502.26	1 587.44	63.44	1 266.98	960.71	75.83	190.68	87.07	45.66
2011	1 217.05	719.72	59.14	745.91	479.70	64.31	143.66	80.22	55.84
2012	1 661.34	1 137.86	68.49	508.48	355.39	69.89	684.04	465.76	68.09
2013	1 129.06	727.62	64.44	293.55	178.14	60.68	339.68	240.91	70.92
2014	1 746.70	1 082.76	61.99	1 464.18	898.86	61.39	26.19	15.91	60.73
2015	2 692.35	1 465.40	54.43	1 656.23	814.98	49.21	481.49	360.00	74.77
2016	2 171.75	840.87	38.72	324.08	30.90	9.54	1429.83	556.71	38.94
2017	1 204.85	572.16	47.49	551.10	219.15	39.77	87.36	34.58	39.59
2018	868.24	541.80	62.40	66.05	54.08	81.89	161.72	90.45	55.93
2019	478.20	328.05	68.60	195.75	145.95	74.56	261.00	163.05	62.47
2020	557.97	391.52	70.17	28.95	21.59	74.57	30.20	23.57	78.07
2021	585.65	327.75	55.96	—	—	—	316.15	177.87	56.26

2021 年河北省秋收秋播期间遭遇严重秋汛，9 月下旬和 10 月上旬，多地遭受连阴雨天气，造成 300 多万亩农田积水。11 月 6—8 日全省再次出现强降温和雨雪天气，大多数农田土壤水分饱和，农机无法进地作业，造成当年冬小麦播种期普遍延迟。正常年份全省冬小麦播种在 10 月 30 日前完成，而 2021 年播期较常年推迟 10~15 天，个别地区推迟 20 天以上，以前年份从未出现过这种情况。据农情调度，全省适期播种小麦 802 万亩、占比 23.9%；晚播小麦 2 548.8 万亩、占比 76.1%。全省冬小麦播期跨度较大，除张家口市、承德市无冬小麦种植的地区外，其他麦区均有晚播小麦。2 548.8 万亩晚播麦田中，晚播 10 天以内的 1 523.6 万亩，除定州市外，麦区各市均有分布；晚播 10~15 天的 601 万亩，晚播 15 天以上的 424.2 万亩，

主要分布在邯郸市、沧州市、廊坊市、邢台市、雄安新区等地,其中立冬以后窗口期播种150.7万亩、占比4.5%,主要集中在沧州市、衡水市、邢台市、廊坊市、邯郸市等地,分别为77.1万亩、26.5万亩、25.2万亩、16.8万亩、4.3万亩。12月上中旬气温较常年偏高,冬前部分晚播小麦苗情转化升级。据农情调查,全省冬小麦出苗面积为3 237.8万亩,123万亩麦田未出苗,成为"土里捂"。出苗的麦田中,一类苗约为436万亩、占比13.5%,均为适期播种小麦;二类苗约为672.2万亩、占比20.8%,其中306.2万亩为晚播小麦;三类苗2 119.6万亩、占比65.7%,全部为晚播麦,其中,1 800万亩左右小麦为"两叶"到"两叶一心"状态,320万亩左右小麦为"一根针"状态。一、二类苗占比较常年的92%,低58.7个百分点,2022年春季促弱转壮难度加大。

2022年春季,河北省共出现寒潮444站次,较常年多88.9%,5月下旬出现大范围的高温和干热风天气过程等,2022年11月28日—30日全省出现"断崖式"降温,冬小麦没有经过充分抗寒锻炼,直接进入越冬期,2023年1月24日—26日又出现一次大风降温天气,两次大幅降温造成冬小麦普遍出现冻害。极端恶劣天气频发多发容易对小麦生产造成极大破坏,农业脆弱性表现得更加明显,对小麦生产带来不利影响。

农情滞后,防灾减灾能力有待加强。农情调度是一项重要的基础工作,肩负着对上准确反映各地政策落实、苗情动态、形势预测等重要农情、苗情和灾情,向下提供政策、生产、市场、品种、技术、经验等信息服务的重要任务,是上下联系、部门沟通、及时反映各项工作的重要途径。当前,在我省小麦生产中,农情标准有待统一、时效性有待加强和防灾减灾应变技术储备不足等问题较为突出。因此,急需将农情分析与防灾减灾相结合,提高农情信息精准度和时效性,开展抗逆品种筛选和防灾减灾应变栽培技术研究,创建防灾减灾技术体系,提高防灾减灾能力。

7.3.2 小麦麦田病虫草害发生有增加趋势

从全国来看,2021年小麦条锈病已在湖北、陕西、河南、甘肃、云南、四川、贵州、重庆等8个省份232个县(区)发生215万亩,为近10年来第三重发年份。针对今年病虫害加重发生的态势,农业农村部及时指导各地开展应急防治和统防统治。在小麦条锈病发生区提醒广大农民朋友做好药剂预防,小麦返青后全面落实"带药侦查、打点保面"预防控制措施。在草地贪夜蛾发生区强化"三区四带"布防,切实加大西南、华南周年繁殖区冬春季防控和境外迁入虫源扑杀,努力减轻为害,压低北迁虫源基数。

2021年河北省全省小麦麦田病虫害主要为麦蜘蛛、吸浆虫、纹枯病、茎基腐病、根腐病、白粉病为主,麦蚜在部分麦田发生。由于近期气温起伏,虫害相对发展缓慢。据调查,麦蜘蛛发生面积249万亩,平均每尺单行21.9头,最高140头(邢台市临城县);吸浆虫目前处于幼虫上升阶段,全省发生面积283万亩,平均每样方0.6头,最高33头(石家庄市鹿泉区);麦蚜在部分麦田发生,总体轻发生,全省发生面积73.9万亩,百株蚜量6.3头,最高100头(邢台市南和区)。纹枯病、茎基腐病、根腐病近期发展较快,发生面积分别为253.9万亩、354.8万亩、218.7万亩。茎基腐病主要在我省邯郸、邢台、沧州等麦区发生普遍,全省平均病株率2.1%,最高50%(邢台市临西县)。

小麦生长中后期,是各种病虫害的盛发期,小麦锈病特别是叶锈病会在5月底5月初发生。目前,河北省采用深翻示范处理的麦田病残体少,对茎基腐病、赤霉病有性孢子的控制较好,赤霉病的发生情况则受4月底(南部)5月初(中北部)的雨水情况影响。随着气温逐渐升高,麦蚜、麦蜘蛛、吸浆虫将呈快速上升发生态势,小麦茎基腐病、纹枯病、白粉病等病害随小麦的生长发育,发生区域、发生面积将进一步扩大。

2022年2月13日,河北省农业农村厅印发《河北省"两增两减"虫口夺粮促丰收行动实施方案》。方案指出,2022年预计河北省今年小麦、玉米等粮食作物重大病虫害将中等偏重发生,防控任务艰巨,直接威胁粮食生产安全。其中,小麦病虫害总体将偏重发生,预计发生9 500万亩次。其中:麦蚜偏重至大发生,预计发生3 300万亩;小麦条锈病、赤霉病有偏重流行趋势,预计发生分别为400万亩、700万亩;受去年罕见秋汛影响,我省共有2 545.8万亩小麦播种推迟播种,越冬期群体偏小、个体偏弱,小麦茎基腐病、根腐病、纹枯病、白粉病等将偏重发生,预计发生分别为500万亩、500万亩、850万亩、1 200万亩。

7.4 种粮成本高位运行和产值收益偏低

7.4.1 种粮成本高位运行对增效形成挑战

2021年河北省在30个产粮大县推开冬小麦完全成本试点,2022年在86个产粮大县推行三大粮食作物完全成本保险试点,对稳定农户种粮收益发挥了托底保障作用。主粮完全成本保险试点工作应及时快速转成全面实施，优化保险政策执行效果。河北省目前以耕地地力保护补贴为标准，按土地确权面积进行发放。土地流转种粮经营主体未享受到补贴，随着种粮成本的持续上涨，成本居高不下，经营利润偏低，打击其流转土地种粮积极性。虽然国家陆续实行了"粮食直补""良种补贴""购机补贴"等政策，种粮收入增长较多，但以化肥、农膜、农药、农用柴油为主的农业生产资料价格也快速跟进，致使国家给予农民的优惠被农业生产资料价格上涨抵消。农资价格过快上涨推高了粮食生产成本，挤压了农民种粮收益。

肥料方面，尿素、磷酸二铵、氯化钾出厂价分别由2020年12月的1 749元/吨、2 440元/吨、2 020元/吨上涨到2021年12月的2 506元/吨、3 455元/吨、3 121元/吨，每吨分别上涨了787元、1 015元、1 101元，涨幅分别为45%、41.6%、54.5%。

2022年度氮磷钾三种化肥出厂价起伏动荡较大。其中，尿素价格6—8月急剧下跌，10—12月缓速上扬，至12月底成交价高于年初价格160元/吨。磷酸二铵和氯化钾整体价格变化趋势相同，均经历先涨后跌。年末磷酸二铵价格回归至年初水平，年末氯化钾价格仍低于年初价格340元/吨。

2022年度河北省尿素批发价格上半年稳步上涨，下半年急剧下跌。上半年受疫情和俄乌冲突影响，价格持续走高，6月中旬创历史新高，最高达到3 190元/吨，每吨比年初上涨了700元，上涨幅度达到28.11%。随着原油价格回落和国内产能的增加，6月下旬出现拐点，价格快速回落，8月回落至2 230元/吨，每吨比最高点低960元，下降幅度达到30.09%。

河北省磷酸二铵批发价格在2022年度呈现年初和年末平稳，年中，3—9月呈先升后降的变动趋势。受地缘政治、通货膨胀影响，国际原材料价格持续走高，加上国内疫情反复，物流运输受阻，磷酸二铵原料价格涨势迅猛，生产企业成本不断增压，成本面支撑强劲，推动磷酸二铵价格自3月起的持续上行。至7月初，达到全年价格最高峰值4 380元/吨，较年初价格增长32.73%。进入7月后，伴随原料硫磺价格的大幅下滑以及主流市场需求清淡，较高的社会库存以及下游掺混工厂的前期备货，出口一定程度受阻的多重影响下，磷酸二铵行情持续降温，7月中至9月上旬价格快速回落。第四季度虽价格略有波动，但基本稳定在3 000~3 400元/吨。在11月上旬价格回归至年初水平。

国内氯化钾需求旺盛，进口依存度常年维持在50%~60%。在白俄罗斯钾肥公司持续受到国际海运运输限制，以及俄乌战争的影响下，钾肥在国际方面出现供应紧张，影响到了国内氯化钾市场。2022年度河北省氯化钾批发价格变化趋势上半年稳步上涨，下半年急剧下跌。一季度氯化钾价格整体上涨21.60%。6月中上旬达到全年价格最高峰值5 350元/吨，较年初增长1 330元/吨，涨幅33.08%。进入三季度，下游农业需求不足，工业需求较差，价格逐渐稳步回落，年底降至3 680元/吨，较年初下降340元/吨，降幅为8.46%（图7-3）。

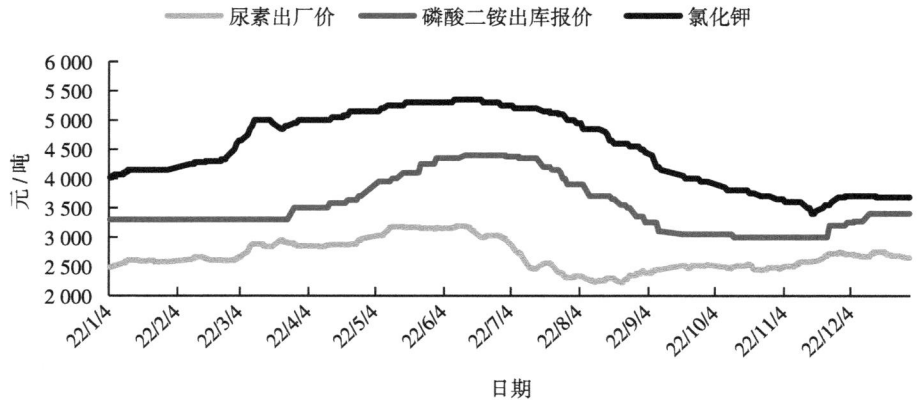

图7-3　2022年河北省氮磷钾肥价格走势

数据来源：中华商务网

农机方面，柴油价格由2021年1月5 266.7元/吨上涨到2022年3月8 791.9元/吨，每吨上涨了3 525.2元，涨幅66.9%；2022年表现更为明显，伴随俄乌冲突加剧，石油和农用化工原料全面上涨。

从河北省物价局获悉，河北省小麦每亩种子费、化肥费、农药费、机械作业费2010—2021年年均增长分别高达5.22%、2.46%、6.91%、3.86%。其中，小麦三大主要投入化肥、农机和人工从2020年开始价格上涨明显。人工方面，雇工难、工费涨、老龄化成为种粮现实难题。综合来看，如果小麦生产成本投入增长高于小麦价格上涨和种粮补贴收入，将严重挫伤种粮农户积极性。此外，种粮不如打工挣钱，农民粮食生产的积极性后劲不足。小麦收购单价与往年相比大幅度上涨利于农民增收。但种子、化肥、农机价格的涨势却更猛。根据调研反馈：农资方面，种子成本每公斤比去年上涨2元；化肥每袋上涨了20~30元（40公斤/袋）；耕地播种方面，施耕地粉碎玉米秸秆上涨了30~60元/亩，播种每亩上涨了10元；人工方面，2022年雇小时工是每小时13~15元，2023年上涨到了18~20元每小时。农资和劳动力等价格持续上涨拉高种粮成本投入。

7.4.2 小麦粮食产业产值低收入相对不足

河北省小麦农户收入相对不足的原因主要包括生产成本上升、市场价格波动、产量和品质的不稳定性、农户生产经营规模较小等方面。随着农村劳动力价格的上涨和生产资料价格的增长，小麦生产成本也在不断提升，小麦种植广泛，市场竞争激烈，农户在销售过程中往往处于不利地位，难以获得较高的价格。近年来整体呈现下跌趋势，尤其是在小麦收获季节，价格可能进一步下滑，影响农户的收入。小麦产量受气候、土壤、管理等多种因素影响，产量波动较大，导致农户收入不稳定。不同品种、不同地区的小麦品质存在差异，优质小麦的收购价格相对较高，但农户往往难以保证品质的一致性。经营效率低下。由于农户生产经营规模较小，难以实现规模化、标准化生产，导致生产成本较高，经营效率低下。市场议价能力弱。小规模生产的农户在市场交易中议价能力较弱，难以争取到更好的价格。综合以上原因，导致小麦的效益不断下降，农民从事粮食生产的积极性不高。

河北省人均耕地面积 1.2 亩，农民种植小麦粮食作物的收入更低，甚至出现亏本现象。而外出打工收入 1 个月可能就达到上千元，农户经常说的一句话"辛辛苦苦干 1 年，不如外出打工 1 个月"。加上近几年小麦价格起伏不定，极端天气对农业影响在不断加剧等，农业收入面临不稳定性，导致农业人口逃离农业转向城镇就业。

7.5 产后损失率及深加工产品短板突出

随着河北省小麦产业化经营不断深入，龙头加工企业不断壮大，涌现出一批国际知名的经济实力强的大型面粉加工企业和集团，成为引领行业发展的主导力量。但混种混收混加工、高级专用面粉和高档食品加工能力不强、精深产品研发能力不足的问题仍较为突出，严重制约了河北省小麦产业的市场竞争力。因此，急需加强分类种植、分类收储和分类加工能力，发展专用粉、全麦粉、营养强化粉、预配粉、小麦谷朊粉等初加工和精深加工产品，提高加工能力，增加产品附加值，完善全产业带动模式。

我国农产品加工损耗总量严重。在我国，农产品加工是一块短板，在农业产业链的研究开发中，农产品加工产业链的研发相对较少，80%的科研经费都投入到农产品生产研究中，因此，造成农产品加工产业链的相对落后。

受农产品加工设备的不完善，我国农产品在加工环节损耗严重，尤其是初加工环节，河北省原粮收获、储藏和加工损失现象严重，原粮存在过度加工和综合利用率水平低等问题。河北省小麦收获损失率和出粉率与发达国家相比还有差距，今麦郎柔性制粉的出粉率提高至80%，五得利采用刷麸工序，出粉率提高1%，但这些技术尚未成为行业的普遍技术加以应用。

由于科技成果储备少、转化慢，大部分企业产品技术含量低，高品质产品少，产品结构单一、同质化严重，导致行业整体利润较低。部分粮食龙头加工产业链虽然有所延伸，但多是在自身加工能力基础上的自然延伸以及涉及一级和二级开发的"浅度"加工，高附加值的保健、化工、医药产品的开发，涉足的企业屈指可数。旱碱麦系列产品尚未形成知名品牌，龙头企业少，缺乏电子商务交易平台，市场宣传和推广不充分，消费者对旱碱麦产品的认知度有限，全国市场占有率低，线上线下销售渠道亟待进一步拓宽。一是缺乏深加工产品的研发和推广，绝大部分产品停留在初加工产品阶段。沧州较大规模的旱碱麦专业加工企业6家，多以生产面粉、面花、挂面等初级面食产品为主，由于缺乏上规模的企业引领，加工品品类及产业链条比较单一。

7.6 地下水超采综合治理制约性的影响

季节性休耕。为深入推进地下水超采综合治理，河北省重点在沧州、衡水、邢台、邯郸等地下水严重超采区组织实施季节性休耕，实行"一季休耕、一季种植"。将抽取地下水灌溉的冬小麦休耕，只种植一季雨热同季的玉米或油料、棉花、耐旱耐瘠薄的杂粮杂豆等，减少地下水用量。虽然季节性休耕期间通过种植油菜等绿肥作物，一定程度上培肥了地力，但对玉米等作物的增产作用相对较小。近几年，河北省季节性休耕面积稳定在200万亩，由于小麦面积受到影响，河北省粮食产量也受到一定影响。

根据2018年、2019年、2020年度"河北省耕地季节性休耕制度试点实施方案"（下面简称"方案"），统计计算2018—2020年季节性休耕对粮食产量影响。根据方案下达各市及雄安新区任务目标数，查阅历年《河北农村统计年鉴》地区粮食单产统计数据，计算实施季节性休耕对粮食生产影响。计算过程：减少粮食产量＝下达休耕面积×区域小麦粮食单产。经统计计算，2018年总计少生产小麦80.95万吨，2019年总计少生产小麦83.74万吨，2020年少生产小麦83.69万吨。按照2022年小麦平均单产437.4公斤（1斤=500克，全书同）测算，休耕减少的一季小麦种植，造成河北省小麦产量减少17.5亿斤（表7-4）。

表7-4 实施季节性休耕小麦减少情况　　　　　　　　单位：万亩、万吨

	2018		2019		2020	
	实施面积	减少小麦产量	实施面积	减少小麦产量	实施面积	减少小麦产量
廊坊市	13.37	4.96	12.70	4.88	12.70	4.88
保定市	5.00	2.07	5.00	2.11	5.00	2.11
沧州市	40.37	14.19	30.68	10.88	30.68	10.88
衡水市	70.88	29.56	69.88	29.78	68.08	29.02
邢台市	35.24	14.99	38.20	16.65	36.91	16.09
邯郸市	30.84	13.40	39.54	17.76	39.54	17.76
雄安新区	4.30	1.79	4.00	1.66	7.09	2.94
总计	200.00	80.95	200.00	83.74	200.00	83.69

浅埋滴灌。为统筹粮食生产与农业节水，2020年河北省开始试点小麦玉米浅埋滴灌节水技术。在小麦玉米一年两熟农田，通过推广浅埋滴灌节水技术，优化水肥投入，促进节水增粮增效，提高水资源利用效率。随着近几年的实践与推广，浅埋滴灌节水技术逐步完善，主要作用表现为节水、节肥、省工，不影响粮食播种面积，对粮食产量的影响也相对较小。

旱作雨养。旱作雨养种植是在地下水严重超采区，关停取水井，将水浇地改为旱地，充分利用自然降水发展农业生产，不再抽取地下水灌溉，减少地下水开采。冀中南部地区，主要是将水浇地种植小麦、玉米等作物，改为旱地种植，或将小麦、玉米等耗水较多作物，改为杂粮杂豆、甘薯、花生、油菜籽、油葵等抗旱耐旱作物；张家口坝上地区，主要是将水浇地蔬菜、马铃薯等改为旱地燕麦、荞麦、胡麻、马铃薯等抗旱耐旱作物。实施旱作雨养的地区，由于不再进行浇水灌溉，小麦、玉米等作物产量受到一定影响。同时，旱作雨养地区扩大了高粱、谷子等抗旱耐旱作物种植面积，相比于玉米、高粱、谷子等作物单产较低，一定程度上也影响了我省粮食产量。

根据河北省农林科学院旱作农业研究所提供定位试验和《邯郸市永年区雨养旱作冬小麦高产栽培可行性分析及其主要技术》论文的试验数据，按照旱作雨养粮食减产50%计算，2021年全年旱作雨养面积175万亩，计算过程：减少粮食产量=区域实施面积*区域小麦粮食单产。经过统计计

算，预计年少生产小麦产量65.31万吨（采用2019年区域粮食平均单产）。

粮食产量增产压力前所未有。休耕、旱作雨养、高效灌溉利用等地区恰恰是河北省粮食主产区，采取措施后，势必会对粮食产量造成一定影响。根据《河北省经济社会发展第十四个五年规划和2035年远景目标纲要》《关于加快发展节水农业的实施方案》以及《2021年度地下水超采综合治理旱作雨养种植项目实施方案》《河北省2021年度耕地轮作休耕工作实施方案》等。按照2021年旱作雨养面积175万亩和季节性休耕面积200万亩，持续到2025年维持面积不变。同时，在小麦、玉米等大田作物种植区，以规模经营主体、托管服务组织为依托，大力发展浅埋滴灌，到2025年新增850万亩，达到1 100万亩。根据此面积和借鉴相关统计数据，预计到2025年少生产粮食192.87万吨。

7.7 支撑产业高质量发展人才短板明显

7.7.1 全产业链高端和县域人才支撑不足

与国家队和小麦主产省份相比，一方面由于缺乏项目和平台等条件支撑，自身团队规模较小、缺乏领军人才、协同配合不足、原始创新能力差距较大、社会影响力不够；另一方面由于待遇很低和发展机会少等原因吸引人才、留住人才的环境差距很大。特别缺乏在国内有影响力的领军人才，急需加强生物育种领域人才和研究生培养。企业是种业市场主体，但目前看全省种业研究企业投入积极性不高，更多秉承"拿来主义"，以转化科研高校品种成果为主，院（校）企联合创新较少。

（1）高端技术人才和领军人才缺乏

专业技术人员是产业发展的关键主体，对产业发展起到不可替代的作用。以农业科研机构和省级农科院从事农业科技活动人员学历看，2020年河北省农业科研机构从事农业科技活动人员博士、硕士人数分别为185人和657人，分别占总人数的8.83%和31.37%，同期北京农业科研机构从事农业科技活动人员博士、硕士人数分别为2 450人和1 805人，分别占总人数的35.87%和26.42%；山东农业科研机构从事农业科技活动人员博士、硕士人数分别为1 000人和1 315人，分别占总人数21.34%和28.06%；河北省级农科院从事农业科技活动人员博士、硕士人数分别为150人和342人，占总人数的15.49%和35.33%；北京市级农科院从事农业科技活动人员博士、硕士人数分别为 2 078 人和 1 161 人，占总人数的 42.5% 和 23.74%；山东省级农科院从事农业科技活动人员博士、硕士人数分别为 821 人和 694 人，占总人数的 31.39% 和 26.53%，与周边直辖市和省份相比差距明显。

（2）农业技术人员呈现不稳定状态

2010—2012 年，全省国有企事业单位农业技术人员呈下降趋势，由 2010 年的 2.71 万人下降到 2012 年的 2.68 万人，2013 年农业技术人员比 2012 年增加 1 252 人，但 2014—2016 年连续三年呈减少趋势，到 2016 年下降到 2.64 万人低于 2010 年水平。人才的流失对河北省小麦产业科技创新必定造成很大损失（图 7-4）。

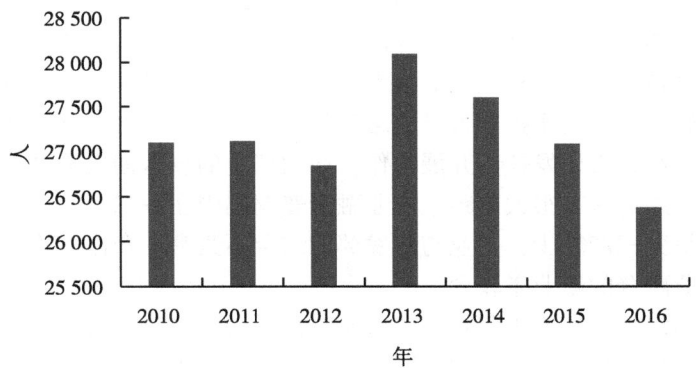

图 7-4　全省国有企事业单位农业技术人员情况
数据来源：中国农村合作经济统计年报

2020 年河北省县乡农经机构队伍在编人数 4 700 人，比 2018 年低 25.34 个百分点；大专及以上学历人数 3 752 人，比 2018 年低 21.82 个百分点；县乡农经机构队伍在编人员中有专业技术职称的为 1 333 人，比 2018 年减少了 687 人；有专业技术职称的人员仅占县乡农经机构队伍在编人员的 28.36%。县域科技管理部门普遍存在机构合并、职能弱化等趋势，致使农业技术推广不够，高产高效集成配套技术效果层层衰减，农业科技传播和普及力度较差，县域农技人员多以农学专业为主，年龄偏大、学历低、学习进修机会少，且存在逃离基层、跳出"农门"的现象，农业信息、智慧农业、大数据等专业人才缺口较大。

农业技术人员空间分布不均衡，对于资源禀赋较好的乡村地区，农业技术人员更愿意选择，相反对于资源禀赋较差、发展相对较大、收入水平较低的乡村地区，农业技术人员不愿选择，导致技术人员分布的不均衡。省农业科研院所、涉农高校等农业研发创新人员主要集中在省会和各设区市，县域研发创新机构少、组织体系不健全、研究方向单一。涉农企业、新型经营主体创新活力参差不齐，缺乏有市场竞争力的科技创新领军企业和有担当带动力的"领头雁"式经营主体。加上河北距离北京和天津较近，科技能力突出的人员会选择北京和天津等大城市，甚至在河北省工作能力突出的农业科技人才会被北京和天津等大城市以引进人才形式挖走，造成省农业科技人才的流失。

（3）产、学、研结合和保障机制不健全

农业科技包括产、学、研3部分内容，河北省小麦产业科技创新体系存在的产学研问题主要表现为：科研机构重研究轻推广，导致科技成果与产业发展脱节；高校重课堂教育轻实际研究，导致理论知识与实践存在差距；农业企业重利益轻技术，导致农业技术难以运用到实际发展中去。农技推广部门重推广轻研究，技术推广人员缺乏对技术研究相关了解，增加技术推广难度，基本围绕各自研发任务开展工作，面向产业的技术创新不足，与满足河北省产业发展需求有很大差距，产业融合普遍集中在一二、一三，主要为两两结合，贯穿三产较少，企业与研发部门结合不紧密，合作方式单一，实现一二三产业融合的新业态较少。

健全的组织和保障机制是小麦产业科技创新体系建设的基础，无论是科研项目的进行还是科技成果的推广，都离不开相关机制的支持。而河北省目前小麦产业科技创新体系相关机制建立存在问题，主要有：农业科技决策政策、科技创新信息资源共享机制不完善；相关部门缺乏对农民需求的实地考察，导致科研课题科技成果无法实施；农民获得科技成果的途径有限，信息不能及时共享，导致科技成果转换率低。

7.7.2　农业劳动力老龄化和年轻一代流失

（1）农村劳动力老龄化趋势加剧

调查发现，河北省老龄化趋势加剧，农村更为明显，目前从事农业生产劳动力年龄在50岁以上。参考已有研究，根据中国人口和就业统计年鉴数据，计算河北省乡村人口老龄化系数，即65岁以上人口占总人口的比值，来评价河北省乡村人口老龄化程度和趋势。由表7-5可知，河北省人口老龄化系数2012—2021年翻一番，即由2012年的9.36%增至2021年的18.44%。呈逐年增长趋势，尤其是近两年河北省乡村人口老龄化系数增长迅猛。河北省农村统计年鉴数据显示，农村居民家庭从事第一产业劳动力比重从2010年的58.22%下降到2021年的40.77%,随着农村青壮年劳动力就业转移和农村剩余劳动力年龄日益增长,造成各地区从事农业生产的劳动力的紧缺,同时随着农业科技的进步和发展,对职业农民提出了新的要求,整体看,目前农村劳动力农业科技知识文化水平跟不上农业现代化发展步伐和形势。因此,急需探寻农业经营主体的高质量发展。

表7-5 2012—2021年河北省乡村人口老龄化系数　　　　单位:%

年份	河北省乡村人口老龄化系数
2012	9.36
2013	10.39
2014	9.91
2015	11.16
2016	11.36
2017	12.39
2018	13.58
2019	14.04
2020	17.34
2021	18.44

数据来源:自行统计计算

(2) 农村人口迁移和流失较严重

2011—2020年,河北省总人口呈缓慢上升的趋势,由2011年的7 231.86万人增加到2020年的7 463.84万人,增加幅度为3.21%。河北省作为农村人口居多的大省,在发展中具有庞大的劳动力。但随着城镇化的不断推进,农村人口正在大量迁移到城镇,乡村人口数呈明显下降趋势,由2011年的3 934.94万人下降到2020年的2 980.4万人,下降幅度为24.26%。一些有文化、有能力、有经验的青壮年人才选择到城镇工作和生活,一定程度上造成乡村人口不断减少。根据统计数据分析,随着产业结构的不断调整与升级,第一产业从业人员下降明显,2011—2020年第一产业就业人员数由1 485万人下降到815万人,下降幅度为45.12%,同时第三产业就业人员数由1 241万人增加到1 686万人,增长幅度为35.86%。这表明第一产业从业人员流失严重,加速农村空心化、老龄化。不利于乡村振兴战略的实施。

虽然自2017年国家实施乡村振兴战略以来,对乡村人口减少起到一定程度放缓作用，下降幅度为 9.11%，但乡村人口仍然处于持续减少的趋势没有改变。而乡村人口减少主要表现为年轻劳动力向城镇的转移，基于农村与城镇之间的差异，乡村年轻劳动力选择到城镇生活和工作，造成乡村老龄化、空巢化现象不断加重。《河北省第三次全国农业普查资料汇编》（2016年）数据显示，在农业生产经营人员中 35 岁及以下占 16 岁以上农户总人口的比重最小，36~54 岁占比最大，而 55 岁及以上人员占比达到 15.5%，实地调研数据也显示出相似结果。通过对农户不同年龄段劳动力占 16 岁以上农户总人口比重分析，农业劳动力主要集中在 50~69 岁之间，占比为 34.84%，60 岁及以上劳动力占比达 24.77%。说明，河北省农业劳动力老龄化更趋严重。

（3）农户科技文化水平较低

劳动力素质水平包括思想素质、文化素质、技术素质等多方面。从思想素质来看，农村人口多受传统观念及长期自然经济的影响，思想落后，大多数农村劳动力小农意识强烈，思想保守，满足于现在的收入及生活水平，对新观念、新技术、新模式的接受能力差。从文化素质来看，河北省农村居民家庭劳动力文化程度普遍偏低，统计数据显示，2020 年每百个农村劳动力中文化程度为高中及以上的不足 20 人，较 2011 年的 15 人有所增加；文化程度为初中的约 57 人，较 2011 年的 60 人有所下降；文化程度为小学的约 22 人，较 2011 年的 19 人有所升高。从技术素质来看，河北省农村劳动力多属于体力型或传统经验型，不具备现代化生产对劳动者的初级技术要求，在劳动者中大多数劳动者并不具备科技技能。这些问题不仅会影响乡村人才与现有农村劳动力的沟通效率，还会对乡村人才推进新技术，开发新产业增加难度，不利于乡村振兴工作的顺利推进。

8　河北省小麦生产潜力分析

虽然河北省小麦高产再高产的技术难度不断增加,但是借助新品种、新技术、新方式等的不断突破,通过新品种选育推广应用,病虫草害防治技术效果提升,对自然灾害的预测预报以及减灾防灾技术的进步,可使小麦单产保持一定程度的增长,实现在更高水平上高产稳产。

按照"节水优先、单产突破、稳定总产、提质增效"的指导思想,兼顾保障国家粮食安全和京津冀水资源安全双重责任,充分发挥新型经营主体的作用,提高生产规模化和组织化程度,全面推广普及节水抗逆保优丰产技术,降低水资源消耗和生产成本,提升小麦整体质量,提高种麦效益。通过稳定小麦播种面积和提高小麦单产水平带动小麦总产量稳定增长,确保我省小麦持续丰产稳产和优质高效。

河北省地处全国两大重点麦区(北部冬麦区和黄淮冬麦区),气候适宜,品质优良,是我国小麦的优势种植区。按照自然区位和社会条件,全省可以划分为太行山山前平原麦区、黑龙港低平原麦区、冀东麦区。发挥河北省小麦主产区生态和生产特点,瞄准小麦产业发展需求,突出优质专用特色,优化优质专用和节水品种布局,强化节水抗逆提质高效关键技术,大力发展订单生产,全面提升规模化、标准化、区域化生产水平,发挥小麦龙头加工企业作用,促进我省小麦产业转型升级和绿色发展。

稳面积,促产能,发展太行山山前平原区优质专用小麦丰产高效种植。该区域主要包括石家庄、邢台、邯郸、定州、辛集及保定部分地区,气候适宜,土壤肥沃,春季浇水以 1~2 水为宜,是全省小麦的高产区。通过大力发展优质专用品种,推广保优丰产配套技术,提高单产,增加效益,实现面积稳定、产能不断提升。其中冀南麦区大力发展强筋、中强筋专用品种,冀北麦区大力发展中强筋、中筋专用品种。

旱雨养,提水效,发展黑龙港低平原区节水抗逆稳产种植。该区域主要包括衡水、沧州、及邯郸、邢台、廊坊、保定及石家庄部分地区,是全省地下水超采综合治理试点区域,该区域种植以旱作雨养或春浇 1 水为主,适度干旱胁迫有利于提高面筋品质和稳定时间。重点发展节水专用品种，推广节水抗逆稳产栽培技术，提高水分利用率，发挥区域和品质特色，其中在黄骅等地重点发展旱碱麦特色种植。

调结构，扬优势，发展冀东麦区冬小麦与春小麦特色专用种植。该区域主要包括唐山、秦皇岛、廊坊部分地区，该区域地处冬小麦春小麦种植区交界处，气候冷凉，降水充沛，冬小麦和春小麦均可在此区域种植。利用环京津区位优势，发展优质专用强筋春小麦及优质中强筋冬小麦，提高专用品种种植，带动种植效益提升。

8.1 耕地潜力分析

耕地是人类赖以生存的基本资源，保持农业可持续发展首先要确保耕地的数量和质量。河北省受耕地面积刚性制约、地下水超采综合治理、重大工程项目建设用地等因素影响，继续增加粮食播种面积难上加难。党的二十大报告提出，要牢牢守住十八亿亩耕地红线，逐步把永久基本农田全部建成高标准农田。因此，在保持现有粮食播种面积稳定的基础上，应重点通过加强高标准农田建设、改造中低产田、加强盐碱地后备资源开发利用等推动粮食产能提升。

8.1.1 高标准农田建设

高标准农田建设是现代农业发展的重要组成部分，对于提高农业生产能力、保障国家粮食安全、促进农业可持续发展具有重要意义。河北省作为我国农业大省之一，在高标准农田建设方面拥有较大的潜力和空间。根据《河北省高标准农田建设规划（2021—2030年）》，计划到2030年，新建高标准农田541万亩、改造提升高标准农田820万亩，累计建成高标准农田6 067万亩、改造提升高标准农田1 311万亩。据农业农村部测算，现有高产田更新提质后单产还可提高5%左右，河北省可新增小麦粮食产能20亿斤以上。

河北省保定市成功入选全国整区域推进高标准农田建设试点市，以县域定兴县为样板，初步计划利用三年时间，将全市的永久基本农田全部打造成高标准农田，全市耕地质量水平平均提高一个等级，粮食产能平均提升10%以上。定兴县坚持以提升粮食产能为目标，以万亩智慧农场为抓手，大力推进高标准农田建设，全面提升农业（粮食）综合生产能力。采取土地经营权流转方式将土地集中起来，按照4 000元/亩的标准，实施万亩生态智慧农场建设。主要包括，一是进行土地平整。将既有田间路、田坎、沟渠等改造为耕种土地，满足大面积农田耕作、灌排需要；二是进行管网建设。修建地埋式自动伸缩喷灌，建设水肥一体化智能灌溉设施；三是进行"智慧+"建设。建立土壤墒情自动检测网络系统、气象监测系统和病虫害防治系统，建设农业物联网综合服务平台和数字终端大屏，实现智能化管理。统筹抓好田、土、水、路、林、电、技、管等方面综合治理，实现灌排设施配套、土地平整肥沃、田间道路畅通、生态环境良好、生产方式先进的旱涝保收、高产稳产的高标准农田。2022年完成建设1.6万亩，2023年拟定完成建设11万亩，计划在第二轮承包期内将全县58万亩耕地全部建成高标准农田。

通过加强现有基础评估、提升产能潜力、提高资源利用效率、加强生态环境保护、激发农民参与意愿、创新投融资模式以及加强后续管理与维护等方面的努力，可以进一步推动河北省高标准农田建设的发展进程，为农业现代化建设提供有力支撑。

8.1.2 中低产田改造提升

河北省中低产田改造提升具有较大的潜力。通过土壤改良、水利设施建设、品种改良和种植结构优化等措施，可以显著提高中低产田的产量和质量。同时，通过精准施肥、节水灌溉等措施，可以提高资源利用效率，降低生产成本。中低产田改造是河北省未来粮食增产潜力发展的突破口和重点。《河北省2019年度耕地质量监测报告》显示，河北省中低产田耕地面积5 712.01万亩，占到耕地面积58.04%，面积占到全省耕地面积一半以上，按照改良1亩中低产田每亩可增产小麦50斤估算，全省全部完成中低产田改造可增产小麦产量28.56亿斤，小麦增产潜力巨大。

中低产田的低产原因主要受两方面因素影响：一是自然环境自身因素，主要包括土壤盐化、酸碱度失衡、有机质和矿质养分少、土壤质地存在板结等情况；二是人为因素影响，主要包括盲目和过度生产经营，以及落后的生产方式造成掠夺性经营，导致耕地土壤肥力持续下降。因此，最重要的还是土壤有机质含量问题。

主要措施如下：通过施用有机肥、秸秆还田等措施，培肥的中心环节就是增施各种有机肥，实行秸秆还田，保持和提高土壤有机质含量。在施肥上，应注意平衡施肥，增施有机肥，实行秸秆还田级措施，提高土壤肥力。

在土壤改良上，应该加强深耕，提高作物吸收能力，这有助于提升作物产量和品质。完善农田水利设施，包括灌溉、排水系统等，确保农田的灌溉和排水畅通，减少旱涝灾害的影响。这将大大提高农田的灌溉效率和抗旱抗涝能力，从而提升产量。

8.1.3 盐碱地开发利用

河北省位于华北地区，拥有大量的盐碱地。盐碱地作为一种特殊的土地资源，其开发利用对于促进当地农业发展、保障粮食安全具有重要意义。在盐碱地上种植小麦，既可以利用这些土地资源，又可以增加小麦产量，实现盐碱地的有效利用。

河北省盐碱地面积1 068.84万亩，其中可开发利用的轻度盐碱地466.97万亩、中度盐碱地224.25万亩。旱碱麦作为全省盐碱地综合利用最重要的抓手，旱碱麦富含钙、钾、铁、锌等多种微量元素，蛋白质含量在13%至16%（国标12.2%），湿面筋含量在35%以上（国标30%）。目前种植面积100.2万亩，占沧州市盐碱耕地面积的23.17%。主要分布在渤海新区黄骅市、海兴县、盐山县、孟村县、沧县、青县等运东6县（市），其中渤海新区黄骅市61万亩，占全县小麦种植面积的100%；海兴县20万亩，占全县小麦种植面积的71.17%；盐山县6.7万亩，占全县小麦种植面积的15.73%；孟村6万亩，占全县小麦种植面积的26.09%；青县1.5万亩，占全县小麦种植面积的5.64%；沧县5万亩，占全县小麦种植面积的10.25%。培育'捷麦19''捷麦20''沧麦6002''沧麦6005'等耐盐碱、抗病性强的小麦品种，平均单产223公斤，市场价格较普通小麦高出20%以上。

面积潜力。河北省盐碱地面积较大，且仍有部分盐碱地尚未得到充分利用。通过加强盐碱地治理和改良工作，可以进一步扩大盐碱地小麦种植面积，提高小麦产量。

产量潜力。通过选用耐盐碱的小麦品种、改善土壤环境、加强灌溉管理等措施，可以显著提高盐碱地小麦的产量。据中国科学院遗传与发育生物学研究所在沧州南皮县试验数据看，相比没有采用耐盐碱品种及微咸水灌溉等技术的麦田，种植耐盐碱品种的麦田平均每亩可增产5%左右，可新增粮食产能1亿斤以上。

品质潜力。盐碱地小麦的品质也具有一定的潜力。通过选用优质小麦品种、优化种植结构等措施，可以提高盐碱地小麦的品质和口感。这将有助于满足市场对高品质小麦的需求，提高小麦的市场竞争力。

8.2 科技潜力分析

河北省小麦产业发展呈现"品种优良化、栽培精细化、管理精准化、生产标准化"等四化发展局面,实现粗放式生产向精准化、精细化、现代化生产转变。

8.2.1 品种培育

农业现代化,种子是基础,必须把民族种业搞上去。河北省委省政府认真贯彻落实党中央国务院对种业振兴的指示精神,出台支持种业振兴的政策措施,培育出强筋小麦、中强筋小麦新品种。节水小麦育种水平、推广面积、节水成效均居全国前列,共育成节水小麦品种 80 多个,农业农村部认定的 7 个绿色高产节水品种有 6 个为河北育成。2022 年'马兰 1 号'小麦新品种在少浇 1 水的前提下,亩产最高达 863.76 公斤,创造新纪录。河北省种业创新效率大幅度提高,种业"芯"巩固了河北省粮食安全,但河北省在高产、抗逆、优质等品种推广中发力不足,缺乏开拓全国市场的拳头品种,在本省品种推广中,存在杂乱多现象,县区推广针对品种的配套精细化管理措施难度大,且外来品种抢占市场问题突出。

随着小麦生产和育种目标由过去的以产量为主向产量与品质并重转变,优质专用小麦育种取得较大进展,主产区小麦品质结构也发生了较大的改变,但目前河北省乃至我国优质专用小麦的生产远远不能满足市场的需求,发达国家优质专用小麦占小麦总产量的 80%,而我国只占 15%,优质专用小麦的市场前景非常广阔。河北省属优质强筋、中强筋麦区,具有发展优质强筋小麦独特的气候资源和土壤资源优势,但目前强筋小麦产量低、适应性差和品质稳定性差的问题较为突出,严重制约了优质专用小麦产业的发展,强筋小麦面积仅占全省小麦面积的 6%。

因此,节水、优质、高效是河北省小麦生产的主题。加强小麦优质高产资源高效型品种选育,促进产量稳产、质量提升、结构优化。节水方面:生物节水是利用生物自身的生理遗传潜力,在相对水分条件下,获得更多的农业产出。同一作物不同品种间消耗相同的水,产量差异可达 10%~20%,选用节水品种是小麦在限水灌溉条件下实现稳产高产的主要技术措施。在小麦生产中,品种节水性状评价标准不一、农民盲目选种问题突出。品质方面:品种的商品质量区域间、地块间、年际间差异较大,品种的品质指标间协调性较差的问题较为突出，收储上做不到单独收购，制约了产品的优质优价。水肥利用高效方面：品种的水肥高效利用评价指标有待优化，水肥丰缺耐受性的基础研究和评价体系有待完善。因此，急需制定完善优化节水品种、优质品种和高水肥利用效率品种的评价体系，筛选一批适应产业化加工的优良品种。急需优化优质强筋小麦品种布局，选育一批产量水平高、节水性好、适应性广、抗逆性强和品质稳定性好的优质强筋小麦品种，加强保优节水栽培技术体系研究，培育壮大特色品牌，推进优质强筋小麦的规模化、区域化、标准化订单生产，为产后加工提供科技保障。同时，加强特用面条小麦和高营养保健小麦品种和栽培技术研究，促进特色产业发展。

河北省现代农业产业技术体系小麦创新团队5个试验站选取本地区种植面积大、具有代表性的主栽品种，以及取得高产纪录或具备高产潜力的苗头品种3~5个开展品种评比试验。以生产田为主体，注重样本的生产代表性、调查科学性。品种间平行调查主要围绕苗情监测、长势对比、实收产量等方面，兼顾品种生育进程、田间抗逆表现等特点。伏仓静置后对抽样品种开展品质指标分析，力争从多角度开展品种评价。

以新品种'马兰1号'为例。该品种是河北省主推小麦新品种，2021年示范田最高亩产达到811.9公斤，2022年最高亩产达到863.76公斤。在山东、山西成功引种，多地示范田亩产突破800公斤。对'马兰1号'2023年度产量、抗逆性、抗病性等综合表现评述如下。

丰产性较好。'马兰1号'产量三要素协调，突出表现在穗数多、粒数多、粒重高，具有较好的高产潜力。2023年涌现出一批高产田块，如石家庄晋州市周家庄专家实收亩产达到725公斤。在51个产量调查点，33个点产量最高为'马兰1号'，18个地块主要集中在黑龙港麦区、山区丘陵区。2023年高产地块均未达去年高产地块产量水平，丰产性的优势不如去年明显。'马兰1号'在黑龙港流域各点平均产量为496.4公斤，冀中南山前平原区和丘陵区平均单产为550.8公斤。抗倒性方面：'马兰1号'根系发达，株高68厘米左右，茎秆坚硬。在2023年5月17日瞬时风力较大且伴有冰雹的情况下，'马兰1号'表现出较强的抗倒能力，总体表现较好。邢台地区倒伏麦田面积较大，监测点中南和、任泽两地出现倒伏，但相较同区域其他品种，倒伏程度较轻，不存在倒伏绝产情况。抗寒性方面：总体看2023年大多数小麦品种发生了不同程度的冻害，'马兰1号'抗寒性表现中等，在北部麦区冻害较重，冀南较轻，但冻害严重麦田春季返青恢复、转化快。根据调查，'马兰1号'在整地质量好、播后镇压或灌冻水的麦田未发生严重冻害，返青生长正常。个别整地质量差、播后没有镇压，且未灌冻水的地块叶片受冻较重，甚至叶片全部枯黄，有部分小蘖受冻死亡。尤其是黑龙港地区，'马兰1号'群体低于对照品种，成为产量表现的重要影响因素之一。

总体评价：'马兰1号'是一个具备超高产潜力的小麦品种，今年表现高产、抗倒、综合性状优良，得到大多数种植者的普遍认可。在生产上推广面积大，分布范围广，对粮食增产的作用明显。整体表现上受区域和管理影响存在差异。在冀中南山前平原区肥力中上地块表现最好、丘陵山区次之、黑龙港流域表现最差，整体播种质量差、中后期管理不到位的地块，品种高产性未充分发挥。在今后推广中建议进一步优化品种布局，加强良种良法配套，以使'马兰1号'在带动产量提升上发挥更大的作用。

8.2.2 技术攻关

以水肥高效利用和高产增效为目的，各级科研机构开展了不同程度和不同层次的科技攻关。围绕提高播种质量、培育抗逆壮苗、深挖品种特性、细化栽培要点，开展了农机农艺融合、灌溉工程科学布局、精细精准化管理等方面的技术攻关。尤其是近年来在水肥一体化和一喷三防的带动下，改变了传统的春管和春灌追肥模式，提高了小麦抗逆、抗灾能力，大幅度提高了产量水平。

在国家重点研发计划"粮食科技丰产"工程、"渤海粮仓"科技工程、河北省现代农业产业技术体系等项目支持带动下，取得了多项科技创新成果并得以示范推广应用。其中结合河北省地下水紧缺的现状，找准技术攻关瓶颈，率先建立适合我省的墒情、旱情、苗情监测诊断指标体系，开展因苗因墒灌溉技术攻关；探明了麦田耗水特征，提出了夏季增蓄、秋冬保贮、春季限供的优化用水策略；明确了小麦节水高产群个体调控指标体系，完善了冬前以精培优、春季以准提效的节水高产栽培管理要点；细化了抗逆减损、工程降损的关键环节。

整合农业科研、教学、推广技术力量，开展联合攻关和试验，在全省进行先行示范。取得的科技成果具有重大突破性，加强了小麦绿色生产技术创新与应用，提高资源利用率，保持小麦生产的可持续增长；加强了减灾防灾技术创新与应用，保持小麦产量和品质稳定；加强了小麦加工技术创新与应用，丰富产品类型提高产品附加值；加强了安全贮粮技术创新及应用，最大限度地避免粮食在贮藏过程中的无效消耗，为河北省小麦产业的高质量发展提供了科技支撑。

8.2.3 农机装备

推进高效适用机具研发推广，提高机具适应性和可靠性，重点解决"无机可用、无好机用"问题。减少小麦作物机收损耗浪费纳入常态化管理，推动降低小麦生产各环节损耗浪费。制定或完善小麦作物精量播种、机收减损作业标准和操作规范，在产粮大县开展机收减损技能大比武活动，每年评选机收减损作业能手，提高机手规范化操作、标准化作业的意识、能力和水平。深入推进小麦生产全程机械化，探索适合不同区域、不同规模的全程机械化生产模式，形成高效机械化技术路线和解决方案。推动农机导航、农机作业管理和远程数据通信管理等技术系统集成，加快农机装备作业传感器、智能网联终端等关键技术攻关，推进农机作业监测数字化进程。积极引导高端智能农机装备投入农业生产，加快提升农机装备"耕、种、管、收"全程作业质量与作业效率。大力推广基于北斗、5G 的自动驾驶、远程监控、智能控制等技术在大型拖拉机、联合收割机等机具上的应用。

北斗导航在小麦生产中发挥显著应用。多地推进北斗系统农业领域深入应用，北斗技术可以帮助农业生产者实现精准农业管理。河北省农林科学院粮油作物宁晋示范基地在小麦播种机配套的拖拉机上安装北斗导航辅助驾驶系统，该系统在直线行走时实现无人驾驶，地头转向时人工辅助操作。北斗导航和浅埋滴灌技术相结合，确保小麦播种铺带机直线行走，误差小于 2 厘米，保证了滴灌带的铺设间距均匀一致，和下茬玉米的播种行距相同，既实现了小麦精细质量播种，也确保玉米播种在两条滴灌带之间，真正实现"一带两用"。依托无人驾驶收割机、实现智能化控制的精量播种变量施肥播种机等多种大型智能化机械设备联合作业，可高效完成小麦收割、脱粒、秸秆收集、土地翻耕、玉米播种等工作。2024 年河北省组织和调度小麦联合收割机、拖拉机、玉米播种机、秸秆还田机等 200 万台农业机械投入作业。30 多个全程机械化示范县和 2 000 个农机合作社推广应用了智慧农机系统，可将作业地点、亩数和产量实时传送到物联网平台，准确率在 97% 以上，实现边收获、边测产。

"一喷三防"无人机作业助力小麦丰收。试验结果显示，在小麦生长中后期开展"一喷三防"，对小麦病虫害整体防效达 85% 以上。与农民自防田比较，统一开展"一喷三防"的麦田，病虫害防效平均提高 11.5% 以上，病虫害明显减轻，实际损失显著下降。调查结果显示，开展"一喷三防"

的麦田，小麦增产4.5%~21.7%。农民自防田比较，统一开展"一喷三防"的麦田，小麦品质提升，商品价格平均提高0.1~0.2元/公斤。开展小麦"一喷三防"，规范了农药使用技术，减少了盲目用药现象。据调查，农药利用率提高到38.5%以上，平均减少农药使用量19.2%以上，减轻了化学农药污染，保护了农田生态环境。同时，采取"一喷三防"综合施药，作业效率大幅提高，较传统施药方式减少用工0.06个/亩，有效节约了用药和人工成本，提高了小麦种植收益。

8.2.4 模式集成

以高产、优质、高效、生态、安全为目标，集成组装适合不同优势区域、不同栽培条件、不同品种类型的优质高产、节本增效栽培技术模式，构建应对区域性气候变化的防灾减灾技术体系。发挥科教推融合的传统优势，以全省农技推广体系为依托，开展技术模式的集成和适配度验证，在科技成果转化落地中，不断优化完善技术模式，扩大推广应用范围，为小麦生产提供区域针对性强、易操作的实用技术，充分挖掘提质增产潜力，实现了小麦综合生产能力的显著提高。

以生产实际为基础，以品种性状为依据，遵循"良种良法良机良技配套"原则，集合近年来生产上的表现稳定的安全、优质、高效、节水、抗逆性好的强筋、中（强）筋品种，集成了多套适宜河北的小麦高产高效种植技术模式，其中部分制定了本地配套高产高效栽培技术规程，从生产环节实现小麦区域化布局、标准化种植、产业化经营，增加小麦产业发展的内生动力。

近年来推广应用中，小麦高质量播种和全程精细精准化管理模式对增产作用突出。从整地环节至收获，进行精细精准化规范化作业，确保小麦播种质量好，越冬抗寒表现好、春管精准到位，产量和品质突出，取得较高的种植效益。在整地环节，突出"精细化整地"，结合病虫草害和前茬秸秆存量，合理选择深翻、深耕、旋耕、灭茬、平地的作业方式，依据光热条件和地力水平选立体匀播或宽窄行的播种的方式，落实精量播种和播后镇压，有条件的种植户采用复式农机具将整地、播种、镇压结合，达到一次作业多重效果。在高质量整地的基础上，单粒匀播的小麦产量要比宽幅和窄幅条播产量增加显著，产量较宽幅增长约12%，较窄幅产量增长约16%。匀播方式小麦植株透光均匀，群体结构更合理，改善群体微环境，延长中、下部叶的衰老。匀播方式下的小麦籽粒产量、穗数和千粒重较常规条播分别可提高

4.42%、1.67%和5.25%。

适期适量播种技术降级旺长、受冻害风险。依据小麦冬前积温包括播种到出苗积温及出苗到冬前停止生长之日的积温需求，河北省小麦壮苗指标在5叶1心至6叶1心之间，冬前形成壮苗需要总积温为490～560℃，以及近年省内冬前积温情况，确定南部麦区适宜播期在10月8—18日，中部麦区10月5—12日，北部麦区10月1—8日。依据播期定播量，一是依据播种期早晚定播量；二是依据品种特性（品种分蘖力、分蘖成穗率和适宜群体大小）定播量；三是依据土壤肥力水平、质地定播量；四是依据种子芽率、秸秆还田与否及整地质量定播量。基本苗数确立以后，可以根据下面公式计算播种量。在适期播种的情况下，亩基本苗冀中南掌握在20万～25万为宜，冀北掌握在30万左右为宜。迟于适宜播期后，每晚播1天，亩增播量0.5公斤。确保小麦播期播量适宜，降低早播旺长、晚播受冻害影响的风险。

播前播后镇压技术促壮防冻害效果明显。播前或播后镇压是解决秸秆还田，旋耕播种造成土壤"虚土层"太厚，播种深浅不一影响小麦产量的有效技术措施。播前、播后镇压是小麦播种过程中的重要环节，加强播后管理播种后镇压可以增强土壤与种子的密接程度，种子容易吸水，提高出苗率和整齐度。播种后镇压要抓住最佳时机，保墒抗旱抗寒防灾；播后及时进行镇压，能抵御可变逆境。尤其是秸秆还田地块，采取了镇压技术，能明显起到提墒、保墒、壮苗的作用。多地调查发现，小麦播后镇压能提早出苗1～2天，单株分蘖增加0.4～0.6个，单株次生根增加1.2～2.1条，冻害干叶率降低10%～15%，群体增加5万～25万；三叶期后至越冬前采取先镇压后划锄的措施，粉碎大的土块，踏实土壤，弥合土壤裂缝，防止冷空气进入，促进小麦根系与土壤紧密结合，刺激次生根喷发和根系下扎，防止冬季冻害发生。

冬季在冀中南地区酌情浇灌越冬水，冀北地区普遍浇灌越冬水，有效降低冬季冻害发生概率。通过对半冬性或春性较强的品种进行多点次跟踪调查，不同整地质量、不同播种质量、适宜播期和灌溉冻水成为冻害发生与否和发生轻重的4个重要因素。春季返青后，依据群体和苗情长势确定春一水浇灌时间，起到适度控旺、促弱早发快长的目的，均衡个体发育与群体调控的关系，春季除草以阔叶杂草为主，结合病虫害开展综合防治，拔节前后开展水肥一体化管理，促进小穗小花分化，在扬花至灌浆期开展第二次肥水管理和一喷三防，提高抗病虫、延长灌浆期、抗倒伏风险，促使穗、粒、重的协调发展，实现增产增收。

8.3 水资源高效利用潜力分析

"十三五"期间，河北省农业节水项目累计实施面积达到 4 500 万亩以上，农业用水由 2016 年的 128.0 亿立方米减少到 2021 年的 97.14 亿立方米，年均减少了 6.66%。同时结合区域特点和作物特性，大面积推广了喷灌、淋灌、滴灌等先进的灌溉技术，重点在种植大户、家庭农场、种植专业合作社等规模经营主体配套实施推广水肥一体滴灌、喷灌等高效节水灌溉技术设备，"十三五"期间累计推广达到 600 万亩。农田灌溉水有效利用系数提高到 0.674，居全国第 4 位，有效节约了水资源，提高了用水效率。2020—2022 年河北省给予规模经营主体 100~200 元/亩的补贴推动浅埋滴灌节水技术的推广应用，为节水农业生产提供了强有力的保障。

8.3.1 浅埋滴灌

小麦玉米一年两熟的农田浅埋滴灌技术是经过深松和整地，不再保留垄沟和田间畦埂，利用小麦播种机加挂铺设滴灌带的设备，播种、镇压后在农田开沟和覆土，将滴灌带浅埋于地下，一次性完成播种和铺设滴灌带作业，根据作物需水情况适时滴灌，并且结合作物需肥情况，采用水肥一体化技术进行滴灌和施肥，小麦玉米两季作物全生育期只铺一次滴灌带，待玉米收获后，利用机具将滴灌管回收。小麦玉米一年两熟农田浅埋滴灌节水技术优点：①节水，与普通的漫灌相比能节水 40% 左右；②省工，灌水期间不需要人工开沟铲土或搬运设备，节省人工，同时，一个工人一天可同时管理多个 10~20 亩浇水单元完成浇水工作；③增产，多年多点调研显示，浅埋滴灌小麦季亩增产 7%~28%，特别是砂质土壤增产效果明显，可实现水肥一体化有利于增产增收；④环保，用土浅埋，不用薄膜，减少白色污染；⑤节地；取消了农渠、田间灌水沟及畦埂，可节有效耕地 5% 以上；⑥节肥，避免因撒施化肥造成挥发，污染环境，实际生产显示采用水肥一体化技术，提高肥料利用率 20% 以上，而且由于是浅埋灌溉，在施肥过程中肥料的利用率更是可以提高到 40% 以上。

8.3.2 微喷淋灌

小麦微喷淋灌技术的发展历程，是一场农业灌溉革命。从最早的大水漫灌改为利用管道系统将水精确输送至小麦根系附近，通过特制的喷头或者空隙，以微小水滴形式直接喷（淋）洒到土壤表面。这种灌溉方式极大减少了水的浪费，为小麦生长创造更为稳定的土壤环境，是现代农业科技进步的重要体现。

随着科技的进步与创新思维的注入，智能调控头部装备的革新，实现了灌溉量精准和水肥同施，有效提升水肥的利用效率，将喷灌演变为一种精确控制、节水高效的现代灌溉方式。近年来，科研人员不断优化喷头设计，实现水珠细微均匀分布；工程师改进管道材料，确保系统耐用且易于田间部署；智能化的引入，使得灌溉更加精准，与小麦各阶段需求和天气变化同步协调，微喷淋灌有效减少人工浇水的劳动强度，灌溉自动化显著提高农业生产效率。这些技术的迭代升级，让小麦微喷淋灌成为提升综合产能、节约水资源的重要工具，开启了小麦绿色节水的新篇章，更是小麦产量和品质水平不断提升的核心助力。

延伸出对主要灌溉系统的节水效率评估，通过将土壤湿度和作物需水量进行精准测量，结合气象数据与蒸发蒸腾量建立模型，计算出最佳灌溉量。应用先进的微喷灌技术，能够将水直接输送到作物根部，减少水分蒸发和渗漏，提高水的利用效率。通过常年多点次定期的节水效率评估，微喷淋灌方式平均较大水漫灌节水 40%~65% 或以上，保障水资源的合理分配和使用，并提升农作物的产量和品质，实现农业可持续发展。此外，数据分析结果能为灌溉系统的优化提供依据，确保每一滴水资源都得到充分利用，促进农业生产与环境保护的和谐共生。

8.3.3 喷灌

固定式喷灌技术从原来传统田间立管发展到地埋自动伸缩式喷灌模式，克服了原来费工、易丢失、影响农机作业等不足，极大地促进了农民应用水肥一体化技术的积极性。卷盘式喷灌水肥一体化技术更先进，卷盘淋灌化，驱动方式更节能，测墒智能控制等省工，灌水更均匀。注肥设备从传统的方式发展到智能一体化，施肥更均匀。与现代技术对接，实现物联网智能化控制，完善了小麦玉米水肥一体化灌溉施肥技术规程，水肥一体化技术模式整体水平得到显著提升，一般较地面灌溉可节水 30%~50%，不仅节约了灌溉用水，且可扩大灌溉面积，喷洒水点小，很少破坏土壤结构；不必修埂打畦，可以减少渠道占地面积，提高土地利用率，在地形不平整的地区或坡地丘陵山区或水源不足地区，更能发挥其优越性。

8.3.4 微咸水补灌节水利用

根据冬小麦的需水耐盐规律，通过研究不同时间、不同灌溉量和不同微咸水矿化度灌溉对作物蒸发蒸腾、根系吸水、作物生长发育、生理生态、产量和品质以及土壤盐分动态的影响，明确冬小麦在不同矿化度下微咸水灌溉的阈值、灌溉时间、频率和灌溉量，确定不同含盐量微咸水安全灌溉制度和灌溉技术。通过种植耐盐植物品种、增施土壤微生物肥、土壤改良剂、提高土壤肥力等措施提高土壤对有害离子的缓冲能力，消减微咸水灌溉对土壤和作物的不利影响，并通过浅井和深井咸淡混灌，精准配置浅层微咸水矿化度，达到微咸水灌溉的土壤和作物安全阈值。集成微咸水灌溉制度、灌溉技术、土壤调控和耕作栽培配套高效安全利用技术模式，实现咸水资源利用最大化，同时保障土壤和作物安全。

浅层微咸水井水的矿化度一般在 2~5 克/升。依据深水井水矿化度、浅层微咸水井的矿化度和深井水泵的流量来配置浅层微咸水井的水泵，一般混合水矿化度不超过 2 克/升，可适宜大部分土壤和小麦、玉米等作物。

采用适合河北低平原生态条件的抗旱、耐盐、节水、丰产稳产小麦品种，足墒播种，亩灌水定额 45~50 立方米，通过秸秆还田、精细整地，增施有机肥，适当推迟播期，增加播量，减少冬前的水肥消耗，提高小麦越冬的安全性，并保证充足的养分积累。适当增加播量，较淡水灌溉增加 10% 播量，可提高出苗质量。缩行、精细播种，播后镇压，提高播种质量。根据土壤养分监测实施测土平衡施肥。小白龙结合小畦灌溉可减少传统垄沟灌溉造成的土壤次生盐渍化。冬前和春季做好麦田杂草防治，抽穗到灌浆期，进行 1~2 次病虫害防治，在小麦灌浆期，喷施磷酸二氢钾或叶面肥等抗干热风制剂，减缓衰老，促进灌浆，减轻干热风危害。小麦成熟后及时收获，宜采用带秸秆粉碎散布装置的联合收割机，可防止秸秆堆积对下季玉米播种和出苗的不利影响。通过微咸水替代可节约深层淡水 25%~35%，年节约淡水资源 55~80 立方米/亩，同时实现节水吨粮，其中小麦产量 450~500 公斤/亩，技术模式适宜区域为河北低平原浅层微咸水分布区，尤其是河北省渤海粮仓项目区覆盖的永青县、霸州市、容城县、雄县、安新县、文安县、任丘市、大城县、青县、河间市、肃宁县、沧县、献县、泊头市、南皮县等县市。

8.4 组织形式变革潜力分析

2014 年,河北省人民政府出台了《关于加快农村土地经营权流转促进农业适度规模经营的意见》,土地流转速度加快,也出现了土地托管、合作社、家庭农场等新组织形式,促进了农业适度规模经营。虽然经营耕地面积 50 亩以上农户数呈显著增加趋势,但经营耕地 10 亩以下农户数依然占据较大比例。2021 年河北省农业农村厅印发《河北省新型农业经营主体和服务主体高质量发展实施规划(2021—2022 年)》,按照"四个一"的路径(一套培育计划、一套规范机制、一套服务体系、一套支持政策),深入实施家庭农场培育计划和农民合作社规范提升行动。规划中从合作社制度规范制定与管理、打造示范社、发展产业化联合体、参与乡村建设以及积极参与联农助农等方面进行了规划部署,并通过设立新型农业经营主体辅导员队伍来为基层新型农业经营主体建设以及社企对接等进行指导服务。

2022 年河北省农业农村厅印发了《河北省新型农业经营主体提升行动实施方案》,以内强素质、外强能力为重点,突出抓好农民合作社和家庭农场两类新型农业经营主体发展,着力在完善基础制度、加强能力建设、健全指导体系、深化对接服务上下功夫,推动由数量增长向量质并举转变,基本形成以家庭经营为基础、新型农业经营主体为依托、社会化服务为支撑的现代农业经营体系,促进小农户和现代农业发展有效衔接,力争在"十四五"期末,县级以上农民合作社示范社和示范家庭农场均达到 12 000 家以上,其中省级示范社和示范家庭农场均达到 2 000 家以上。适应新型农业经营主体发展需求的县乡基层指导服务体系基本建立,全省基层新型农业经营主体辅导员达到 3 000 名,新型农业经营主体服务中心实现涉农县(市)全覆盖。

随着劳动力的转移和农业劳动力老龄化加剧,新型农业社会化服务组织相应而生,河北省农业社会化服务组织已初具规模,目前组织形式相对多样,包括农民合作社、家庭农场、农机服务合作社、农业服务有限公司等。2021 年玉田县、临西县、定州市、邱县等 4 地入选全国农业社会化服务创新试点县名单,河北新合作裕丰农业发展有限公司、柏乡县金谷源优质小麦专业合作社、石家庄市栾城区天亮种植专业合作社等 3 组织入选全国农业社会化服务创新试点组织名单。在不流转土地经营权的条件下,将农业生产中的耕、种、防、收等全部或部分作业环节委托给农业生产性服务组织完成的农业生产托管得到全面发展。目前河北省已形成全产业链托管、菜单式多环节托管、股份合作分红、股份托管并行、专业化托管、供销社为农服务 6 种主要托管服务模式。

河北省加大扶持力度，对托管服务组织贷款购买种子、化肥、农药等生产资料和购置大型农机具，政府性担保基金给予担保支持，还按照主体多元、形式多样、服务专业、竞争充分的原则，积极引导农机、农资等生产经营企业和社会资本参与社会化服务，采取市场化运作，降低服务成本，提升服务质量，重点抓 15 个省级农业生产托管服务组织培育示范县，建设了 100 家省级示范托管服务组织。

到 2021 年底，河北省农业生产托管服务组织发展到 3.1 万家以上。其中，全环节托管服务组织发展到 1 300 家以上；农业生产托管服务面积增加到 2.2 亿亩次以上，全环节托管服务面积发展到 700 万亩；平原粮食主产区和丘陵山区粮食作物多环节托管服务面积占比提高到 67% 和 44% 以上。组织化规模化程度的提升，比分散经营减少沟渠和地垄，可有效提升土地使用效率，获得更多可耕种土地，间接提升单位面积产量。同时，规模化经营者更容易接受和使用新品种新技术，以实现粮食高产稳产和降低投入。积极推进粮食规模化生产是促进粮食生产的重要举措。重点打造冀南优质麦产业联合体等多个省级示范农业产业化联合体，吸收产业链相关育种单位、种业公司、合作社（家庭农场）、农业专家服务团队、粮食流通企业、面粉加工企业，强化企业与农户间的利益联结机制，引导农民（合作社）通过订单、入股等多种方式，积极参与粮贸企业和面粉加工企业的强筋麦流通转化深加工。家庭农场、种植大户与生产加工企业等不断加深一体化合作，推动生产种植向优质专用小麦生产转型。探索建立了"抱团签约+订单种植""粮食银行+存粮增值""订单基地+保底收入+技工工资""共享粮行""公司+基地+农户""土地入股+保底分红"等多种利益联结模式。冀南优质麦产业联合体吸纳农机合作社、家庭农场、农业技术服务公司等成员 120 多家，涉及承包土地 7 万多亩。

"博远农事服务 360+" 联合生产模式。博远公司在多年经营粮食实践中发现：一是农村没人种地。随着城乡居民收入差距加大和劳动力成本的上升，大多数农村青壮年外出打工，种粮劳动力明显短缺，导致了农村耕地季节性撂荒问题与日俱增；二是农民不愿意种地。一方面，随着种子、化肥、农药、人工成本的不断增加，农民种粮效益不高。另一方面，农民不能直接与企业对接，卖粮时受到小商小贩的价格压制，严重影响了农户种粮积极性；三是农民不会种地。随着科技的发展，新品种、新技术在粮食生产中广泛采用，老龄化农民素质偏低，很难适应，直接影响粮食产量和效益；四是粮食浪费严重。在机械收割时，田块不规整等造成一些损失和浪费。此外，农户储存设施简陋、烘干能力不足，造成粮食生霉、腐烂及鼠害等时常发生，导致农户受损；五是农户对接市场能力低。农户种植的粮食作物质量参差不齐，难以满足市场需求，同时不能准确把握粮食市场行情，从众心理强，卖价偏低。

博远公司针对上述问题，通过启动共享农业项目、发布"粮富通"平台，实现"政府、企业、农户、金融、保险、科技院校"的六方联手等途径，探索出"博远农事服务360+"联合生产模式。

以博远"3"大业务板块、"6"方联手为基础，充分依托中粮贸易"国"字企业牢固的保障优势，实现粮食生产"0"风险，农业增效、农民增收、粮食安全。

三大业务板块。一是农业生产经营板块。负责农业联合生产、科技示范等，目前已建设试验田300亩，联合生产示范基地6 000亩，减少农民农业生产投入近600余万元；二是粮食仓储贸易板块。负责粮食收获后的仓储、贸易、加工等，同时吸收其他农户的余粮"储蓄"，保证粮权不变，农民存粮后可以直接提取现金，也可以根据市场价格变化随时进行结算；三是农村零售业务板块。具备完善的农村零售业务网点25家，提供农机农资供应、管理、粮食兑换等，向参与联合生产的农户提供价格优惠的米、面、油等生活必需品。三个板块相互支持配合，形成了一个完整的系统。

六方联手。一是政府。在邯郸永年区委、区政府以及各乡镇政府支持、村集体配合，对联合生产的优势进行广泛宣传，引导广大农民群众积极加入联合生产。相关部门在政策上给予倾斜；二是企业。博远公司与中粮贸易公司建立长期、稳定的合作信任关系，联合生产收储的粮食全部交与中粮贸易公司管理，并保证粮食收购价格，切实保障农民群众的利益；三是农户。农户以自有耕地经营权为基础，加入联合生产，获得一定的保底和分红，参与联合生产的监督，到基地有薪酬参与农业生产管理；四是金融。与中国邮储银行永年支行建立战略合作关系，提供粮食交易结算等服务，最大限度方便农户；五是保险。与中国人保财险永年支公司建立战略合作关系，为联合生产基地内的粮食缴纳农业保险费用，确保在发生自然灾害等不可抗拒的情况下，保障粮食收益不受损；六是科技。公司与河北省农林科学院、河北工程大学建立长期战略合作关系，组建专项科技服务团队，为联合生产提供科技服务。

"0"风险。博远公司通过六方联手,在粮食生产、仓储、销售、结算分红等环节,建立了长期、稳定、信任及合作共赢的良好关系。形成了最严格的管理制度,最大程度地化解了联合生产中存在的隐患问题,最大限度保障联合生产"0"风险。

"+"附加效益。一是实现农业提质增效。在联合生产基地内,以科技为保障,因地制宜选择优良品种,配套栽培技术,订单种植,提升原粮质量,保证市场高价位出售;二是保障粮食质量安全。依托中粮贸易公司,高标准开展烘干、储存、销售,做好粮食处理和保存,实现科学储粮、节粮减损;三是促进农民就业增收。保障参与联合生产的农户不投入、有保底、可分红。支持有能力的农户参与生产管理,获取一定的薪酬。

2020年参加联合生产的农户,在800元保底基础上,共获得联合生产模式分红金362元/亩,农户种植小麦收入662元/亩,较普通农户增收162元/亩。一是解决了"农村谁来种地"的问题,通过土地并方,实现了全程机械化、规模化、集约化作业;二是解决了"农村年轻人不愿意种地、中年人顾不上种地、老年人凑合着种地"等问题;三是解决了农民种地成本高、收益低的问题,公司集中采购农业生产物资,降低投入成本,机械化生产降低人工成本,实行订单生产,增加农业收入;四是解决了赋闲农民就业的问题,对于无地、有体力的农民和五保户贫困家庭,通过村集体推荐,到联合生产基地参与农业生产,增加收入。

9 小麦产业高质量发展推进行动

9.1 加强高标农田建设

紧紧围绕提升粮食生产能力，坚持新增建设与改造提升相结合，因地制宜对项目区开展田块整治、土壤改良、灌溉排水与节水设施、田间道路、农田输配电、农田防护及生态环境保持等措施，集中力量打造集中连片、旱涝保收、节水高效、高产稳产、生态友好的高标准农田，提升农田基础设施水平和耕地质量，提高粮食综合生产能力，进一步筑牢粮食安全保障基础。逐步提高高标准农田建设投入标准，足额配套落实省级资金。开展第三次土壤普查。组织实施好全省试点县第三次全国土壤普查试点，完成耕地普查，查明土壤类型及分布规律，查清土壤资源数量和质量，为耕地的规划利用、改良培肥、保护管理等提供科学支撑。

国家层面尽快出台逐步把永久基本农田全部建成高标准农田的实施方案。加强农田基本建设是提高农业抗灾能力、提高土地生产率的重要举措，传统措施主要包括平整土地、改土治水、农田林网建设和发展农业机械化。新时代农田基本建设应注重吸收最新研究成果，纳入建设规范，提高建设标准，对已建高标准农田进行改造提升，满足农业现代化高质量发展需求。例如，因地制宜推广地埋滴灌、伸缩式喷灌、微喷带喷灌等水肥一体化、智能化灌溉技术，减少垄沟输水占地，提高灌溉水利用率；将小型气象观测站纳入建设，提升气象监测预警能力。推广以太阳能为能源的高效诱集杀虫灯，降低田间害虫虫源基数，减少病虫害防治用药量，提高农业绿色发展水平。

摸清盐碱地资源"家底"，充分挖掘综合利用潜力。完善引、灌、排体系，河、路、沟渠、闸等关键基础配套，开展轻中度盐碱耕地治理。在全省盐碱地集中区域，示范推广施用土壤调理剂、耕作压盐、深耕深松等改良技术。建设耕地质量保护提升示范区。在全省创建耕地质量保护治理提升技术示范区。在示范区内开展田间试验示范和效果监测，确保示范区内耕地质量提升。开展轻中度盐碱耕地治理。在全省盐碱地集中区域,示范推广施用土壤调理剂、耕作压盐、深耕深松等改良技术。

投融资模式创新。高标准农田建设需要大量的资金投入。为了保障建设资金的充足和高效利用,需要创新投融资模式。政府可以通过设立专项资金、发行债券等方式筹集建设资金;同时,积极吸引社会资本参与高标准农田建设,形成多元化投融资体系。此外,还可以通过金融机构提供贷款支持、担保服务等方式降低融资门槛和成本,提高建设资金的使用效率。

后续管理与维护。高标准农田建设完成后,后续管理与维护是确保其长期稳定运行的关键。因此,需要建立健全的管理体制和运行机制,明确管理责任和职责分工;同时,加强技术培训和指导服务,提高管理人员和农民的管理水平和技能水平。此外,还需要建立有效的监测评估机制,对高标准农田建设的实施效果进行定期评估和调整优化。

9.2 种业振兴强麦行动

聚焦河北省节水小麦、强筋小麦在产业和育种研究上优势地位,开展突破性、标志性种质资源创制和品种选育,固根基、扬优势,保持我省优质节水小麦、强筋小麦品种的全国竞争优势。一是高产型,需大幅度提高单产来保证总产;二是节水型,确保水资源安全是河北省农业生产的基本方略;三是优质专用型,实现小麦的产业化,延长产业链,提质增效,坚持市场导向和问题导向。通过培育节水高产、优质专用、高产广适、绿色高效、水肥高效标志性品种,解决审定品种数量激增,但突破性标志性品种缺少,支撑种业能力弱的问题。针对我省生态环境特点,以优质高产、广适多抗、绿色高效、特色专用为主攻目标开展重点攻关,着力培育具有自主知识产权的品种,破解强筋小麦进口量大困境,打造全国一流、行业领先的特色种业。引导和支持省内种子企业强强联合,打造"育、繁、推"一体化的龙头种业集团。

引进种质,建立种质和品系鉴定平台。建立品质、节水、抗病等联合鉴定示范田,对新种质或材料进行表型或基因型精准鉴定和评价;挖掘优异种质,创制优异育种材料,解决拥有丰富种质资源,但品种遗传基础狭窄、同质化严重,优异资源的挖掘、鉴定与利用短板明显。完善育种方法和鉴定技术。挖掘、创新、利用突破性小麦种质,创新小麦关键育种技术,逐步建立花粉培养 DH 系诱导、快速发育加代、分子选择、田间表型选择结合的小麦高效育种技术体系，优化太谷核不育育种技术，完善能够育种选择的一年多代技术。开展小麦分子检测技术研究和功能基因挖掘。开展水肥高效、优质高产、抗病抗逆遗传规律研究，挖掘控制基因位点，建立可辅助选择的分子标记，建立骨干种质的性状和基因信息数据库。利用基因编辑等技术，实现优异基因的表达调控；利用分子标记，在全基因组范围内定向集聚、跟踪保留优良基因，逐步实现优异基因聚合精准育种。实现与产量、品质、抗性、营养高效等相关的重要主效基因的定向操作。利用温室控温或异地加代技术，辅以分子标记辅助选择，完善一年三代育种技术，有效缩短育种周期。

依靠京津强大的农业科研力量，加强区域协同融合发展，带动产业学术交流与共建，促进京津农业科技成果在河北落地生根。加强对一流种业企业的培育，支持辛集市创建国家级小麦种业产业园，培育壮大龙头企业，发挥河北省科研院所和农业高校作用，通过产学研企融合，补齐种业基础短板，带动河北由用种大省向种业强省发展。抓好优质强筋小麦品种筛选，提出以提高水分利用效率、提高品质协调性稳定性和提高小麦产量为目标的品种筛选指标，抓好专用型和特色品种筛选，促进不同类型品种合理搭配。

建立以政府为引导、企业为主体、科研院所为支撑、市场需求为导向的"四位一体"优质强筋小麦产业创新联盟，设立首席专家，组成专班，全方面强化技术创新。借助京津冀农业科技创新联盟、全国优质专用小麦产业联盟、省小麦产业技术体系等平台，推动强筋小麦种质资源共享和育种技术创新，促进良种良法配套。

9.3 先进技术集成推广

落实好藏粮于技战略，通过2022年科技壮苗行动成效和典型经验，验证了"各级政府+专家+农技人员"的科技推动效果，建议形成常态化工作机制，充分发挥省小麦产业技术体系创新团队科技"主力军"作用，联合省内相关单位小麦产业科技创新力量，围绕小麦全产业链布局创新链，在品种创新、品种筛选、节水技术、绿色防控、农机装备、产后加工与食品开发等技术领域加强自主创新和集成创新，组织开展联合攻关，加快资源创新和品种选育步伐。强化技术集成创新，重点加强优质高产、节本增效、轻简栽培、防灾减灾等重大实用技术研究推广，推出一批优良品种、优化技术、优质产品，为小麦产业高质量提供科技支撑，每个重点县建设1块百亩攻关田、千亩示范田、万亩展示田，发挥示范带动作用。组织专家和基层农技人员深入基层，开展培训，提高技术普及率和到位率。用最好的技术种出最好的粮食。

以全省小麦全程精细化精准化为目标，推动高产高效重大技术集成与示范推广，带动全省小麦产能的不断提升。针对小麦从种到收每个生长期和一系列关键节点，分品种、分区域制定精细化、精准化、规范化的科学管理方案，将精细整地、精量播种，控旺促壮、促弱转壮，节肥增效、绿色防控，稳穗增粒、抗逆保丰等技术措施落细落实。开展示范引领。围绕集成推广新品种、新技术、新模式，每县打造一批万亩片、千亩方，实现良田、良种、良法、良机、良制"五良"配套，辐射带动大面积均衡增产。发挥粮食生产科技专员和创新驿站作用，为小麦生产提供全链条技术指导服务。对种植大户、托管组织和农民群众开展拉网式技术培训，力争精细精准管理技术规范覆盖到每一块小麦田，向每个关键环节要产量。

在太行山山前平原麦区，围绕制约我省强筋小麦生产的区域化布局不科学、种植规模小、产量较低、品质不稳定、效益不高等突出问题，优化区域布局，提高产量水平、适应性和品质稳定性，推动强筋小麦规模化、标准化生产。将土壤蓄水、生物节水、农艺节水和化控节水与籽粒产量品质性状统筹考虑，研究强筋小麦水分需求规律和节水灌溉技术，构建水资源高效利用的灌溉技术体系。研究强筋小麦养分吸收、分配和利用规律，强化秸秆还田条件下的规范化整地播种施肥技术研究，构建土壤有机质稳步提升和肥料高效利用的节本增效的施肥技术体系。研究强筋小麦水分互作机理，创建并示范水肥耦合的节水节肥绿色增产增效的轻简化肥水管理和地力培育模式。研究专用型小麦品种栽培技术。

对区域水分平衡与适水种植进行研究，探索休耕模式。实现整地、播种、收获等环节农机农艺紧密结合，研究小麦水肥互作机理，提出水肥耦合节本增效管理模式。将品种评价和农情分析引入体系建设，为节水、优质品种和专用品种推介以及麦田科学管理提供技术支撑。

9.4 智能农机装备升级

河北省小麦智能农机装备升级工程是推动农业现代化、提升小麦生产效率和质量的重要举措，推动小麦生产的智能化、高效化和绿色化。深入推进粮食生产装备补短板行动，推进粮食新机具新技术创新研发，研究开发集秸秆粉碎、土地耕整和精细播种为一体的复式作业机械，简化作业程序，提高作业效率。研发播后镇压专用机械，提高播后镇压质量。应用智慧农机综合服务平台，研究高效适用的多功能植保机械、施肥机械、微灌喷灌机械和收获机械等麦田管理机械，实现小麦生产全程农机作业的精准化、轻简化和智能化。持续推进农机深松深耕作业，加快与耕种收环节机械化集成配套，创制智能化机具装备，提升精准作业技术水平，推动粮食机械化生产关键环节减损。加大粮食生产装备补短板投入，引导科研院所和农机企业等向农业机械补短板聚焦用力。持续开展农机新机具新技术研究项目，加大投入粮食新机具新技术创新研发资金。加大智能化技术示范推广力度，加快提升农机装备耕、种、管、收全程作业质量与作业效率，推进智慧农机数字化管理。加大产学研企结合力度，提高国产农机研发水平。采取揭榜挂帅方式，充分利用好京津两地人才和科技优势，明确我省农业机械发展的方向和不足，聚集合力，采取集中攻关方式，加强农机装备薄弱环节研发，提高国产农机的精准作业水平和效率。

为实现上述目标，河北省小麦智能农机装备升级工程应采取以下关键举措。

引进先进智能农机装备。积极引进国内外先进的智能农机装备和技术，如北斗卫星导航系统、自动驾驶系统等，推动小麦生产的智能化转型。引入智能农机装备，实现了小麦收割、播种等环节的自动化和智能化。

农机装备智能化改造。对现有农机装备进行智能化改造，加装智能控制、自动导航等系统，提升农机装备的智能化水平。将传统的农机加装高精度定位装置，使其能够实现自动行走和精准作业。

建设智能农机装备示范基地。在全省范围内建设一批智能农机装备示范基地，展示智能农机装备技术的先进性和实用性，推动智能农机装备技术的推广和应用。每个示范基地规模不小于1 000亩，覆盖小麦生产的各个环节。

加强农民技能培训。针对智能农机装备的操作和管理，加强农民的技能培训和知识普及，提高农民对智能农机装备的认知和接受程度。通过现场演示、培训班等形式，向农民传授智能农机装备的操作方法和维护保养知识。

政策支持与资金保障。出台相关政策和措施，支持智能农机装备的研发、生产和推广，加大财政投入，为智能农机装备升级工程提供必要的资金保障。设立专项资金，用于智能农机装备的购置、改造和示范基地建设等。

9.5 防灾减灾科学减损

加强河北省病虫害和灾情监测预警。以河北省主要发生的病虫害为主，兼顾近几年有增加趋势的病虫害，以预防为主，采取拌种处理，降低病虫害发生率和损失，同时加强省小麦体系和科研单位监测力度，定期发布小麦病虫害监测报告，图文并茂，普及经营主体病虫草害识别能力，制定小麦病虫害草害用药标准，科学用药，指导经营主体开展工作。加强大风、冰雹等恶劣天气的指导预防工作，与国家、省气象局加强联系，以省、市、县三级农业农村部门为主体，实时发布恶劣天气，指导农户田间管理，减少恶劣天气对小麦生长的影响。强化科学防灾减灾。加强与气象部门沟通会商，强化植保社会化服务体系建设，大力推进区域统防统治、联防联控。推进粮食生产完全成本保险，创新灾害保险查勘定损和理赔模式，最大限度减少因灾损失。农业生态环境恶化，增加了自然灾害暴发的风险，加大了防灾减灾的难度。河北省小麦连年遭遇干旱、洪涝、低温、干热风、逼熟雨等自然灾害，极端天气频发，降水和气温年际间变化大，对小麦产量的提高造成威胁。在抵御自然灾害方面，存在防灾意识薄弱、技术储备不足、应急预警滞后、救助体系单一等突出问题。因此，急需增强防灾意识、改善生态环境，制定灾害预案、完善灾害监测预警机制，加强农业保险、健全灾后补助机制，选育抗逆品种、优化种植布局，研究减灾技术、集成灾前预防和灾后补救技术体系。

加强有害生物发生情况监测，制定灾害预警和应急处置方案。以"研究筛选应用高效低风险农药推进农药结构优化、研究应用高效节约植保机械提高农药利用率、推进统防统治提高防治效果和推进绿色防控控制病虫草为害"为路径，推进农药减量增效。加强农药施用情况监测调查，确保产品质量安全。每年发布《河北省小麦重大病虫害防控技术方案》，扎实推进"一喷三防"工作，发挥无人机等高端技术在小麦病虫害预防和治理中的应用，提高用药的精度和准度。引导有条件的乡村、农民合作服务组织等，统一组织、统一时间、统一用药，有序推进整乡整村统防统治，有效地控制我省小麦病虫为害和发生，确保夏粮丰收。

加大对社会化服务组织人员的专业技术培训，提高病虫害防控精准性，提高作业质量和防治效果。培育区域性农业社会化服务联合体，实现社会化服务到村入户，扩大统防统治作业覆盖面积，提高全覆盖作业防控效果。

9.6 优质麦产业集群带动

近年来,由于国内面粉消费需求呈现明显的结构性差异,普通粉市场呈现萎缩态势,专用粉市场增速相对较快,专用粉在面粉产量占比不断提高,专用粉占面粉产量的比例从"十二五"初期不足7%已增至超过20%,专用粉产品品种趋于多元化、特色化。

发展优质强筋小麦产业是一项系统工程,在各级政府、产业主管部门、科研单位、加工企业以及产业服务组织协调联动下,形成了政府积极扶持引导、产业主管部门科学推进、科研单位技术支撑、加工企业龙头带动、产业服务全程跟进的产业组织和服务体系,在推进优质强筋小麦产业发展中发挥了关键作用。但从全省范围整体发展来看,优质强筋小麦产业发展还存在一些短板和弱项。例如:有的地方优质麦专业化生产基地的规模偏小和数量偏少,规模化程度普遍不高,优质小麦与普通品质小麦插花种植现象仍较为普遍,难以形成较大数量、质地相同的原粮,整体品质达不到企业收购标准。生产、加工与市场衔接中间环节多,有效组织和监管还不能全部到位,极易造成掺杂使假,原料和产品品质下降等问题。涉及整个产业链的生产主体、粮食收储、加工企业之间联系不够紧密,粮食收储、加工企业与生产基地和农户利益共享、风险共担的利益协调和约束机制还较为脆弱。

根据国家优势特色产业集群——河北省平原小麦产业集群建设方案和要求及省优质强筋小麦产业集群推进方案,在确保全省小麦种植面积基础上,积极引导和优化全省小麦品种布局,增加优质强筋小麦播种面积的比重,支持规模经营主体发展,加强企业扶持和品牌培育。培育布局合理、功能互补的农业产业化联合体,带动农户参与产业发展。

调整小麦产业结构,支持优质专用小麦发展。我省发展优质强筋小麦具有自然气候、专用品种、加工基地、消费市场等多个方面的优势,近几年优质强筋小麦发展取得了较快发展,也取得了较好的生产效益。我省强筋小麦产业发展应进一步推进区域化布局、规模化种植、标准化生产、专用化收储、产加销一体化经营,在冀中南区域集中打造产业生产加工转化聚集区,重点选择产业基础条件良好,规模生产程度较高,加工销售企业相对集中的市、县(区),加强生产组织、企业扶持和品牌培育,确保优质强筋小麦产量、质量和加工转化率、产品市场占有率同步提升,使其成为我省优质强筋小麦重要生产基地和加工转化主要聚集区,全面带动和提升强筋小麦综合生产效益和产业竞争力。

积极引导优质麦产业向纵向一体化。河北省优质麦种植存在小、散、杂问题，区域布局和品种结构不合理，优质麦与普通小麦混收现象较严重，降低了优质麦的价格和品质。充分发挥龙头加工企业的带动作用，创新企业与农户合作方式，形成分工协作、优势互补、链接高效的新型优质麦经营体系。利用好龙头企业的资金优势，农户丰富的劳动力资源，借鉴和推广中粮集团、金沙河、今麦郎等龙头企业与政府、经营主体合作，采取"企业+合作社""企业+政府+农户"等多种规模化经营模式的经验和成功做法，在邢台、衡水优质麦优势区域，大力推进河北省优质麦产业布局区域化、生产规模化、管理标准化。以优质麦基地建设为平台，协调企业与农户的利益分配，寻找利益平衡点。减少加工企业与农户对接的中间环节，降低市场交易成本。在龙头企业辐射范围之外的区域，建立优质麦专业合作社，由合作社与龙头企业对接。引导新型农业经营或服务主体之间加强联合合作，培育农业产业链合作伙伴关系，实现农业组织创新的规模经济、范围经济和协同效应，增进行业共同体利益，培育农业产业链的竞争优势，扩大集聚效应。

开展精深加工，延伸产业链条。产后加工是拉长农业产业链条、提高农产品综合效益的最有效手段。发达国家平均把农业投资的70%用于农产品的产后加工处理。山东省2016年农产品加工主营业务收入3.7万亿元，农产品加工业与农业总产值比值达到3.75：1，发展订单基地3 195万亩，带动农户650余万户进入农业产业化经营体系，户均增收近3 200元。我省应大力推进农产品加工业技术创新。通过引进国内外先进的加工技术和管理经验，提高农产品加工业的科技含量，开发具有鲜明特色和良好品质的不同类型产品，满足市场的需求。要加快"产学研"平台建设，扶持农业龙头企业建立优势农产品研发中心，鼓励企业与高等院校、科研院所及推广机构的合作。

加强对优质面制主食的品质评价标准体系的研究，重点研究各种小麦粉流变学特性、凝胶特性、面筋质量等粉质特性与传统主食品质指标之间的关联度，确定适用于不同主食品种的小麦品种或不同小麦品种的混配比例，并结合主食蒸煮加工工艺条件，确定各种主食的专用小麦粉品质指标，确定优质专用小麦粉的加工关键技术和配方，开发小麦主食品专用粉，加强全麦面食、功能面食营养及加工工艺研究，加强与马铃薯体系结合，研究马铃薯配面食品，拓展小麦产业的发展空间。

以市场需求为导向，遵循"就近原则"划分。以金沙河、今麦郎、五得利等大型龙头加工企业为核心，辐射覆盖周边 50 公里半径的小麦种植区域，以东西向高（快）速路网为媒介，铺设"半小时购销、一小时入库"的市场区，实行产销衔接，发展订单农业，优化品种结构，孵育较为稳定的优质小麦生产基地，形成种植、收储、加工、销售一条龙的小麦产业带；加强加工企业与仓储企业间的互通，实现小麦原粮分类、分级、分等储藏销售，提高优质专用小麦商品率，实现改善品质、提高效益、增加农民收入的目标，增强本地小麦的市场竞争能力。

引导扶持龙头企业，增强品牌意识，实施品牌战略。集中力量，打造一批知名原粮和产品品牌，力争用三年时间，实现集中产区强筋小麦原粮和加工产品品牌化销售。加强舆论引导，增强强筋小麦产品品牌影响力和知名度，营造全社会关心关注强筋小麦产业发展的良好氛围。

9.7 加快经营主体培育

建设社会服务体系。让专业的人（组织）干专业的事，把一家一户"干不了、干不好"的事情交给服务组织去干，是加强农业服务体系建设的出发点，是新时代强农惠农扶农的重要举措，也是小生产对接大市场、推广先进科学技术的有效举措。鼓励农技人员和大学生创新创业，应首先鼓励领办创办农业社会化服务组织，针对不同群体和产业特点，开展满足各类人群就业需求的高质量培训行动，并在政策上予以支持。提高耕种收储服务能力建设，解决农村老龄化遇到的问题，提高农机化水平和土地生产率，提高大型农机利用率，减少农产品收储过程中的损失。提高植保技术服务能力，准确预报作物病虫害发生，选择高效低毒农药和适期防控用药，推广新型喷药器械，实施无人机喷洒农药，开展联防联治，提高防治效果等。大力推进规模经营水平。强化农村土地经营权流转管理和服务，通过政策等各类保障措施促进粮食产业适度规模经营，带动全省粮食规模化经营规模水平由目前的35%提升到60%以上，推进全省粮食生产规模化、集约化和标准化水平。深入实施加快发展农业社会化服务实施意见、农民合作社规范提升行动和家庭农场培育计划，推动集体经济组织、农业生产托管服务组织、农民合作社、家庭农场等各类经营主体和模式高质量发展，在保障粮食安全和重要农产品有效供给、促进农业稳定发展中发挥重要作用。到 2025 年，农业生产托管服务组织发展到 3.5 万家，托管面积达到 2.5 亿亩次，示范区小麦生产实现托管服务全覆盖。县级以上农民合作社示范社和示范家庭农场达到 1.2 万家以上，其中省级示范社和示范家庭农场均达到2 000家以上。深化社企对接。支持邮储、中化、中粮、供销等大型企业向农民合作社和家庭农场提供产销渠道支持、寄递资费优惠、融资保险、品种筛选、数字农业、烘干仓储、品控溯源等综合服务。

10 对策建议

10.1 加强对粮食生产的行政领导

一是要明确界定党委和政府维护粮食安全方面的责任。党委负责把方向、管大局、保落实的领导责任，政府在党委领导下承担抓落实的具体责任，将粮食安全列入党委、政府工作的重要议事日程。全面落实粮食安全省长责任制，明确各级政府的粮食安全责任。各设区市和省直管县（市）政府要切实承担起保障本地粮食安全的主体责任，全面加强粮食生产能力建设，稳定发展粮食生产，巩固和提高粮食生产能力；二是建立责任清单、任务清单、问题清单和整改清单"四位一体"的清单管理制度。明确党委和政府相关成员的粮食安全责任任务。在保持粮食安全省长责任制考核体制机制稳定的前提下，将党委责任事项纳入考核，做到"问责有度、奖励有方"，推动党政同责有效落地，确保面积、产量不能掉下来，供给、市场不能出问题；三是出台顶层的指导性意见和操作层面的考核办法。制定具体的监督考核办法，定期组织对各设区市和省直管县（市）政府落实粮食安全责任制情况进行考核，确保各项措施落到实处。

由于财政资金状况整体偏紧，对农业生产基础设施建设投入强度下降。以高标准农田建设资金投入为例，较往年相比，2021年中央财政资金投入有所减少，省、市、县配套资金的到位率也较难得到保障，落实的资金额度只能开展一些田间工程的建设，配套设施设备资金存在较大缺口，影响到建设工程整体作用发挥，对小麦规模化生产、机械化管理造成不利影响。因此，强化粮食生产功能区建设，提高耕地生产能力。我国实施严格的耕地保护政策，保持耕地面积总量不减，实施占补平衡，但在一些地方占好补劣，致使耕地质量缺乏保障。再加上对耕地使用过度，耕地质量出现了不同程度的下降。加强高标准粮田建设，提高耕地生产能力，是保持粮食生产能力的现实选择，也应作为一项长期工作。要大力实施中低产田改造，高标准建设好粮食生产功能区，保持和不断提升耕地生产力，夯实粮食生产的耕地基础。

疫情事件让老百姓增强了粮食危机意识和存粮意识，加上近几年曝光的个别地区粮食储备存在的问题，各级政府应做好国家储备和地方储备同时，将我省企业、合作社及家庭农场小麦储备纳入到监测范围，加大对储备小麦质量监测，不仅有储备，而且确保储备质量，确保"有粮吃，有好粮，有粮调"。加大我省小麦产业发展宣传，防止媒体和投资者借机炒作粮食安全带来的不良后果。

10.2 落实完善粮食生产扶持政策

强化粮食生产政策扶持，进一步强化各项惠农政策，认真落实各项惠农政策，着重提高政策的精准性、指向性，新增粮食补贴向粮食生产核心区和粮食主产县倾斜，向新型粮食生产经营主体倾斜。大幅提升对产粮大县奖励、政策性保险等专项财政支持力度。出台支持粮食作物单产提升行动的补助奖励政策。统筹粮食奖补资金，制定切实可行的一揽子奖补政策，在粮食生产补贴政策方面，利用好补贴增量，精准识别政策支持对象，做好对种粮主体的精准施策。在价格支持政策方面，在执行最低收购价格制度的基础上，积极探索完善价格保护机制，落实好国家粮食价格政策，确保粮食价格保持合理水平，保护小麦种植主体的经济收入。完善生产服务体系，大力扶持专业化服务组织，探索采取政府购买服务方式，对规模化小麦生产区开展专业化生产管理服务。完善农业保险制度，加大对主要粮食作物保险的保费补贴力度，推广政策性农业保险覆盖面完善保险理赔程序，提高保险理赔额度，有效缓冲农业灾害对种麦收益的负面影响。同时保持政策稳定性可持续，切实提高种粮农民的积极性。

将部分农户使用较多、欢迎度较高的进口农机纳入农机补贴范畴，提高农业生产效率。借鉴"一喷三防"模式，加大对联合体、合作社的支持，鼓励联合作业，降低一家一户成本，带动提高现代农业技术在小麦生产科技进步作用。

搞好金融支持，创新金融产品，降低贷款门槛，增加对小麦生产基础设施建设、种植大户、农机大户和加工龙头企业的信贷规模。创新信贷担保方式，扩大农村有效担保物范围，积极发展联保贷款，探索实行动产抵押、生产订单抵押等抵押形式，切实解决种植农户贷款难的问题。

10.3 有序推进土地流转制度创新

应全面贯彻国家的农业政策和法规，以促进现代农业发展、推动农业适度规模经营为目标，通过加快健全土地经营权流转市场、强化土地流转合同管理、建立健全土地流转激励机制等措施，构建完善的服务平台，为流转双方提供便捷、高效、规范的服务。小麦产业化发展离不开规模化、专业化的新型农业经营体系，而新型经营体系依赖于效率高、秩序好的农村土地承包经营权流转市场。为促进农村土地流转市场的健康、持续发展，迫切需要进行制度创新，推广土地流转合同示范文本，规范流转合同内容，保障流转双方的合法权益。构建起第三方监管完备、农户自主参与、市场机制发挥决定性作用的农地流转新机制，建立健全小麦土地流转服务平台，发布土地流转信息，包括土地的位置、面积、价格、流转期限等，方便流转双方查询和了解，提供土地流转信息发布、交易撮合、政策咨询等一站式服务，进一步降低农户的农地流转交易成本。加强土地流转中介机构和经纪人队伍建设，提高服务质量和效率，通过建立土地承包纠纷调解小组，减少土地流转摩擦，提升土地流转效率。充分尊重农户意愿，采用转包、出租、互换、转让、股份合作等形式流转土地经营权，构建多种形式的土地租赁市场，充分发挥市场的资源配置功能。

10.4 不断加强职业农民培训工程

小麦生产机械化程度高和社会化服务组织的发展壮大，为在土地家庭承包条件下，推进生产规模化、服务社会化创造了条件。社会化服务组织专业化的服务，提高了作业效率，降低了作业成本，促进了标准化生产。对社会化服务组织给予财政资金支持，使其不断提高服务硬件条件和作业水平。开展领头雁培育工程和技术能手培训。采取理论授课、实践指导的方式，培养一批农村科技实用人才，进一步发挥"领头雁"引领产业发展的作用。针对不同层次的农民，河北省将实施分类培训。对于新手农民，重点培训基础的小麦种植技术和管理知识；对于有一定种植经验的农民，将加强其技术更新和管理能力培训；对于种植大户和合作社成员，将加强其规模化种植和市场经营能力培训。采用线上线下相结合的培训方式。线上通过网络平台、远程教育等方式，为农民提供便捷的学习途径；线下则组织实地培训、观摩交流等活动，让农民能够亲身体验和学习先进的种植技术和管理经验。同时，开展技术能手大比拼，通过切磋交流，提升整体水平。

邀请小麦种植领域的专家和技术人员，组成专家指导团队，为农民提供现场指导和咨询服务。通过专家指导，农民能够及时解决种植过程中遇到的问题，提高种植技术和管理水平。政府、企业、合作社等在小麦播种前，专门召开强筋小麦种植技术培训会，为群众传授强筋小麦种植管理技术，同时，实行技术人员包片责任制，在小麦生长的关键生育期组织专业技术人员深入强筋小麦种植区域，开展田间技术指导。积极引导农民与面粉加工企业对接，发展强筋小麦订单种植。

10.5 加强小麦产业技术信息服务

产业信息已经成为小麦生产的生产要素之一，其影响涉及小麦生产经营的各个环节，及时、准确的产业信息对指导和帮助小麦生产经营主体做出科学决策至关重要。构建全面、系统、高效的小麦产业信息服务平台，整合小麦种植、加工、销售等各环节的信息资源，实现信息共享和高效利用。平台应提供品种信息、种植技术、市场动态、病虫害防治、气象预警等多种服务，满足农民和企业的多元化需求。在生产信息服务方面，应加强农业公共和公益类信息传播渠道建设，注重气象预报、农业灾害预警防治信息的快速传播，注意利用农民常用沟通交流软件及时发布相关信息。在市场信息服务方面，搭建小麦产销对接平台，促进小麦生产者和加工企业之间的有效对接。应注重产品价格现状和变化趋势的跟踪监测，及时公布价格并做好价格预警，引导和指导种植户更恰当地选择出售时机和销售渠道等，通过平台发布产品信息、采购需求等信息，实现小麦的产销对接和优质优价，以期获得较好的收益，最大限度地减少市场风险。

开展示范推广服务。通过先进适用品种和技术的示范推广与培训指导，每年年初确定产业发展方向和实施意见，在小麦生长关键时期，组织专家深入田间地头开展调查研判和技术指导服务，提出全省性技术指导意见，为实现小麦节水优质高产提供科技支撑。同时针对突出自然灾害，做好小麦生长全生育期大风冰雹、高温天气等预警工作，防御小麦干热风等气象灾害，制定突发性灾害应急预案和补救技术，开展应急性技术指导服务，通过电视广播、手机短信等多种形式及时发送预测预报，消除或减轻灾害对小麦生产造成的不利影响，让生产经营主体做好灾害性天气的预防工作，将不良气候对小麦影响降至最低。

参考文献

白立佳，2012. 基于 ESDA 的河北省粮食单产空间格局变化研究 [J]. 农机化研究，12（1）：44-65.

曹培格，2018. 基于灰色组合模型的粮食产量预测研究 [D]. 郑州：河南工业大学.

陈超，杨海霞，2019. 市场导向、生产经营风险与果农种植品种决策——基于江苏省桃种植户的实证分析 [J]. 湖南农业大学学报（社会科学版），20（1）：35-41.

陈新建，韦圆圆，2019. 风险感知、风险偏好与贫困农户风险管理策略 [J]. 华南农业大学学报（社会科学版），18（1）：74-85.

陈新建，左新锋，2022. 脱贫农户的农业风险管理缺失与返贫风险治理 [J]. 农业经济（9）：69-71.

陈志强，2008. 互联网的媒介准入门槛与农村的公共话语空间 [J]. 河南社会科学（1）：146-148.

邓丽平，2019. 中国农业碳排放的时空差异及演变模式研究 [D]. 南昌：南昌大学.

邓笑笑，2018. 甘肃省粮食产量的多元线性回归分析 [J]. 西安财经大学学报，25（14）：161-174.

丁金梅，杨奎，马彩虹，文琦，2017. 中国粮食产量时空格局演变研究 [J]. 干旱区地理，40（6）：1290-1298.

端瑞东，2011. 我国小麦生产的全要素生产率研究 [D]. 重庆：重庆师范大学.

段其郑，2020. 黑龙江省粮食产量的影响因素分析 [J]. 粮农观察，45（12）：52-58.

方蕊，安毅，2020. 粮食种植大户的农业风险管理策略选择——基于风险感知视角 [J]. 农业现代化研究，41（2）：219-228.

冯诚，2020. 数字媒体技术在农业技术推广中的应用——评《多媒体技术在农业中的应用》[J]. 中国食用菌, 39（12）: 263.

高露露, 2018. 基于 DEA-Tobit 模型的粮食产量影响因素分析 [D]. 重庆: 重庆师范大学.

谷宝同, 2020. 基于 DEA-Tobit 模型的中国粮食产量影响因素实证分析 [J]. 哈尔滨师范大学学报, 36（3）: 37-47.

谷宝同, 朱家明, 2020. 基于多元线性回归的中国粮食产量影响因素实证分析 [J]. 哈尔滨师范大学自然科学学报, 36（3）: 36-42.

郭东岳, 王桂荣, 李敏, 等, 2021. 河北省小麦产量区域分布及影响因素分析 [J]. 农业科技管理, 40（5）: 54-58.

郭晓婷, 2017. 基于 DEA-Tobit 模型的安徽省粮食产量预测方法研究 [D]. 合肥: 安徽农业大学.

郝明玉, 2013. 河南水稻生产影响因素及效率分析 [D]. 郑州: 河南农业大学.

何可, 宋洪远, 2021. 资源环境约束下的中国粮食安全: 内涵、挑战与政策取向 [J]. 南京农业大学学报（社会科学版）, 21（3）: 45-57.

河北省人民政府办公厅, 河北省统计局, 2018. 河北农村统计年鉴 [M]. 北京: 中国统计出版社.

赫国胜, 2016. 中国农业全要素生产率影响因素、影响效应分解及区域化差异-基于省级动态面板数据的 GMM 估价 [J]. 辽宁大学报（哲学社会科学版）（3）: 79-88.

胡曙虹, 黄丽, 2016. 中国高校创新产出的空间溢出效应与区域经济增长—基于省域数据的空间计量经济分析 [J]. 地理科学, 36（12）: 1767-1776.

胡晓丽, 2009. 灰色关联分析在吉林省粮食产量预测中的应用 [J]. 农业与技术, 29（4）: 133-138.

胡宇娜, 梅林, 陈妍, 2017. 中国三大旅游行业效率时空差异分析 [J]. 地理科学, 37（3）: 386-393.

黄汉权, 2013. 发展粮食加工业保障国家粮食安全 [J]. 中国国情国力, 3（2）: 35-40.

黄惠春, 钱诚, 2023. 风险感知对农户水稻收入保险购买决策的影响——基于风险管理行为的调节作用 [J]. 江西财经大学学报（1）: 76-89.

江苏省宿迁市委党校课题组, 2016. "互联网+农业" 的宿迁实践与思考

[J]．农村工作通讯（15）：28-30．

姜维军，颜廷武，张俊飚，2021．互联网使用能否促进农户主动采纳秸秆还田技术——基于内生转换 Probit 模型的实证分析［J］．农业技术经济（3）：50-62．

孔祥坤，2021．"互联网+"背景下生鲜农产品品牌营销策略探析［J］．农业经济（11）：135-136．

郎新亭，2016．新疆小麦生产效率及地区差异研究［J］．中国农业资源与区划，37（10）：127-133．

李明杰，王国刚，张红日，2018．山东省县域粮食生产格局演变及其影响因素［J］．农业现代化研究，39（2）：248-255．

李欠男，李谷成，高雪，尹朝静，2019．农业全要素生产率增长的地区差距及空间收敛性分析［J］．中国农业资源与区划，40（7）：28-36．

李秋芳，2010．河南省粮食产量的灰色预测［D］．郑州：河南农业大学．

李群峰，2013．粮食丰产科技工程对小麦全要素生产效率的影响［J］．湖北农业科学，52（6）：53-55．

李天笑，2019．基于 SPSS 的江苏省现代农业影响因素探究［J］．舟山：浙江海洋大学．

李婷婷，伍世代，李永实，等，2010．福建省经济空间增长变异特征及驱动机制［J］．地理科学，17（6）：847-853．

李新颖，2018．河北省粮食产量影响因素实证分析［J］．农家参谋（13）：45．

李雪，顾莉丽，李瑞，2022．我国粮食主产区粮食生产生态效率评价研究［J］．中国农机化学报，43（2）：205-213．

李亚婷，潘少奇，2014．中国县域人均粮食占有量的时空格局：基于户籍人口和常住人口的对比分析［J］地理学报，69（12）：1753-1766．

李颖明，2007．粮食主产区农业水资源可持续利用分析［J］．中国农村经济9：123-131．

李中东，尉迟晓娟，2019．山东省农业生产效率研究——基于超效率 DEA 和 Malmquist 指数［J］．山东农业大学学报（社会科学版），21（2）：45-51．

林锦彬，2017．我国农业生态效率时空格局差序化分析-基于 DEA-

ESDA 模型［J］．江苏农业科学，12（4）：302-306．

刘春艳，2017．基于农户视角的内蒙古农业风险管理影响因素分析［J］．江苏农业科学，45（6）：342-345．

刘兆得，2015．山东省人均粮食的时空差异性研究［J］．人文地理，15（12）：35-41．

刘作礼，2009．浅析河北粮食产业面临的挑战及发展方向［J］．科技信息，12（3）：44-53．

卢布，2005．中国区域农业结构与布局预测研究［D］．北京：中国农业科学院．

鲁洪威，2020．基于 DEA-ESDA 模型的中国马铃薯生产效率时空特征分析［J］．农业现代化研究，41（5）：833-842．

陆全志，2018．广西粮食全要素生产率时空差异及收敛性分析［J］．南方农业学报，9（6）：44-52．

陆永宏，2022．"互联网+"在农业技术推广中的应用［J］．农业工程技术，42（24）：50-51．

罗仲朋，2016．基于 DEA 的河北平原小麦生产效率分析［J］．南水北调与水利科技，14（4）：198-203．

马华，姬超，2016．中国式家庭农场的发展［M］．北京：社会科学文献出版社．

聂召英，王伊欢，2021．链接与断裂：小农户与互联网市场衔接机制研究——以农村电商的生产经营实践为例［J］．农业经济问题（1）：132-143．

潘森，2018．基于 SPSS 的江苏省粮食产量预测模型的构建［D］．舟山：浙江海洋大学．

任冠怡，2019．我国玉米主要产区生产效率分析［D］．郑州：河南农业大学．

任平，王广杰，何伟，等，2005．多元统计分析在粮食产量影响因素分析中的应用—以四川省为例［J］．资源开发与市场，(3)：187-189．

隋新霞，刘学俊，樊庆琦，等，2021．利用智能温室鉴定小麦灌浆期耐热性［J］．山东农业科学，53（5）：128-132．

孙继国，王倩，胡金焱，2020．正规金融、非正规金融与农户生产经营风险——基于 CHFS 数据的实证研究［J］．财经理论与实践，41（6）：27-34．

唐晓慧，2023. 算法视域下短视频信息茧房效应及反思——以抖音 App 为例［J］. 新闻传播（15）：52-54.

田春福，2019. 基于 SPSS 的云南省农业经济预测模型［J］. 当代教育实践与教学研究，12（1）：232-234.

王兵，吴延瑞，颜鹏飞，2010. 中国区域环境效率与环境全要素生产率增长［J］. 经济研究，45（5）：95-109.

王博，祝宏辉，2020. 中国棉花生产技术效率的测算［J］. 统计与决策，36（18）：77-80.

王琛，崔建勋，马力，等，2017. 粮食全要素生产率和技术效率研究进展［J］. 广东农业科学，44（8）：133-138.

王凯，2020. 加快农业技术推广信息化建设的途径研究［J］. 农业经济（11）：15-17.

王千，2010. 基于 DEA-Malmquist 的河北省县级粮食生产效率评价［J］. 地理与地理信息科学，26（6）：51-55.

王千，2012. 粮食主产区种植业生态经济系统投入产出能值空间差异与态势研究［J］. 自然资源学报，27，（1）：67-88.

王士超，2011. 河北平原作物自然灾害效率系统研究［D］. 石家庄：河北科技大学.

王小亚，孔锋，刘秋荣，2022. 新时期我国农业综合风险防范及提升路径研究［J］. 水利水电技术（中英文），53（12）：1-10.

王秀娟，2013. 河北唐山玉田泥塑传承研究［D］. 太原：山西师范大学.

王亚平，罗博文，罗剑朝，2023. 互联网使用与农村正规信贷约束缓解效应——以陕西 915 户农户调查数据为例［J］. 西北农林科技大学学报（社会科学版），23（2）：113-126.

王玉斌，蒋俊朋，王晓志，等，2007. 中国粮食产量波动影响因素实证分析［J］. 北京农学院学报（10）：38-41.

王玉倩，2013. 河北省粮食作物投入产出时空格局及影响因素研究［D］. 石家庄：河北科技大学.

王玉伟，2012. 我国小麦全要素生产率分析——基于 Malmquist 指数［J］. 现代经济信息（2）：314-316.

卫荣，2018. 河南省粮食生产要素效率分析［D］. 郑州：河南农业大学.

吴佳璇，闵师，王晓兵，等，2022.互联网使用与偏远地区农户家庭生产要素配置——基于西南山区农户面板数据［J］.中国农村经济（8）：93-113.

小麦赤霉病智能预报技术［J］.中国食品学报，2020，20（9）：311.

肖正，2017.安徽农业循环经济发展的预测分析［J］.鸡西大学学报，17（2）：44-49.

熊吉峰，王雅鹏，2005.我国粮食产量影响因素的通径分析［J］.信阳农业高等专科学校学报（自然科学版），（2）：11-12.

徐辉，2022.数字信息发展背景下区域一体化科技创新及产业发展的效能升级与路径创新［J］.科学管理研究，40（3）：116-122.

许晓柳，张德元，2022.互联网使用对农户亲环境行为的影响分析——基于CRHPS2019微观数据的实证研究［J］.哈尔滨师范大学社会科学学报，13（5）：59-67.

薛国琴，2016.1978年以来，粮食产量的影响因素分析［J］.绍兴文理学院学报，（3）：86-92.

薛龙，2013.河南省粮食生产综合技术效率和全要素生产率分析［J］.河南农业大学学报，47（3）：345-350.

阎彩萍，2003.冬小麦节水高产栽培技术经济评价［D］.北京：中国农业大学.

阳芳，2018.乡村振兴背景下提高农村居民人均可支配收入政策建议-基于多元线性回归实证分析［J］.农家参谋，18（6）：30-34.

杨春，2009.中国主要粮食作物生产布局变迁及区位优化研究［D］.杭州：浙江大学.

杨伟静，2015.河北省农业生产效率的比较分析［J］.天津农业科学，21（5）：93-96.

杨宇，王金霞，黄季焜，2016.极端干旱事件、农田管理适应性行为与生产风险：基于华北平原农户的实证研究［J］.农业技术经济（9）：4-17.

尹朝静，李谷成，2016.农业全要素的地区差异及增长分布的动态演进-基于非参数估计方法的实证研究［J］.华中农业大学学报（社会科学版）（2）：16-28.

于丽艳，穆月英，2019.中国蔬菜生产的时空变迁与比较优势分析［J］.新疆农业科学，56（10）：1948-1958.

于元赫,2020. 山东省粮食生产的时空格局演变及安全性评价 [J]. 中国农业大学学报,25 (9):176-186.

岳立,王晓军,2017. 环境规制视域下中国农业技术效率与全要素生产率分析:基于距离函数研究法 [J]. 吉林大学社会科学学报 (4):85-92.

张驰,乔现伟,2007. 我国粮食产量的影响因素分析——利用协整理论分析1983—2003年数据 [J]. 科技信息 (科学教研) (36):226-227.

张红军,2019. 安徽省粮食生产的格局演变及影响因素分析 [J]. 河北农业大学学报,21 (4):26-33.

张红军,2020. 安徽省县域人均粮食占有量时空演变与驱动因素分析 [J]. 西华师范大学学报,9 (25):38-51.

张建辉,2016. 中国县域人均占有量的时空差异及驱动因素研究 [D]. 兰州:西北师范大学.

张乐,曹静,2013. 中国农业全要素生产率增长:配置效率变化的引入——基于随机前沿生产函数法的实证分析 [J]. 中国农村经济 (3):4-15.

张利国,2015. 中国人均粮食占有量时空演变及驱动因素 [J]. 经济地理,35 (3):171-177.

张英楠,尹彦舒,张康洁,等,2023. 农业社会化服务能否促进小麦种植户绿色生产转型?——基于河南、山东、山西的农户调查证据 [J]. 中国人口·资源与环境,33 (6):172-181.

张玉佩,2019. 江苏省小麦生产时空格局的演变及影响因素分析 [D]. 扬州:扬州大学.

张子龙,鹿晨昱. 陇东黄土高原农业生态效率的时空演变分析——以庆阳市为例 [J]. 地理科学 2018,26 (5):859-867

赵凡,2016. 河北省重点城市 $PM_{2.5}$ 时空分布特征及影响因素分析 [D]. 河北科技大学.

赵慧江,2009. 基于回归分析的粮食产量影响因素分析 [J]. 怀化学院学报,28 (2):31-35.

赵鹏,陈阜,2008. 粮食产量影响因素的灰色关联分析及其贡献率比较 [J]. 农业系统科学与综合研究,(2):216-222.

赵芸逸,2016. 我国粮食播种面积时空变化及差异研究 [J]. 新疆农垦经济，12（6）：15-26.

郑艳东，2013. 河北省县域粮食单产及其生产投入要素的时空差异［J］. 农业现代化研究，34，（2）：25-37.

中华人民共和国国家统计局，2017. 中国统计年鉴［M］. 北京：中国统计出版社.

周鹏，白永平，马卫，2015. 县域交通优势度与经济潜能测度及空间格局演变研究［J］. 地域研究与开发，34（5）：42-46.

AKER J C, MBITI I M, 2011. Mobile phones and economic development in Africa［J］. Social Science Electronic Publishing（3）：207-232

AMAKA N, NAZMUN R, ALAN R, et al., 2022. Risk perception, farmer-herder conflicts and production decisions: evidence from Nigeria［J］. European Review of Agricultural Economics（2）：2.

BANKER, CHARNES, COOPER, 1984. Some Models for Estimating Technicaland Scale Inefficiencies in Data Envelopment Analysis［J］. Management Science, 30（9）：1078-1092.

BATTESE, G. E., COELLI, T. J, 1992. Frontier Production Functions, Technical Efficiency and Panel Data［J］. Application to Paddy Farmers in India. Journal of Productivity Analysis, 3（1）：153-169.

CHARNES, COOPER, RHODES, 1978. Measuring the efficiency of decisionmaking units［J］. European Journal of Operational Research, 12（6）：429-444.

COLE S A, FERNANDO A N, 2012. The value of advice: evidence from mobile phone-based agriculture extension［J］. Ssrn Electronic Journal: 13-47.

DOWNING, T. E, 1992. Climate change and vulnerable places: global food security and country studies in Zimbabwe, Kenya, Senegal and Chile. Environment Change Unit［J］, University of Oxford, 5（6）：28-30.

DUONG T, BREWER T, LUCK J, et al., 2019. A Global Review of Farmers' Perceptions of Agricultural Risks and Risk Management Strategies［J］. Agriculture, 9（1）.

FUGLIE, K, 2016. Growth in global agricultural productivity: an update［J］. Amber Waves：13-18.

Helmut and Anders, Termination of The WGTA: An Examination of Factor Market Distortions, Input Subsidies and Compensation [J]. Canadian Journal of Agricultural Economics, 2002, (50): 333-347.

JAMES ODECK, 2001. Safely Nets and Supply Response: Discussion [J]. American Journal of Agricultural Economics, (5): 1215-1216.

LISHI MAO, JUNFENG SONG, SIYUAN XU, et al., 2023. Impact of Digital Platform Organization on Reducing Green Production Risk to Tackle COVID-19: Evidence from Farmers in Jiangsu China [J]. Agriculture, 13 (1), 188.

LOKSHIN M. . GLINSKAYA. E, 2009. The effect of male migration on employment patterns of Women in Nepal [J]. World Bank Economic Review, 23 (3): 481-507.

MOSCHINI G C, HENNESSY D A, 1999. Uncertainty, Risk Aversion and Risk Management for Agricultural Producers [J]. Handbook of Agricultural Economics, 1 (1): 88-153.

MURAT ISIK, 2006. An analysis of the impact of climate change on crop yields and yield variability [J]. Stephen Devadoss. Applied Economics (7): 117-126.

NICOHEERINK, MARIJKEKUIPER, XIAOPINGSHI, 2007. China's New Rural Income Support Policy: Impacts on Grain Production and Rural Income Inequality [J]. China & World Economy (6): 208-213.

ROGER W, 1997. Buckland. Implications of Climatic Variablity for Food Security in the Southern Afeican Development Community [J]. Internet Journal for African Studies, February (23): 336-343.

SUNIL KANWAR, 2006. Relative Profitability, Supply Shifters and Dynamics Output Response in a developing Economy [J]. Journal policy Modeling, (28): 67-88.

WANG, S L, 2018. Agricultural productivity growth in the United States: 1984-2015 [J]. Amber Waves: 1-8.

WANG, S L, 2019. Are China regional agricultural productivity converging: how and why? [R]. Washington DC: The International Food Policy Research Institute.

XIAOWEN D, YI C, CHUNYAN Z, et al., 2023. Technological Revolution in the Field: Green Development of Chinese Agriculture Driven by Digital Information Technology (DIT) [J]. Agriculture, 13 (1).

ZHONG, F N, 1997. Will China increase feed grain imports: an assessment of China meat production and consumption statistics [R]. Washing DC: The International Food Policy Research Institute.